2024

Abitur

Original-Prüfungsaufgaben
mit Lösungen

Hessen

Deutsch LK

STARK

18. neu bearbeitete und ergänzte Auflage
www.stark-verlag.de

Inhaltsverzeichnis

Abiturprüfungsaufgaben 2019 (Auswahl)

Abiturprüfungsaufgaben 2020 (Auswahl)

Abiturprüfungsaufgaben 2021 (Auswahl)

Abiturprüfungsaufgaben 2022

Abiturprüfungsaufgaben 2023

Sobald die Original-Prüfungsaufgaben 2023 freigegeben sind, können Sie sie als PDF auf der Plattform MyStark herunterladen (Zugangscode vgl. Innenseite des Umschlags).

Autorinnen und Autoren

Susanne Battenberg: 2021/D, 2022/A; Christian Berg: Übungsaufgabe 1; Regina Esser-Palm: Übungsaufgabe 5; Stefan Ganghofer: Übungsaufgabe 4; Andrea Klein: Vorspann; Dr. Monika Lindinger: Übungsaufgabe 3, Abiturlösung 2022/D; Gisela Wand: Vorspann, Übungsaufgabe 2, Abiturlösungen 2019/C, 2020/A, 2021/A und C, 2022/B und C

Vorwort

Liebe Abiturientinnen und Abiturienten,

im Frühjahr **2024** werden Sie das **Landesabitur im Leistungskurs Deutsch** ablegen. Der vorliegende Band hilft Ihnen bei der gezielten Vorbereitung auf die Prüfung.

Das einführende Kapitel „**Hinweise und Tipps**" …

- informiert Sie über die offiziellen Vorgaben und macht Sie mit den zur Wahl gestellten Aufgabenarten vertraut.
- liefert praktische Tipps, wie Sie bei der Bearbeitung der Aufgaben am besten vorgehen, und enthält eine Liste mit gängigen Operatoren.

Der anschließende **Trainingsteil** …

- bietet Ihnen **Übungsaufgaben** im Stil der Prüfung.
- enthält eine Auswahl der vom hessischen Kultusministerium gestellten **originalen Prüfungsaufgaben** aus den **Jahren 2019 bis 2022**, die Ihnen zeigen, was im Abitur auf Sie zukommt.
- führt Ihnen anhand von **ausformulierten Lösungen** unserer Autorinnen und Autoren vor Augen, wie ein mustergültiger Aufsatz geschrieben sein könnte.

Lernen Sie gerne am PC, Tablet oder Smartphone? Auf der **Plattform MyStark** haben Sie Zugriff auf:

- aktuelle **Original-Prüfungsaufgaben 2023** mit Lösungsvorschlägen
- ein **interaktives Grundlagentraining** zur Analyse von literarischen und pragmatischen Texten
- **Erklärvideos** zur Veranschaulichung der Textanalyse

Sollten nach Erscheinen dieses Bandes noch wichtige Änderungen in der Abiturprüfung 2024 vom Kultusministerium bekannt gegeben werden, finden Sie aktuelle Informationen dazu im Internet unter: *www.stark-verlag.de/mystark*

Wir wünschen Ihnen eine effektive Abiturvorbereitung und eine erfolgreiche Prüfung!

Die Autorinnen und Autoren sowie der Verlag

Hinweise zu den digitalen Zusätzen

Auf alle digitalen Zusätze können Sie online über die Plattform **MyStark** zugreifen. Ihren persönlichen Zugangscode finden Sie auf der Umschlaginnenseite.

PDF der Original-Prüfungsaufgaben 2023

Sobald die Original-Prüfungsaufgaben 2023 freigegeben sind, können Sie sie als PDF auf der Plattform MyStark herunterladen. Die entsprechende Datei finden Sie auf MyStark im Bereich „Dokumente".

Erklärvideos

Mehr Sicherheit im Umgang mit Texten: **Erklärvideos** veranschaulichen, auf welche Aspekte bei der Erschließung litererarischer und pragmatischer Texte zu achten ist.

Folgende Erklärvideos sind enthalten:

- Epische Texte analysieren
- Lyrische Texte analysieren
- Sachtexte analysieren

Interaktives Grundlagentraining

Das Online-Training **stärkt Ihre Kompetenzen** im Umgang mit verschiedenartigen Texten. Alle Aufgaben können direkt am PC oder Tablet bearbeitet werden. Sie erhalten dann sofort eine Rückmeldung zu Ihren Antworten.

Unter anderem werden diese Fertigkeiten durch kleinschrittige und abwechslungsreiche Aufgaben trainiert:

- Inhalt und Struktur von Texten herausarbeiten (Sachtexte, literarische Texte)
- sprachlich-stilistische Gestaltungsmittel bzw. die Leserlenkung untersuchen
- Figuren charakterisieren
- Motive und Themen analysieren
- Deutungsansätze entwickeln

HINWEISE UND TIPPS

Hinweise und Tipps zur schriftlichen Abiturprüfung

1 Grundlagen

1.1 Vorgaben für das Hessische Landesabitur 2024

Die schriftlichen Prüfungsaufgaben richten sich in Format und Inhalt nach:

- der Oberstufen- und Abiturverordnung (OAVO) in der derzeit geltenden Fassung,
- den bundesweit verbindlichen *Bildungsstandards im Fach Deutsch für die Allgemeine Hochschulreife*,
- dem hessischen Kerncurriculum Deutsch
- und dem jeweils aktualisierten Erlass des Hessischen Kultusministeriums zum Landesabitur. Pandemiebedingt gilt für den Prüfungsjahrgang 2024, dass jeweils etwa drei Monate vor Beginn eines neuen Halbjahres ein spezieller Erlass veröffentlicht wurde und wird, der das kommende Halbjahr regelt.

1.2 Zeitrahmen und Hilfsmittel

In der Abiturprüfung im Fach Deutsch werden Ihnen vier unterschiedliche Aufgaben vorgelegt, von denen Sie eine auswählen müssen. Für die Bearbeitung des Themas stehen dem Leistungskurs 315 Minuten (inklusive Einlese- und Auswahlzeit) zur Verfügung. Als Hilfsmittel sind ein Wörterbuch der deutschen Rechtschreibung sowie Textausgaben der Pflichtlektüren (Originaltext ohne Kommentar, ggf. mit Worterläuterungen) zugelassen. Zudem liegt eine Liste mit den gültigen Operatoren aus.

2 Prüfungsinhalte

Mit Erlass vom 20. Juni 2022 – *Hinweise zur Vorbereitung auf die schriftlichen Abiturprüfungen im Landesabitur 2024* – wurde eine Leseliste für den Arbeitsbereich „Umgang mit Texten“ festgelegt, die für die Abiturprüfung die inhaltliche Grundlage bildet. Mit den darin genannten Werken sollten Sie sich daher im Verlauf der Qualifikationsphase (Q 1–Q 3) und während der Vorbereitung auf das Abitur gründlich auseinandersetzen.

2.1 Die Prüfungsinhalte im Überblick

Literarische Themen

- Lyrik der Romantik (Q1)
- E.T.A. Hoffmann: *Der Sandmann* (Q2)
- Juli Zeh: *Corpus Delicti. Ein Prozess* (Q2)
- Georg Büchner: *Woyzeck* (Q2)
- Thomas Mann: *Mario und der Zauberer* (Q2)
- Johann Wolfgang von Goethe: *Faust I* (Q3)
- Texte des Epochenumbruchs 19./20. Jahrhundert (Q3)

Sprache, Medien, Wirklichkeit / Sprache und Öffentlichkeit

- linguistisches Relativitätsprinzip (Sapir-Whorf-Hypothese) und Kritik daran (Q1)
- politisch-gesellschaftliche Kommunikation zwischen Verständigung und Strategie; sprachliche Merkmale politisch-gesellschaftlicher Kommunikation (Q2)

Im Kompetenzbereich „Schreiben“ kommen dem Kommentar und dem Vortragstext sowie dem materialgestützten Verfassen argumentierender und informierender Texte besondere Bedeutung zu.

2.2 Die Werke – kurz vorgestellt

Johann Wolfgang von Goethe: *Faust I* (Schauspiel, 1808, Endfassung 1832)

Mit seinen Erkenntnismöglichkeiten unzufrieden, wendet sich der Universalgelehrte Faust in Goethes Drama magischen Praktiken zu und unternimmt weitere Versuche der **Selbstüberschreitung** (Beschwörung des Erdgeistes, Suizid), die allesamt scheitern. Diese Erfolglosigkeit führt zum **Teufelspakt** mit Mephisto, der sich zu einer Wette entwickelt: Mephisto wird Fausts Seele gewinnen, wenn er ihn zu Ruhe und Stillstand verführen kann.

Faust hingegen verspricht sich von der Wette eine **Erweiterung seines Horizonts** über menschliche Dimensionen hinaus. Vorbereitet wird diese Wette durch eine andere, die Mephisto mit Gott im „Prolog im Himmel“ eingeht: Deren Gegenstand ist Faust selbst und die Frage, ob Mephisto sein Ziel erreichen wird.

Sie wollen mehr über *Faust I* wissen? – Die **STARK**-Interpretationshilfe hilft Ihnen weiter! (ISBN 978-3-8490-3263-0)

Der Teufel lädt den Gelehrten zu einer Reise ein, die über die Stationen „Auerbachs Keller“

und „Hexenküche" (Fausts Verjüngung) in eine Kleinstadt führt, wo Faust auf Margarete, ein Mädchen aus **kleinbürgerlichen Verhältnissen**, trifft. Mithilfe Mephistos gelingt es ihm, Margarete an sich zu binden und ihr seine **Liebe** zu beteuern.

Allerdings wirkt sich Fausts **Ungeduld** in der Rolle des jugendlichen Liebhabers, die seiner Ungeduld als Wissenschaftler gleichkommt, katastrophal aus: Er trägt zum Tod ihrer Mutter und ihres Bruders bei und vernichtet durch seine Verführungskünste, die zur Schwangerschaft Margaretes führen, deren Existenz.

Während Faust in Begleitung Mephistos nach **Ablenkung** von seinen Schuldgefühlen sucht („Walpurgisnacht"), wird Margarete aus Verzweiflung zur **Kindsmörderin**. Faust will die zum Tode Verurteilte aus dem **Kerker** befreien. Die halb wahnsinnig gewordene Margarete lässt sich jedoch auf den Fluchtplan nicht ein, nimmt alle Schuld auf sich und übergibt sich in der Hoffnung auf Gnade dem Gericht Gottes.

Im *Faust* gestaltet Goethe den Menschen, der – unzufrieden mit einer statischen Lebensweise – danach strebt, über das je Erreichte hinauszukommen. Er ist auf der Suche nach ständiger Weiterentwicklung menschlichen Wissens und menschlicher Fähigkeiten. Auch wenn er dabei – wie Gretchens Schicksal zeigt – schuldig wird, erfüllt er doch die höchste Bestimmung menschlichen Lebens.

Georg Büchner: *Woyzeck* (Drama, 1836)

Das Stück, dem ein **historischer Fall** zugrunde liegt, beleuchtet in einer Anzahl von szenischen Bildern das Leben des Soldaten Woyzeck in einer hessischen Stadt. Woyzeck, ein armer und geistig einfacher Mann, lebt mit der schönen Marie zusammen, die auch ein Kind von ihm hat. Um zusätzlich Geld für ihren Lebensunterhalt zu verdienen, stellt sich Woyzeck dem Militärarzt für medizinische Experimente zur Verfügung und lässt entwürdigende Behandlungsweisen über sich ergehen. Er wird missachtet und verspottet. Zeichen **körperlicher**, aber auch **psychischer Zerstörung** zeigen sich an ihm. Als er von dem Verhältnis seiner Geliebten Marie mit einem sozial höher gestellten Tambourmajor erfährt und ihm die Unmöglichkeit, etwas dagegen ausrichten zu können, klar wird, sieht er nur noch den Ausweg, Marie zu töten. Bei einem gemeinsamen Spaziergang ersticht er sie. Als man Blut an seiner Hand erkennt, läuft er verwirrt zu einem Teich in der Nähe des Tatorts und wirft das Tatwerkzeug hinein. Da Büchner das Drama nicht mehr fertigstellen konnte, bleibt das **Ende offen**.

Sie wollen mehr über *Woyzeck* wissen? – Die **STARK-Interpretationshilfe** hilft Ihnen weiter!
(ISBN 978-3-8490-3233-3)

Mit Woyzeck zeigt Büchner ein Bild des **zur Kreatur entwürdigten Menschen**, der aufgrund seiner sozialen Lebensbedingungen keine Möglichkeiten zu einem freien, selbstverantworteten Handeln hat. Seine **macht-**

und rechtlose Stellung in der gesellschaftlichen Hierarchie erlaubt es ihm nicht, sich zu wehren; sein Handeln richtet sich daher ersatzweise gegen Marie, die eine ähnliche gesellschaftliche Position hat wie er – aber er trifft damit nur sich selbst, denn er zerstört so ja nur das Einzige, was ihm in seinem Leben von Bedeutung gewesen ist.

Deutlich wird hier Büchners Eigenart der dramatischen Darstellungsweise sichtbar: Es liegt **keine durchgängige Handlung** vor, sondern allmählich setzt sich aus den unterschiedlichen Gesprächssituationen auf der Bühne mosaiksteinartig ein Gesamtbild Woyzecks zusammen.

E.T.A. Hoffmann: *Der Sandmann* (Erzählung, 1816)

Sie wollen mehr über den *Sandmann* wissen? – Die **STARK-Interpretationshilfe** hilft Ihnen weiter!
(ISBN 978-3-8490-3251-7)

Das *Nachtstück* stellt die **Entstehung**, nicht Analyse **des Wahnsinns** des Protagonisten Nathanael dar. Der Student leidet unter einem **traumatischen Kindheitserlebnis:** Als er seinen Vater und den **Advokaten Coppelius** bei einem alchimistischen Experiment beobachtet hat, ist er von Coppelius entdeckt und misshandelt worden. Den unheimlichen Advokaten hielt das Kind für den **„Sandmann"**, der nach Erzählungen der Kinderfrau den Kindern Sand in die Augen streut, damit diese aus dem Kopf herausspringen. In dem **Wetterglashändler Coppola** glaubt der junge Mann Nathanael nun jene Schreckgestalt aus Kindertagen, Coppelius, wiederzuerkennen, was seine **vernünftige Verlobte Clara** als Projektion seiner Ängste zu erklären versucht. Nathanael fühlt sich mit seinen düsteren Ahnungen missverstanden; die beiden Liebenden entfremden sich immer mehr. Ein **Perspektiv**, das Nathanael Coppola abkauft, **beeinflusst seine Wahrnehmung:** Durch dieses Fernrohr beobachtet er **Olimpia**, die Tochter seines Physik-Professors, und verliebt sich in sie. Ihr wortkarges, steifes Wesen stört ihn nicht. Just an dem Tag, an dem Nathanael der Geliebten einen Heiratsantrag machen will, überrascht er den Professor und Coppola bei der Zerstörung Olimpias – sie ist ein **Automat**, die beiden Männer streiten sich um ihr Eigentum. Als Nathanael das wahre Wesen Olimpias erkennt, erleidet er einen **Wahnsinnsanfall**.

Durch Claras Pflege scheinbar genesen, erleidet Nathanael bei einem Ausflug auf den Rathausturm erneut einen **Wahnsinnsschub**. Nach einem Blick durch Coppolas Fernrohr hält er nun Clara für eine Maschine und will sie daraufhin töten. Als Nathanael auch noch Coppelius vor dem Turm stehen sieht, stürzt er sich in die Tiefe.

Die Erzählung verwischt durch **Perspektivwechsel** die Grenze zwischen Realität und Wahn und eröffnet Einblicke in **dunkle, unbewusste Seiten der Psyche**.

Thomas Mann: ***Mario und der Zauberer*** **(Erzählung, 1930)**

Sie wollen mehr über *Mario und der Zauberer* wissen? – Die **STARK-Interpretationshilfe** hilft Ihnen weiter! (ISBN 978-3-8490-3909-7)

Die Novelle lässt sich als versteckte **politische Stellungnahme** zur Situation der Zeit lesen und geht zurück auf ein **Urlaubserlebnis** des Autors: Der Ich-Erzähler berichtet im Rückblick von einem Urlaub, den er mit seiner Familie im **faschistischen Italien** verbracht hat. Trotz der **nationalistisch** aufgeladenen, feindseligen Atmosphäre am Strand, trotz des übersteigerten Patriotismus, den der Erzähler als „Krankheit" wahrnimmt, bricht er den Aufenthalt nicht vorzeitig ab. Bei einer **Abendveranstaltung** wird die Familie Zeuge, wie der missgestaltete **Hypnosekünstler Cipolla** mehrere Zuschauer öffentlich **manipuliert** und demütigt. Angewidert und doch fasziniert von der Dominanz Cipollas unterlässt es der Erzähler, die Vorstellung zu verlassen. Als der Hypnotiseur dem **Kellner Mario** das Eingeständnis seines Liebeskummers entlockt und ihn zu einem **Kuss** verleitet, geht er zu weit: Der bloßgestellte Mario durchbricht den Bann, indem er den Zauberer erschießt. Manns Erzählung ist mehr als die Literarisierung einer **Ferienanekdote**, sie bietet Einblicke in die **massenpsychologische Beeinflussung** und stellt eine **Faschismusanalyse** dar: Ein Führer unterwirft die Menge seinem Willen.

Juli Zeh: ***Corpus Delicti. Ein Prozess*** **(Roman, 2009)**

Sie wollen mehr über *Corpus Delicti* wissen? – Die **STARK-Interpretationshilfe** hilft Ihnen weiter! (ISBN 978-3-8490-3230-2)

Die Gesellschaft lebt um das Jahr 2050 in einer **Gesundheitsdiktatur:** Die Bürger werden überwacht und gezwungen, alle Lebensbereiche ihrer körperlichen Gesundheit unterzuordnen. Die Hauptfigur **Mia Holl** leidet unter dem **Tod ihres Bruders** Moritz, der mit seiner lebensfrohen und rebellischen Art einen Gegensatz zu ihrem kühlen und pragmatischen Wesen darstellte. Sie glaubt nicht daran, dass Moritz ein Vergewaltiger und Mörder war, und erregt durch unterlassene Gesundheitsberichte Verdacht bei der Justiz. Nach vielen Strafandrohungen und Verhandlungen wird **Mia unter falschem Vorwand inhaftiert**. Als ihr Anwalt den entscheidenden Beweis für Moritz' Unschuld liefert, wandelt sich Mia zur **bekennenden Systemgegnerin** und kündigt dem Staat das Vertrauen auf. Auch in der Öffentlichkeit regt sich Widerstand. Der **Chefideologe Heinrich Kramer** stellt Mia und Moritz als brutale Terroristen dar. Mit einem Netz aus falschen Beweisen wird Mia zum Tod durch Einfrieren verurteilt, kurz vor der Vollstreckung wird ihre Strafe jedoch umgewandelt: Mia soll im Sinne der Ideologie METHODE umerzogen und psychologisch betreut werden.

Juli Zeh entwirft eine **Dystopie**, in der ein totalitärer Überwachungsstaat die körperliche Gesundheit zum höchsten Ziel ausgerufen hat. In diesem anti-aufklärerischen Staat spiegeln sich die Datensammelwut des Staates und der Konzerne ebenso wie die fehlende Sensibilität der Menschen im Umgang mit persönlichen Informationen. In der Entwicklungsgeschichte von Mia **von der Konformistin zur Rebellin** zeigen sich die Fehler dieser Diktatur auf exemplarische Weise: persönliches und allgemeines Wohl lassen sich nicht miteinander verbinden, wenn der Staat keine individuelle Freiheit zulässt.

(Bildnachweis: *Faust*: © ddp images / United Archives; *Woyzeck*: © Braun/drama-berlin.de; *Der Sandmann*: © Lucie Jansch; *Mario und der Zauberer*: © Kurt Kleemann/AdobeStock; *Corpus Delicti*: Björn Hickmann / stage picture)

3 Aufgabenarten

Die Abituraufgaben sind nach den Bildungsstandards entweder textbezogen oder materialgestützt. Das heißt im Umkehrschluss, dass es Aufgaben ohne Texte und/ oder Materialien nicht geben wird. Folgende **Schreibformate** sind im hessischen Abitur möglich:

Aufgabenart	Textbezogenes Schreiben				Materialgestütztes Schreiben
	Interpretation literarischer Texte	Analyse pragmatischer Texte	Erörterung literarischer Texte	Erörterung pragmatischer Texte	Materialgestütztes Verfassen informierender und argumentierender Texte

Quelle: Bildungsstandards

Sie erkennen: Textsorte und Arbeitsschwerpunkt differieren. Da aber fast alle Abiturvorschläge aus drei aufeinander aufbauenden Teilaufgaben bestehen, finden Sie meistens die Kombination von Aufgabenarten vor. Das häufigste Muster: a. Analysieren (bzw. interpretieren) Sie. – b. Vergleichen Sie. – c. Erörtern Sie (bzw. beurteilen oder bewerten Sie, inwiefern …).
Bei allen Aufgaben ist es ratsam, Texte bzw. Materialien mehrfach zu lesen, Auffälliges zu markieren, Beobachtungen zu notieren, Fragen an sie zu stellen und sich zu überlegen, was charakteristisch und wesentlich daran ist.

3.1 Die Textinterpretation

Die Textinterpretation bezieht sich in der Regel auf literarische Texte. Sie basiert – wie alle anderen Aufgabenarten auch – auf der Textuntersuchung (Textanalyse) und strebt darüber hinaus einen Verstehensentwurf an. Zugrunde gelegt werden kann ein

Textausschnitt aus einem bekannten Werk oder ein unbekannter literarischer Text, der meistens inhaltlich zusammenzufassen, zu erschließen, zu interpretieren und mit Bekanntem zu vergleichen ist. Es geht darum, den Text in seiner Besonderheit annähernd zu durchdringen und zu verstehen und dieses Verständnis sprachlich zum Ausdruck zu bringen. Sie entwickeln die Interpretation aus textimmanenten Beobachtungen heraus und werden sie je nach Sachlage mit Kenntnissen zu Gattung, Epoche, Kontext u. a. untermauern. Fast immer wird bei dieser Aufgabenart gefordert, auch auf die formale und sprachliche Gestaltung des Textes einzugehen. Beides ist wichtig, denn die Wirkung von Literatur verdankt sich ihrer besonderen Verfasstheit und kunstvollen Sprache.

3.2 Die literarische Erörterung

Die Aufgabenform der **literarischen Erörterung** bezieht sich auf die im Unterricht behandelten **Pflichtlektüren**. Hier sind **drei Varianten** denkbar:

a) Sie erhalten eine These bzw. strittige Fragestellung ohne weiteres Material.
b) Ihnen wird eine These bzw. strittige Fragestellung zusammen mit Auszügen aus der bekannten Lektüre vorgelegt.
c) Sie bekommen einen Sachtext, dessen Aussagen Sie zunächst eigenständig erschließen müssen.

In allen drei Fällen müssen Sie die **jeweilige(n) These(n) erfassen** bzw. diese bei Variante c) erst selbst aus dem Sachtext erarbeiten. Im Anschluss gilt es, diese Aussagen **in Beziehung zur behandelten Lektüre zu setzen** und sie **kritisch zu erörtern**. Untersucht werden können Fragestellungen, die den Inhalt oder die formale Gestaltung der Lektüre oder aber textexterne Faktoren betreffen, wie z. B.: Lassen sich die Thesen des Autors auf das literarische Werk übertragen? Gelten seine Ausführungen zu einer Epoche / einer Gattung auch für die Lektüre? Trifft die Einschätzung der Autorin zu Figurenzeichnung / erzählerischer Gestaltung / Dramenaufbau etc. zu?
Sie sollten bei der literarischen Erörterung unbedingt über eine **genaue Kenntnis der Pflichtlektüre** verfügen, um schlüssige Argumente zu entwickeln und anhand des Textes zu belegen. Mithilfe **der Ihnen vorliegenden Textausgabe** können Sie sich noch einmal zentrale Passagen vergegenwärtigen oder relevante Zitate ausfindig machen, die Sie in Ihren Text einbauen wollen.

3.3 Die Analyse pragmatischer Texte

Die Textanalyse bezieht sich auf pragmatische Textsorten (Sachtexte und Medien). Im Unterschied zu literarischen Texten sind sie nicht fiktional: Keine erdachte Erzählerin oder erfundene Figur, sondern reale Persönlichkeiten des öffentlichen Lebens ergreifen darin in einer bestimmten Situation und um einer bestimmten Botschaft (Intention, Wirkungsabsicht) willen das Wort. Häufig werden Ihnen journalistische Texte (Leitartikel, Reportagen, Berichte, Kommentare, Kritiken, Essays), wichtige Reden oder allgemeinverständlich geschriebene Fachtexte (Abhandlungen) vorgelegt. Aber auch Blogs, Graffiti, Cartoons, Wahlplakate, Statistiken etc. sind Texte. Die für das Abitur ausgewählten Sachtexte sind oft Stellungnahmen zu kultur- und gesellschaftspolitischen Fragen. Sie wollen aufklären, kritisieren, überzeugen, für eine bestimmte Sicht der Sache werben oder auch provozieren. Sie haben die Aufgabe, die Textsorte zu bestimmen, Information (Aussage) und Intention (Wirkungsabsicht und Funktion) des Textes zu klären, ihn zu situieren (Kontext- und Adressatenbezug), seine Gliederung und Struktur darzustellen und vor allem seine wesentlichen Thesen herauszuarbeiten und zu erläutern. Es kommt darauf an, das argumentative Vorgehen samt rhetorischen Mitteln und Strategien zu erkennen, zu beschreiben, zu würdigen und/oder kritisch zu hinterfragen.

3.4 Die Erörterung pragmatischer Texte

Wie bei der literarischen Erörterung müssen Sie auch bei dieser Aufgabenart – in der Regel in Teilaufgabe 1 und/oder 2 – das vorgelegte Material erschließen und darstellen, was Sie verstanden haben und wie Sie es verstanden haben. Unterdrücken Sie Verständnisfragen nicht, sondern gehen Sie offensiv, nach Erklärungen suchend, damit um. Meistens, außer bei suggestiv und subversiv arbeitenden Texten (Reden, Werbung), sind pragmatische Texte eindeutiger formuliert als metaphernreiche Literatur. Die zentrale Anforderung ist es aber, sich auch hier problembewusst abwägend und urteilend mit der aufgeworfenen Frage auseinanderzusetzen und den eigenen Standpunkt herauszuarbeiten. Maßgeblich ist, wie textbezogen und textkritisch triftig und argumentativ überzeugend Sie Ihre Position zu entwickeln wissen.

3.5 Das materialgestützte Schreiben

Das Schreibformat zielt auf einen lebensweltlichen Bezug ab. In der Berufswelt gewinnen die Berichterstattung über komplexe Sachverhalte, die Zusammenstellung von recherchierten Sachinformationen und die argumentative Entwicklung eines Lösungsansatzes zu einem Problem immer mehr an Bedeutung.
Unter dem Begriff „materialgestütztes Schreiben" verstehen die Bildungsstandards zwei Varianten: Zum einen geht es darum, „Leser über einen Sachverhalt so zu **informieren**, dass sie eine Vorstellung über seine wesentlichen Aspekte entwickeln können" (**informierendes Schreiben**). Zum anderen kann verlangt werden, „zu strittigen oder erklärungsbedürftigen Fragen, Sachverhalten und Texten **differenzierte Argumentationen** zu entwickeln" (**argumentierendes Schreiben**).
In beiden Fällen wird Ihnen einiges an **Material** an die Hand gegeben, das Sie in der Vorbereitung auf Ihr Schreibprodukt auszuwerten haben. Bei diesem Material werden Sie neben vielen Kurztexten unterschiedlichster Art (literarisch, wissenschaftlich, journalistisch) auch Bilder, Karikaturen, Tabellen, Grafiken oder Statistiken finden. Die Erkenntnisse, die Sie aus den Materialien gewinnen, sollen Sie dann mit Ihren eigenen, im Unterricht erworbenen Kenntnissen sinnvoll verbinden. Dieses Aufgabenformat verlangt von Ihnen neben Wissen aus dem Unterricht und Verständnis des Ihnen vorgelegten Materials die Fähigkeit, gut zu strukturieren und Ihren Text sorgfältig zu planen. Es gibt jeweils nur eine Teilaufgabe, deren Bearbeitung auf einen überzeugenden, sinnvoll aufgebauten Text abzielt.

Beim materialgestützten Schreiben argumentierender Texte müssen Sie informieren und erklären, aber darüber hinaus einen begründeten Standpunkt einnehmen. Sie bereiten die Informationen aus den Materialien demnach nicht nur auf und verknüpfen sie mit dem vorhandenen Wissen, sondern stoßen einen Denkprozess bei Ihrem Adressaten an, indem Sie sich auf die Aussagen und Haltungen anderer beziehen. Es kann von Ihnen verlangt werden, einen **Kommentar** oder einen **Vortragstext** zu schreiben. Beide Textsorten sind sowohl diskursiv als auch unterhaltend. Sie verfolgen das konkrete Ziel, Ihren Leser zu überzeugen, indem Sie individuell, elegant und pointiert schreiben. Der **Aufgabenstellung** müssen Sie ein hohes Maß an Aufmerksamkeit widmen, da in ihr deutlich wird, wie und in welchem Umfang die Materialien zu nutzen sind, welche Vorkenntnisse Sie einzubringen haben, welche Art von Leserschaft bzw. Zuhörerschaft Sie adressieren und welches Schreibziel Sie verfolgen sollen.

3.6 Tipps zur Arbeit mit Texten

Jeder gelungene Deutschaufsatz entsteht aus einem Zusammenspiel von genauem Eingehen auf die Aufgabenstellung und individuellem Zugang, also der Fähigkeit, den Text „zum Sprechen" zu bringen. Für die Prüfungssituation ist es nützlich, über ein **Repertoire an Fragen** zu verfügen, mit denen man sich Texte erschließt.

Interpretation einer dramatischen Szene

Hier sollte man – sofern die Aufgabenstellung nicht ausdrücklich einen spezifisch anderen Untersuchungsaspekt vorgibt – nach Kommunikationssituation, Redeanteilen und Redeweise fragen, da die Protagonisten durch ihr Reden und Schweigen erkennbar werden. Weitere Fragen, die bei der Erschließung der Szene helfen können, sind:

- Welche Spannung liegt in der Szene? Wie spitzt sich die Auseinandersetzung zu? Wo ist eventuell ein Höhe- und Wendepunkt?
- Mit welchen Absichten und Zielen betreten die Figuren die Szene und was wird aus diesen, wenn die Figuren wieder von der Bühne abgehen?
- Welche Rolle spielen der Schauplatz und eventuell ein Requisit oder ein Gang oder eine Geste?
- Was tragen die Regieanmerkungen zum Verständnis bei?
- Was bleibt hinter dem gesprochenen Wort unausgesprochen und ist mitzudenken und lässt uns ahnen, wie es in der Figur wirklich aussieht und was sie vielleicht plant?
- Über die Textimmanenz hinaus ist von entscheidender Bedeutung, welchen Platz die Szene im Handlungszusammenhang hat und welche Funktion ihr zukommt. (Was wäre, wenn sie gestrichen würde?)

Gedichtinterpretation

Gedichte brauchen Zeit. Deshalb sollte man in der ersten halben Stunde einer Gedichtinterpretation noch nicht schreiben, sondern erst einmal hinhören und in sich aufnehmen, wie das Gedicht klingt und wirkt, um sich dann am Text entlang zu überlegen, wodurch diese Wirkung zustande kommt. Man sollte zum Beispiel nicht mechanisch das Metrum bestimmen, wenn man nicht weiß, was es ausdrückt und bewirkt. Nützliche Fragen sind:

- Aus welcher Perspektive und von welchem Standort aus wird im Gedicht gesprochen?
- Da auch in Gedichten etwas passiert: Was entwickelt sich vom ersten bis zum letzten Vers?
- Welche Versgruppen gehören zusammen?
- Wie ist ein Motiv durchgeführt und inwieweit wandelt es sich? Welche Bilder und Metaphern fallen auf?
- Was ist mit dem Ich, das explizit oder implizit sich und seine Sicht der Welt zum Ausdruck bringt? Wie spricht es? Welche Sprache wählt es? Wann, wo und wie tritt das lyrische Ich in Erscheinung? Versteckt es sich?
- Ergibt sich eher fließend (liedhaft) ein Gefühls- und Erlebniszusammenhang mit einer spürbaren Atmosphäre? Oder ist es ein eher spröder, intellektuell gedachter und gebauter Text, durchsetzt von Konjunktionen, Einsprüchen und Antithesen?

Legen Sie sich deutend nicht zu schnell fest. Wie das eine oder andere, das Sie bemerken, letztlich zu verstehen ist, ist nicht immer eindeutig zu entscheiden: Gedichte haben einen offenen Deutungsraum um sich herum. Wichtig ist: Alle Einzelbeobachtungen können erst im Kontext zur Deutung führen.

Interpretation von epischen Texten

Bei erzählender Literatur sollte man sich vor der Gefahr hüten, in der Fülle des Stoffes zu ertrinken und zu viel Inhaltliches zu rekonstruieren. Man muss den gegebenen Textausschnitt zunächst im Kontext (des Romans, der Novelle oder Kurzgeschichte etc.) verankern (situieren) und eine Zusammenfassung geben, bevor man zur Untersuchung übergeht. Die Konzentration auf Wesentliches, auf den thematisierten Erzählstrang oder -aspekt und die Strukturierung der eigenen Darstellung sind hier besonders nötig.

- Entscheidend für das Verständnis ist es oft, die Erzählperspektive und Haltung des Erzählers zu erkennen und zu deuten. Weiß er nicht mehr, als die einzelne Person wissen kann, erzählt er gleichsam aus ihr heraus personal? Überschaut er allwissend alles äußere und innere Geschehen? Oder verschwindet er ganz hinter einem erzählenden Ich? Hegt der Erzähler Sympathie für seine Helden oder bleibt er ironisch distanziert?
- Wird linear-chronologisch erzählt oder gebrochen in Zeitsplittern, Facetten, Vorwegnahmen und Rückblicken?
- Wie ist das Verhältnis zwischen äußerer Handlung und inneren (seelischen, psychischen) Vorgängen?
- Entsteht ein Abbild unserer Wirklichkeit? Erscheint sie ins Artifizielle, Groteske, Absurde verfremdet? Verweist das Erzählte auf einen Bedeutungshorizont hinter dem konkreten Geschehen (wie im Gleichnis oder der Parabel)?
- Und welches Bild von der erzählten Zeit entsteht? Mit welchen Fragen setzt sich der Autor in seinem Text vermutlich auseinander?

Analyse und Erörterung von Sachtexten

- Da es sich bei Sachtexten häufig um Beiträge zu einer öffentlichen gesellschaftspolitischen oder fachlichen Debatte handelt, ist es ratsam, mit der Textsorte auch den historischen oder zeitgenössischen Kommunikationszusammenhang (Kontext) samt Erscheinungsjahr und Publikationsort (Medium) zu berücksichtigen.
- Konzentrieren Sie sich auf das zentrale Anliegen des Beitrags. Untersuchen Sie, wie er angelegt, das Thema eröffnet und durchgeführt ist: Fragen Sie also nach der Intention des Autors und arbeiten Sie seine entscheidenden Thesen und Argumente heraus. Welcher Art sind seine Argumente? In welchem Verhältnis stehen Bericht (Information, Darstellung) und Argumentation zueinander? Gibt es auffällige sprachliche Bilder oder Wendungen, Hervorhebungen, Wiederholungen? – Der Ansatz zur Erörterung: Wie stehen Sie zur dargestellten oder vorgetragenen Position?
- Bei Glossen und Polemiken kommt es sehr darauf an, Mittel der Ironie, der ironischen Übertreibung und Zuspitzung, nicht zu überlesen.
- Beachten Sie bei **Reden** Redeart (Genus), Redeanlass und Redesituation. Nicht selten wenden sich zeitgenössische Reden an verschiedene Adressaten- oder Zielgruppen (gehalten an einem spezifischen Ort, werden sie vielleicht auch weltweit im Fernsehen ausgestrahlt und online nachzulesen sein). Welche Zielgruppen können Sie ausmachen? Wie spricht der Redner sie unterschwellig oder offen an?
- Achten Sie auf die Redeeinleitung und Begrüßung: Welche emotionale Atmosphäre oder Stimmung wird erzeugt? An welche Gefühle wird appelliert?
- Arbeiten Sie heraus, was der Redner bewirken will: Was ist sein zentrales Anliegen? Welche Schlagworte sollen unbedingt hängen bleiben? Untersuchen Sie, mit welchen taktischen und rhetorischen Mitteln, er sein Publikum beeinflusst und lenkt. Fragen Sie, ob er eher überzeugen oder eher überreden und manipulieren will, ob er verschleiert und/oder mit Anspielungen und Suggestionen arbeitet. Achten Sie auf die Umschreibung zentraler Begriffe: Wie wird das Kind beim Namen genannt? Besonders in Krisensituationen suchen Redner gern den Schulterschluss mit ihrem Publikum. Achten Sie darum auf sprachliche Merkmale (Gebrauch der 1. Pers. Plural des Personalpronomens), mit denen eine Wir-Gruppe etabliert und gegen eine Feindgruppe ausgespielt wird. Achten Sie auf auf- und abwertende Äußerungen.

Materialgestütztes Schreiben

Wagen Sie sich im Landesabitur ruhig einmal an das Aufgabenformat des „materialgestützten Schreibens". Hinter diesem Wortungetüm verbirgt sich ein Schreibformat, das Ihnen besonders in der argumentierenden Variante ungeahnte Chancen und Entfaltungsmöglichkeiten bietet, wenn Ihnen das Korsett des streng wissenschaftlich-sachlichen Schreibens in den geregelten erörternden und interpretierenden Schreibformaten bisher zu eng war, Sie über Ideen, Sprachwitz und einen eigenen Kopf verfügen. Die gute **Vorbereitung** ist das A und O. Notieren Sie zunächst Ihre eigenen Ideen, Gedanken, Assoziationen zu dem Thema. Widmen Sie sich dann den **Materialien:**

- Achten Sie auf die Unterschiede in Ihren Materialien. Es ist wesentlich, diese auf ihren Gehalt hin zu prüfen.

- **Kontinuierliche Texte:** Stammt der Text von einem Wissenschaftler/ einer Journalistin/ einem Schriftsteller? Will er oder sie überzeugen, überreden, etwas erklären, vielleicht provozieren?
- **Grafiken/Schaubilder:** Wer hat die Grafik in welcher Absicht erstellt? Worauf beziehen sich die Zahlen? Formulieren Sie bei der Vorbereitung wie in der Inhaltsangabe eine Art Kernsatz, der die Gesamtaussage enthält.
- **Karikaturen:** Eine Karikatur will immer überspitzt einen Missstand oder ein Problem darstellen – achten Sie also auf ihre Stoßrichtung.

Wenn es jetzt ans Schreiben geht, machen Sie sich klar, was von Ihnen erwartet wird. Entnehmen Sie der **Aufgabenstellung**, ob Sie über einen Sachverhalt informieren oder ob Sie Argumente abwägen sollen, wie sachlich beziehungsweise wie pointiert ihr Text werden soll und an wen er sich richtet. Zielgruppengerechtes Schreiben berücksichtigt in unterschiedlicher Ausprägung folgende Grundfunktionen der Sprache: Information, Qualität und Erkenntnisgehalt des Gesagten, Erlebnis (insbesondere im Essay: Begeisterung zeigen und wecken!) und Kontakt (mit dem Leser in Beziehung treten).
Planen Sie unbedingt Zeit für die **Überarbeitung** Ihres Schreibprodukts ein und stellen Sie sich folgende Fragen: Ist ein in sich geschlossener, klar gegliederter Text entstanden? Haben Sie elegant und abwechslungsreich formuliert? Haben Sie die Materialien hinreichend einbezogen und mit Ihren Gedanken verbunden? Haben Sie einen gut begründeten, nachvollziehbaren Standpunkt eingenommen? Fühlt Ihr Leser sich angesprochen und mitgenommen auf Ihre Gedankenreise?

Handwerkszeug

Einen guten Eindruck macht es immer, wenn korrekt und geschickt **zitiert** werden kann. Sie sollten nicht zu umfangreich zitieren oder dem Leser das Zitat wie den Stein der Weisen wortlos vor die Füße schieben oder an Ihren eigenen Satz unverbunden ankleben. Zitate, oft nur ein Satzfetzchen oder ein besonderes Wort, werden gewählt, weil sie aufschlussreich und vielsagend sind: Man muss also damit arbeiten, sie erläutern und kommentieren. Überhaupt ist es das A und O aller Interpretation, in die eigene Sprache hereinzuholen, was man vorfindet. Geben Sie dem im eigenen, selbstständig formulierten Text eingebauten Teilzitat immer den Vorzug. Wer sprachfaul nur wiederholt, was der Autor sagt, bleibt gleichsam erkenntnisblind. Die Anstrengung dagegen, Fremdes selbstständig in der eigenen Sprache wiederzugeben, wirft Fragen auf und bildet daher den ersten Schritt zum Verständnis eines Textes.

Sehr ratsam ist es, über **Fachbegriffe** so zu verfügen, dass über Erzähltes und Dargestelltes präzise gesprochen werden kann. Man sollte etwa schreiben können: „Die Peripetie erkenne ich in dem Moment, in dem …" Oder: „Hier wird der Beziehungsaspekt wichtiger als der Inhaltsaspekt." Oder: „In diesen Ellipsen, diesen Kurzsätzen ohne Prädikat, drückt sich aus, wie …" – Sehen Sie zu, dass Sie Wortarten, Satzteile und Nebensatztypen korrekt ansprechen können. Üben Sie sich darin, die wichtigsten rhetorischen Figuren zu erkennen, die gestalteter Sprache ihre Wirkung verleihen. (Eine Übersicht über rhetorische Figuren findet sich in dem Band: Werner Winkler, *Prüfungswissen Deutsch Oberstufe,* Stark Verlag 2015, Titel-Nummer: 94406, dort S. 23ff.)

4 Anforderungsbereiche und Operatoren

4.1 Anforderungsbereiche (AFB)

In den Bildungsstandards werden **drei Anforderungsbereiche** definiert, die sich in jeder Aufgabe – in jeweils leicht variierenden Anteilen – wiederfinden. Die einzelnen Bereiche bauen aufeinander auf und verlangen von Ihnen einen zunehmenden Grad an Abstraktionsfähigkeit und Problemlösungsvermögen.

- **Anforderungsbereich I** betrifft die **Reproduktion:** die Wiedergabe von gelernten Sachverhalten sowie die wiederholende Zusammenfassung, die sehr oft in Teilaufgabe 1 der Abiturprüfung verlangt ist. Der im Unterricht erarbeitete Hintergrund an Lektüre- und Faktenwissen, fachspezifische Arbeitstechniken, Methoden der Texterschließung sowie Darstellungstechniken sollen zum Einsatz gebracht werden.
- **Anforderungsbereich II** zielt auf die Anwendung erworbener Arbeitsweisen, auf **Reorganisation von Bekanntem und Transferleistungen**. Meistens sind in der zweiten Teilaufgabe solche Anforderungen gestellt, die ein selbstständiges Auswählen, Ordnen, Erläutern, Interpretieren oder Vergleichen verlangen. Erwartet wird von Ihnen eine eigenständige, argumentativ begründete Interpretation bzw. Erörterung, die zeigt, dass Sie in der Lage sind, Gelerntes auch auf unbekannte Zusammenhänge anzuwenden. Auf dem AFB II liegt in der Abiturprüfung das Hauptgewicht, die Teilaufgabe wird auch entsprechend stark bewertet.
- **Anforderungsbereich III** betrifft die gedankliche Selbstständigkeit der Leistung, die oft besonders in der letzten Teilaufgabe nötig wird: Hier müssen Sachverhalte und Zusammenhänge eigenständig ausgewertet, durchdacht und begründet beurteilt oder gestaltet werden. Sie sollen zu einer differenzierten und kritischen Wertung von Texten und Sachverhalten gelangen und Ihre Fähigkeit zur **Reflexion und Problemlösung** beweisen.

4.2 Operatoren

Operatoren sind **Arbeitsanweisungen**. Sie machen deutlich, welche Art von Aufgabenstellung gemeint ist, lassen sich den einzelnen Anforderungsbereichen zuordnen und geben einen Hinweis auf das Gewicht der Aufgabe. Die offizielle Liste des Hessischen Kultusministeriums listet im Folgenden alle relevanten Operatoren auf.

Anforderungsbereich I (Reproduktion)		
beschreiben (I–II)	Aussagen, Sachverhalte, Strukturen o. Ä. in eigenen Worten strukturiert und fachsprachlich darlegen	*Beschreiben Sie die zentralen Merkmale der Epoche des Expressionismus.*
nennen	zielgerichtet Informationen zusammentragen, ohne diese zu kommentieren	*Nennen Sie die zentralen Thesen der Rede.*
skizzieren (I–II)	einen Sachverhalt oder Gedankengang in seinen Grundzügen angeben	*Skizzieren Sie die Beweggründe des Protagonisten aus dem vorliegenden Romanauszug.*

wiedergeben	ausgehend von einem Einleitungssatz Informationen aus dem Material unter Verwendung der Fachsprache in eigenen Worten ausdrücken	*Geben Sie die Passage Z. 13 bis Z. 20 aus der vorliegenden Rede wieder.*
zusammenfassen (I – II)	ausgehend von einem Einleitungssatz die zentralen Aussagen eines Textes strukturiert und komprimiert unter Verwendung der Fachsprache herausstellen	*Fassen Sie die wesentlichen Inhalte der Rede zusammen.*

Anforderungsbereich II (Reorganisation und Transfer)		
analysieren (I – III)	Merkmale eines Textes, Sachverhaltes oder Zusammenhanges kriterienorientiert bzw. aspektgeleitet erschließen und zusammenhängend darstellen	*Analysieren Sie Kafkas Tagebuchnotiz in Bezug auf die Beziehung Kafkas zu seinem Vater.*
charakterisieren (II – III)	die jeweilige Eigenart von Figuren, Sachverhalten o. Ä. verdeutlichen	*Charakterisieren Sie einen der Protagonisten in dem vorgegebenen Textauszug.*
darstellen (I – II)	Sachverhalte o. Ä. und deren Bezüge sowie Zusammenhänge aufzeigen	*Stellen Sie die Bedeutung der Szene im Kontext der Dramenhandlung dar.*
einordnen / zuordnen (I – II)	Texte oder Sachverhalte unter Verwendung von Vorwissen begründet in einen Zusammenhang stellen	*Ordnen Sie den vorliegenden Text in die Epoche der Romantik ein.*
erklären	Materialien, Sachverhalte o. Ä. in einen Begründungszusammenhang stellen, z. B. durch Rückführung auf fachliche Grundprinzipien, Gesetzmäßigkeiten, Modelle oder Regeln	*Erläutern Sie, inwiefern Alfred Ill am Ende des zweiten Aktes zu dem Schluss kommen kann, er sei „verloren".*
erläutern (II – III)	Materialien, Sachverhalte o. Ä. mit zusätzlichen Informationen und Beispielen verdeutlichen	*Erklären Sie anhand ausgewählter Beispiele die Funktion der sprachlichen Mittel.*
herausarbeiten	aus Materialien nicht explizit genannte Sachverhalte erschließen	*Arbeiten Sie aus der Szene die Vorgeschichte der beiden Partner heraus.*
in Beziehung setzen (II – III)	Zusammenhänge unter vorgegebenen oder selbst gewählten Gesichtspunkten begründet herstellen	*Setzen Sie die Poetik der Romantik in Bezug zu dem vorliegenden Gedicht Eichendorffs.*
untersuchen	Sachverhalte unter bestimmten Aspekten betrachten und belegen	*Untersuchen Sie, inwieweit Büchners Kunstauffassung in diesem Text erkennbar ist.*
vergleichen / gegenüberstellen (II – III)	nach vorgegebenen oder selbst gewählten Gesichtspunkten Gemeinsamkeiten, Ähnlichkeiten und Unterschiede begründet darlegen	*Vergleichen Sie die Naturschilderungen in den vorliegenden Gedichten von Eichendorff und Heym.*

Anforderungsbereich III (Reflexion und Problemlösung)

begründen (II – III)	einen Sachverhalt/eine Aussage durch Argumente stützen	*Begründen Sie, warum dieser Text der Epoche der Romantik zuzuordnen ist.*
beurteilen (II – III)	zu einem Sachverhalt oder einer Aussage unter Verwendung von Fachwissen und Fachmethoden eine begründete Einschätzung geben	*Beurteilen Sie, welche Bedeutung dem in der Textvorlage dargestellten Menschenbild heute zukommt.*
bewerten/ Stellung nehmen (II – III)	wie Operator „beurteilen“, aber zusätzlich die eigenen Maßstäbe begründet darlegen	*Nehmen Sie Stellung zu der These, dass Kafkas Biografie sich in seinem Roman widerspiegelt.*
diskutieren/ sich auseinandersetzen mit (II – III)	zu einer Aussage, Problemstellung oder These eine Argumentation entwickeln, die zu einer begründeten Bewertung führt	*Setzen Sie sich kritisch mit der Argumentation des Autors auseinander.*
entwickeln (II – III)	einen eigenen Gedankengang bzw. ein Konzept zu einem Thema entfalten und Schlussfolgerungen ziehen	*Entwickeln Sie (mithilfe der vorliegenden Materialien) Gestaltungsmöglichkeiten für eine Ausstellung zum Thema X.*
erörtern (II – III)	eine These oder Problemstellung unter Abwägen von Pro- und Kontraargumenten hinterfragen und zu einem eigenen Urteil gelangen	*Erörtern Sie die These, dass es sich bei Büchners „Woyzeck“ um ein politisches Drama handelt.*
gestalten/ entwerfen	Aufgabenstellungen kreativ und produktorientiert bearbeiten, z. B. auf der Grundlage eines Textes und seiner inhaltlichen oder stilistischen Gegebenheiten eine kreative Idee in ein selbstständiges Produkt umsetzen	*Gestalten Sie für ein Programmheft einen Beitrag über die Stoffgeschichte von „Faust“.*
interpretieren (I – III)	auf der Grundlage einer Analyse Sinnzusammenhänge aus Materialien methodisch reflektiert erschließen, um zu einer schlüssigen Gesamtdeutung zu gelangen	*Interpretieren Sie die Kurzgeschichte.*
überprüfen (II – III)	Aussagen auf der Grundlage von Fachkenntnissen kritisch hinterfragen und auf ihre Angemessenheit hin begründet einschätzen	*Überprüfen Sie die Geltung der These in Bezug auf Goethes Faust-Drama.*
verfassen (I – III)	auf der Grundlage einer Auswertung von Materialien wesentliche Aspekte eines Sachverhaltes in argumentierender Form darlegen	*Verfassen Sie auf der Grundlage der Materialien M 1–M 7 einen Vortragstext mit dem Titel: „Sind die Monster von gestern die Helden von morgen?“*

5.1 Die Auswahl der Aufgabe

Von Ihrer sorgfältigen Entscheidung, welchen der angebotenen Aufgabenvorschläge Sie wählen, hängt ein Teil des Erfolgs Ihrer Arbeit ab. Deshalb sollten Sie nicht nur die Textvorlagen (den Inhalt), sondern auch die Aufgabenstellung, die Verteilung der Bewertungseinheiten (BE) und besonders die Schwerpunktaufgabe genau ansehen und sich die folgenden Fragen beantworten:

- Wie hoch ist der Anteil der zu erbringenden Reproduktionsleistung im Verhältnis zur eigenständigen Texterschließung? Wie hoch wird gedankliche Selbstständigkeit honoriert? Liegt mir das Thema?
- Bei welcher Schwerpunktaufgabe kann ich am besten meine Stärken (mein Wissen, mein methodisches Können, meine geistige Beweglichkeit, meine literarische Sensibilität, meine Argumentationslust und so weiter) einbringen?
- Welche Aufgabe fordert mich heraus, etwas zu entdecken und vielleicht etwas zu riskieren? Bei welcher muss ich so viel Stoff bewältigen, dass ich in Gefahr gerate, mich zu lange bei der Reproduktion aufzuhalten?

Wählen Sie den für Sie sichersten, wenn auch etwas langweiligen Weg, wenn Sie im Fach Deutsch eher schwach sind. Hüten Sie sich aber vor den vermeintlich „einfachen" Aufgaben. Diese haben oft Tücken, die auf den ersten Blick nicht erkennbar sind. Wählen Sie dagegen die Aufgabe, die für Sie den größten Reiz besitzt, wenn Sie im Fach Deutsch stark sind.

5.2 Die Zeitplanung

- Legen Sie sich einen Papierstreifen mit Ihrem Zeitplan an den oberen Rand des Tisches: Teilen Sie darauf die Uhrzeiten ab und ordnen Sie ihnen die zu bewältigende Arbeit so zu, dass die letzte halbe Stunde für die Durchsicht des Ganzen und für kleine Nachbesserungen (Anschlüsse überprüfen, Absätze machen, Rechtschreibung und Zeichensetzung korrigieren) reserviert ist.
- Halten Sie die Zeit für die – der Aufgabe entsprechend zu veranschlagende – Vorbereitungsarbeit (Inhalte aufnehmen und durchdenken, Textmarkierungen setzen, Aspekte und Stichworte festhalten) unbedingt ein.
- Reservieren Sie für die Schwerpunktaufgabe den größten Anteil der verfügbaren Zeit, denn trotz sorgfältiger Vorarbeit können Sie nicht Vorgedachtes einfach niederschreiben. Vielmehr werden Ihnen schreibend neue Ideen kommen, die durchdacht, nachgewiesen, eingebaut und vor allem auch noch gut formuliert sein wollen.

6 Zum Gebrauch der Lösungshinweise

In den Übungsaufgaben dieses Bandes spiegelt sich hessische Unterrichtspraxis. In den Lösungshinweisen zu den Übungsaufgaben und zu den Prüfungsaufgaben des Landesabiturs wird nicht einfach das Maß an Erkenntnis und Gestaltungsfähigkeit nachgeahmt, das einer Abiturientin beziehungsweise einem Abiturienten abverlangt werden kann. Sie weisen auf mehr Aspekte hin, als ein Schüler in der Regel sehen kann. Von der Fülle der Beobachtungen, Aspekte, Deutungseinfälle und Problematisierungen wird ein Abiturient oder eine Abiturientin jeweils nur auf einiges selbst kommen. Die Lektüre der entfalteten Lösungswege kann aber Textverstehen anleiten, bereichern und intensivieren und in Fragen der Herangehensweise (der Methode und Strukturierung) dazu anregen, ähnliche Ansätze, Übergänge oder Schlussbilanzen auszuprobieren.

Zu empfehlen ist, bei dem einen oder anderen Thema nach der Lektüre der Aufgabenstellung und der gegebenen Texte (der Arbeitsgrundlagen) nicht gleich weiterzulesen. Der Übungseffekt ist entschieden größer, wenn man nicht nur rezeptiv folgt (Vorgesetztes aufnimmt), sondern selbst aktiv wird, wenn man also einige Zeit darauf verwendet, sich in Thema und Text einzudenken und auf einem Zettel (auch diese Fixierung ist wichtig!) erst einmal eigene Ansätze, Fragen und Gedanken zu Text und Thema skizziert. Sobald man selbstständig einen Verstehens- und Fragehorizont entwickelt hat, sieht man – im Vergleich damit – fremde Ausführungen kritischer und mit mehr Gewinn.

Hinweise und Tipps zur mündlichen Abiturprüfung

1 Allgemeines

Eine mündliche Abiturprüfung gibt es in jedem Fall im vierten Prüfungsfach. Im ersten bis dritten Prüfungsfach erfolgt eine mündliche Prüfung, wenn die Prüfungskommission sie aufgrund des Leistungsbildes des Prüflings beschließt oder wenn Sie sich freiwillig zur Prüfung melden, um Ihren Notendurchschnitt zu verbessern. Letzteres ist aufgrund des komplizierten Verrechnungsmodells einer Nachprüfung, das eher nachteilig wirkt, selten zielführend. Sie müssten mindestens 04 Punkte besser abschneiden, um überhaupt ein besseres Ergebnis zu erhalten. Die mündliche Prüfung im ersten bis dritten Prüfungsfach darf keine inhaltliche Wiederholung der schriftlichen Prüfung sein, sie darf sich nicht auf das Sachgebiet und die Lernziele nur eines Schulhalbjahres beschränken, sie kann aber, im Unterschied zur schriftlichen Prüfung, Sachgebiete des letzten Schulhalbjahres einbeziehen.

Für die Vorbereitung der mündlichen Prüfung haben Sie „mindestens 20 Minuten" Zeit (OAVO § 35 (2)). („In der Regel nicht mehr als 30 Minuten.") Sie erhalten eine Aufgabe, die ähnlich gegliedert ist, wie die schriftlichen Abituraufgaben es sind, die aber auf die kürzere Zeit zugeschnitten ist, die zu ihrer Lösung zur Verfügung steht. Die Anforderung der 20-minütigen Prüfung besteht darin, sich in einem Vortrag in sprachlich korrekter Weise zu äußern, ein themengebundenes Gespräch zu führen und dabei auf Impulse der Prüfenden einzugehen sowie begründet Stellung zu nehmen. In der Regel steht Ihnen „die Hälfte der Prüfungszeit für [den] kurzen, möglichst frei gehaltenen Vortrag zur Verfügung." (OAVO § 35 (3))

Eine besondere Form der mündlichen Prüfung ist die vorbereitete, selbstständige Präsentation eines Themas, das seinen Schwerpunkt im gewählten Fach (hier: im Fach Deutsch) hat. An die 15-minütige Präsentation schließt sich ein ebenfalls 15-minütiges Kolloquium, also eine Befragung durch den Fachausschuss, an. „Folgende Kriterien fließen u. a. in die Bewertung einer Präsentation ein:

- Qualität und Umfang der vermittelten fachlichen Informationen, auch Vollständigkeit, exemplarisches Vorgehen, Aktualität, Kreativität,
- Strukturierung der Präsentation […],

- sachgerechter Einsatz von Medien […],
- Präzision und logische Nachvollziehbarkeit der Darstellung,
- kommunikative (einschließlich rhetorischer) Fähigkeiten,
- Reflexion über die gewählte Präsentationsmethode, die vorgetragenen Lösungen und Argumente." (OAVO § 37 (3))

2 Tipps zur Vorbereitung und zur mündlichen Prüfung selbst

2.1 Die Vorbereitung auf die Prüfung

Während der „mindestens 20-minütigen" Vorbereitung auf die mündliche Prüfung werden Sie sich ganz ähnlich wie bei der Vorbereitung schriftlicher Abiturklausuren mit Aufgabenstellung und gegebenem Material auseinandersetzen. Darüber hinaus muss der geforderte 10-minütige Vortrag, mit dem Sie die Prüfung vor der Kommission einleiten sollen, besonders bedacht werden. Im Deutschunterricht gibt es meistens nicht viel Gelegenheit, sich im zusammenhängenden, längeren Vortrag zu üben; mit einem guten Vortrag in der Abiprüfung machen Sie aber sofort Eindruck.

- Prüfen Sie genau Thema und Zielrichtung der gestellten Aufgaben, damit Sie während der Texterschließung nicht daran vorbeigehen. Stellen Sie fest, worin der Schwerpunkt der Aufgabe besteht. Konzentrieren Sie sich auf diesen Schwerpunkt und durchdenken Sie, was darin das Wesentliche ist. Kluge Leute haben die Fähigkeit, Wesentliches von Unwesentlichem klar unterscheiden zu können; sie treten nichts breit, halten sich also nicht lange bei dem auf, was auf der Hand liegt, sondern sie komprimieren und differenzieren und können das als wesentlich Erkannte sprachlich präzis vermitteln. Streben Sie solche Konzentration an.
- Gliedern und markieren Sie den Text zunächst so, wie Sie es gewohnt sind. Notieren Sie sich am Rand Erkanntes/Entdecktes in Stichwortform für den Vortrag. Nehmen Sie sich während des letzten Durchgangs durch den Text einen andersfarbigen Stift (Marker): Heben Sie mit ihm die Textstellen und Schlüsselbegriffe hervor, die Sie im Vortrag zitieren wollen. Seien Sie sparsam im Markern (siehe oben: es kommt auf die Auswahl des Wesentlichen an!).
- Notieren Sie groß und deutlich, in welcher Reihenfolge Sie die verschiedenen Stichworte und Aspekte ansprechen wollen. Setzen Sie Einfaches, Informierendes und Inhaltliches an den Anfang, um einen Sockel für das Anspruchsvollere zu haben; die meisten Aufgaben geben diese Gliederung bereits vor.
- Sie haben keine Zeit, eine Interpretation auszuformulieren. Die nummerierten Stichworte sind also das Skelett für Ihren Vortrag: Es sind die Anhaltspunkte, die Sie in freier Rede erläutern und entfalten werden. Aber formulieren Sie sich einen ins Zentrum der Aufgaben- und Problemstellung zielenden Einleitungssatz aus. Vielleicht gelingt es Ihnen außerdem, ein sprachlich ebenso bündiges (vorläufiges) Fazit auszuformulieren.

2.2 Der Vortrag innerhalb der Prüfung

- Rücken Sie sich ohne Hetze Ihr Material und Ihren Stuhl zurecht, atmen Sie einmal bewusst durch, schauen Sie die Kommission und Ihren Lehrer oder Ihre Lehrerin grüßend an und nehmen Sie auch während des Fortgangs der Prüfung immer wieder Blickkontakt auf. Man wird Ihnen wohlgesonnen sein: Es befreit, das zu bemerken.
- Legen Sie Ihre Uhr auf den Tisch und stellen Sie die Zeiger auf 12: So fällt es bei aller Aufregung am leichtesten, die Zeit zu kontrollieren.
- Teilen Sie einleitend knapp mit, worin Ihre Aufgabe bestand/besteht und wie Sie vorzugehen gedenken. Lesen Sie aber nicht die Aufgabenstellung vor, sondern kommen Sie rasch zu Ihrem Einleitungssatz und anschließend zur möglichst frei vorgetragenen Inhaltsübersicht und zur Darstellung Ihrer aufgabenbezogenen Beobachtungen, Erkenntnisse und weiterführender Einsichten oder Hypothesen.
- Die Textanalyse oder Textinterpretation muss durch Zitate belegt werden. Wenn Sie nicht sofort die benötigte Textstelle finden, so hat die Kommission Verständnis dafür, wenn Sie einen Augenblick lang suchen müssen. Kommentieren Sie Ihr Suchen (etwa: „Entschuldigung, ich finde gerade die Stelle nicht, aber es muss hier im letzten Drittel sein, sinngemäß steht da … – hier ist es wörtlich: …“).
- Sprechen Sie immer wieder mit erhobenem Kopf klar und deutlich und nicht zu schnell. Auch hier gilt: Hetzen Sie nicht. Machen Sie sich Ihren Zuhörern in gutem (elaboriertem) Deutsch verständlich und sprechen Sie so, dass Sie selber mitkommen (mitdenken können!). Greifen Sie auf Fachbegriffe zurück, durch die sich weitschweifige Erklärungen oft erübrigen. Sprechen Sie immer wieder begründend statt additiv in Satzreihen („Und dann … Und dann …“). Sie haben Zeit, gleichsam laut nachzudenken. Gerade das ist es, was die Kommission hoch bewertet: dass der Prüfling auf der Grundlage seines Wissens selbstständig denken und urteilen kann. Am deutlichsten stellt sich im Prüfungsgespräch heraus, wie gut er das kann.

2.3 Das Prüfungsgespräch

- Der zweite Teil der mündlichen Prüfung soll die Form des Gesprächs haben. Ein Gespräch ist kein Ping-Pong zwischen Frage und Kurzantwort und kein Abgefragtwerden. Schießen Sie also nicht knappe Lösungssätze, isolierte Begriffe oder Ja-nein-Antworten ab; antworten Sie stattdessen in vollständigen Sätzen, nehmen Sie die gestellten Fragen auf und gehen Sie umsichtig erläuternd und themenbezogen darauf ein. Bevor man das zu Sagende ausführt, empfiehlt es sich bei etwas komplizierteren oder komplexeren Fragen, zunächst zu formulieren, wie man die Frage verstanden hat („Sie fragen also danach, ob …/wie …?“). Treten Sie in einen kommunikativen Zusammenhang ein.
- Haben Sie eine Frage einmal nicht verstanden, so wird Ihr Blick den Prüfer dazu veranlassen, seine Frage neu zu formulieren.
- Auch der Prüfer geht in dem von ihm vorbereiteten Gespräch in der Regel vom Einfachen zum Schwierigeren und vom konkreten Beispiel zum Allgemeineren. Er wird über den gegebenen Text hinaus nach Vergleichbarem, Entgegengesetztem

und seiner möglichen Einordnung in einen größeren Zusammenhang fragen. Wenn Ihnen selbst passende literarische oder theoretische Bezüge einfallen, so bringen Sie sie aktiv (von sich aus) ein. Je proaktiver Sie Ihre Prüfung angehen, desto mehr haben Sie die Kontrolle selbst in der Hand und überzeugen die Kommission zudem von Ihrem selbstständigen Denken.

- Wenn Sie Zweifel an einer Zuordnung oder Setzung haben oder wenn Ihnen eine Interpretation zu glatt oder aber verrenkt erscheint, so artikulieren Sie Ihre Bedenken: Unterdrücken Sie Problembewusstsein nicht, wenn es denn echt ist.
- Manchmal unterbricht ein Prüfer. Der Grund dafür kann sein, dass er Sie von einem Nebenweg zurückholen will oder dass er abkürzt, weil er Ihnen Gelegenheit geben will, sich noch zu einem wichtigen Punkt zu äußern, dass er Ihnen also noch mehr zutraut. Meist drängt nur schlicht die Zeit.
- Eine Abiturprüfung ist eine Veranstaltung mit offiziellem Charakter. Es muss Sie also nicht irritieren, wenn Ihr Prüfer Ihnen ein wenig förmlicher begegnet, als Sie es vom Unterricht her gewohnt sind. Seien Sie überzeugt, auch er will bestehen: Ihn leitet der Wunsch, dass Sie glänzen – und so ein helles Licht auf die Qualität seines Unterrichts werfen.

ÜBUNGSAUFGABEN

MACHT UND WIDERSTAND

Erlaubte Hilfsmittel
- Th. Mann: *Mario und der Zauberer*
- Georg Büchner: *Woyzeck*
- ein Wörterbuch der deutschen Rechtschreibung
- eine Liste der fachspezifischen Operatoren

Aufgabenstellung

1 Interpretieren Sie den Auszug aus Daniel Kehlmanns Roman *F*. (40 BE)

2 Vergleichen Sie den vorliegenden Auszug mit Cipollas Vorführung in Thomas Manns Erzählung *Mario und der Zauberer* im Hinblick auf die Darstellung von Macht und Widerstand. (40 BE)

3 Diskutieren Sie, ob man Woyzecks Mord an Marie als Akt des Widerstands deuten kann. (20 BE)

Material — Daniel Kehlmann (* 1975): F (2013)

Der Schriftsteller Arthur Friedland besucht mit seinen drei Söhnen Martin, Eric und Iwan die Nachmittagsvorstellung eines Hypnotiseurs, der sich „der große Lindemann" nennt. Nachdem dieser sein Können an verschiedenen Zuschauerinnen und Zuschauern demonstriert hat – u. a. lässt er drei von ihnen auf der Bühne tanzen und dann einschlafen –, sucht er sich im Publikum einen neuen Kandidaten aus.

[…] „Wollen Sie zu mir kommen, Arthur?"

Arthur schüttelte den Kopf.

„Sie glauben, Sie möchten nicht. Aber Sie möchten. Glauben Sie mir."

Arthur lachte.

„Es tut nicht weh, es ist nicht gefährlich, es könnte Ihnen sogar gefallen. Machen Sie uns die Freude."

Arthur schüttelte den Kopf.

„Gar nicht neugierig?"
„Bei mir funktioniert es nicht!", rief Arthur.
„Vielleicht nicht. Das kann schon sein, das gibt es. Umso eher könnten Sie heraufkommen."
„Nehmen Sie jemand anderen."
„Aber ich will Sie."
„Warum?"
„Weil ich es will. Weil Sie glauben, Sie wollen nicht."

Arthur schüttelte den Kopf.

„Kommen Sie!"
„Geh schon", flüsterte Eric.
„Das ist doch interessant", flüsterte Martin.
„Alle schauen uns an", flüsterte Iwan.
„Na und!", sagte Arthur. „Sollen sie schauen. Warum ist Kindern immer alles peinlich?"
„Sagen wir es gemeinsam!", rief Lindemann. „Schicken Sie ihn mir herauf, zeigen Sie es ihm, klatschen Sie, wenn er kommen soll. Klatschen Sie laut!"

Wilder Applaus brach los, ein Trampeln und Schreien, als gäbe es plötzlich für niemanden etwas Wichtigeres als die Erfüllung von Lindemanns Wunsch, als könnte keiner sich größeres Glück vorstellen, als Arthur auf der Bühne zu sehen. Der Lärm schwoll immer weiter an, immer mehr Stimmen mischten sich hinein: Die Leute klatschten und brüllten. Arthur rührte sich nicht.

„Bitte!", rief Eric. „Bitte, geh", sagte Martin. „Bitte!"
„Nur für euch", sagte Arthur und stand auf. Durch die johlende Menge arbeitete er sich zum Mittelgang vor, dann ging er zur Treppe und stieg empor. Lindemann machte eine schnelle Handbewegung, der Lärm erstarb.
„Bei mir haben Sie Pech", sagte Arthur.
„Kann sein."

„Es geht wirklich nicht."
„Dieser nette Junge. Das war Ihr Sohn?"
„Es tut mir leid, ich bin nicht der Richtige. Sie möchten jemanden, der erst einmal verlegen ist und dann mit Ihnen plaudert und etwas über sich erzählt, worüber Sie dann einen Scherz machen können, damit alle lachen. Wollen wir das nicht überspringen? Sie können mich nicht hypnotisieren. Ich weiß, wie das funktioniert. Etwas Druck, etwas Neugier, der Wunsch dazuzugehören, die Angst, etwas falsch zu machen. Und natürlich die Sehnsucht nach einem Erlebnis. Aber nicht bei mir."

Lindemann schwieg. Seine Brillengläser glänzten im Scheinwerferlicht.

„Können die uns hören?" Arthur zeigte auf die drei reglosen Körper.
„Sie sind mit anderem beschäftigt."
„Und das möchten Sie mit mir auch machen? Ein anderes Leben?"

Iwan fragte sich, wie sein Vater es anstellte, dass man jedes seiner Worte verstand. Er hatte kein Mikrophon, und er sprach leise; dennoch hörte man ihn deutlich. Gelassen stand er da, als wäre er allein mit dem Hypnotiseur und dürfte fragen, was immer ihm einfiel. Auch sah er nicht mehr geistesabwesend aus. Es schien ihm Spaß zu machen. Lindemann dagegen wirkte zum ersten Mal unsicher. Er lächelte noch, aber auf seiner Stirn lagen Falten. Mit spitzen Fingern nahm er die Brille ab, setzte sie wieder auf, nahm sie von neuem ab, faltete sie und schob sie hinter das grüne Stecktuch in seine Brusttasche. Er hob die rechte Hand und hielt sie über Arthurs Stirn.

„Sehen Sie auf meine Hand."

Arthur lächelte.
Lindemann legte seine Linke auf Arthurs Schulter.

„Sehen Sie auf meine Hand, sehen Sie darauf, sehen Sie, sehen Sie auf meine Hand."
„Mache ich doch."

Ein Kichern ging durch den Saal. Lindemanns Miene verzog sich für einen Moment.
„Sehen Sie auf meine Hand, sehen Sie, sehen Sie auf meine Hand. Nur darauf, auf nichts anderes, nur auf die Hand."
„Ich merke nichts."
„Das müssen Sie auch nicht." Lindemann klang gereizt. „Nur schauen! Auf die Hand schauen, auf die Hand, sonst nichts."
„Sie richten das Bewusstsein auf sich selbst, oder? Das ist der Trick. Die Aufmerksamkeit richtet sich auf die Aufmerksamkeit. Darauf, wie sie sich auf sich selbst richtet. Eine Schleife, und plötzlich kann man mich nicht mehr –"
„Sind das da unten Ihre Söhne?"
„Ja."
„Wie heißen sie?"
„Ist das wichtig?"
„Wie sie heißen."
„Iwan, Eric und Martin."
„Iwan und Eric?"
„Die Ritter der Tafelrunde."
„Erzählen Sie über sich."

Arthur schwieg.

„Erzählen Sie über sich“, wiederholte Lindemann. „Wir sind unter Freunden.“
„Da gibt es wenig zu sagen.“
„Wie schade. Wie traurig, wenn das stimmen sollte.“

Lindemann senkte seine Hand, beugte sich vor und sah Arthur ins Gesicht. Es war ganz still, man hörte nur ein schwaches Rauschen, vielleicht die Klimaanlage, vielleicht die Elektrizität der Scheinwerfer. Lindemann trat einen Schritt zurück, ein Bühnenbrett knarrte, einer der Schlafenden stöhnte.

„Was machen Sie beruflich?“

Arthur schwieg. „Oder haben Sie keinen Beruf?“
„Ich schreibe.“
„Bücher?“
„Würde das, was ich schreibe, gedruckt, wären es Bücher.“
„Ablehnungen?“
„Ein paar.“
„Das ist schlimm.“
„Nein, das macht nichts.“
„Stört Sie gar nicht?“
„Ich habe wenig Ehrgeiz.“
„Stimmt das denn?“

Arthur schwieg.

„Sie sehen nicht aus, als ob Sie wenig wollen. Sie möchten das von sich glauben, aber Sie glauben es nicht. Ich glaube es Ihnen auch nicht. Keiner glaubt es. Was wollen Sie wirklich? Wir sind unter Freunden. Was wollen Sie?“
„Weg.“
„Von hier?“
„Von überall.“
„Von zu Hause?“
„Von überall.“
„Weg von daheim?“
„Daheim ist man tot.“
„Das klingt nicht so, als ob Sie zufrieden sind.“
„Wer ist schon zufrieden.“
„Bitte antworten Sie.“
„Nein.“
„Nicht glücklich?“
„Nein.“
„Sagen Sie das noch einmal.“
„Ich bin nicht glücklich.“
„Warum halten Sie noch aus?“
„Was soll man denn tun!“
„Fliehen?“
„Man kann nicht dauernd fliehen.“

„Warum nicht?“

Arthur schwieg.

„Und Ihre Kinder? Lieben Sie die?“

„Das muss man.“

„Richtig. Man muss. Alle gleich?“

„Iwan mehr.“

„Warum?“

„Er ist mehr wie ich.“

„Und Ihre Frau? Wir sind unter Freunden.“

„Sie mag mich.“

„Das war nicht die Frage.“

„Sie verdient Geld für uns, sie kümmert sich um alles, wo wäre ich ohne sie?“

„Vielleicht frei.“

Arthur schwieg.

„Was denken Sie von mir? Sie wollten nicht auf die Bühne, jetzt stehen Sie hier. Sie dachten, bei Ihnen funktioniert es nicht. Was denken Sie jetzt? Zum Beispiel von mir?“

„Ein kleiner Mensch. Unsicher in allem, deswegen sind Sie, was Sie sind. Weil Sie nichts wären ohne das hier. Weil Sie stottern, wenn Sie nicht hier oben stehen.“

Lindemann schwieg eine Weile, als wollte er dem Saal Gelegenheit zum Lachen geben, aber kein Geräusch war zu hören. Sein Gesicht sah bleich und wächsern aus. Arthur stand sehr gerade, seine Arme hingen herab, er rührte sich nicht.

„Und Ihre Arbeit? Ihr Schreiben, Ihr Dichten? Arthur? Was ist damit?“

„Nicht wichtig.“

„Warum nicht?“

„Zeitvertreib. Kein Grund, Aufhebens zu machen.“

„Es stört Sie nicht, dass Ihre Werke nicht erscheinen?“

„Nein.“

„Dass sie nicht gut sind? Stört Sie nicht?“

Arthur trat einen kleinen Schritt zurück.

„Sie haben keinen Ehrgeiz, glauben Sie? Aber vielleicht wäre es besser, Sie hätten Ehrgeiz, Arthur. Vielleicht wäre Ehrgeiz besser, vielleicht sollten Sie gut sein, vielleicht sollten Sie sich eingestehen, dass Sie gut sein wollen, vielleicht sollten Sie sich anstrengen, vielleicht sollten Sie arbeiten, vielleicht Ihr Leben ändern. Alles ändern. Alles ändern, Arthur. Was meinst du?“

Arthur schwieg. […]

Aus: Daniel Kehlmann: F. Roman. Reinbek bei Hamburg: Rowohlt 2013.

TIPP **Bearbeitungshinweise**

Der Ihnen vorliegende Romanauszug ist lang, aber leicht zugänglich. Sie sollten ihn mindestens zweimal lesen, zunächst um sich einen Überblick zu verschaffen, dann aktiv mit einem Stift, wobei Sie den Text in Sinnabschnitte einteilen, Einschnitte markieren und sprachliche Auffälligkeiten hervorheben. Sie werden rasch erkennen, dass sehr **wenig an äußerer Handlung** passiert, bemühen Sie sich daher, die **inneren Vorgänge** aufzuspüren. Wie trägt die **Erzählweise** zur Wirkung des Textes bei? Tritt ein Erzähler explizit in Erscheinung? Welche markanten **Stilmittel** finden Sie? Welche Funktion kommt ihnen innerhalb des Textes zu?

Sie können in Ihrem Aufsatz die zu einer Textinterpretation gehörenden **Untersuchungsbereiche** (Inhalt, Aufbau, Sprache, erzählerische Gestaltung) einzeln abarbeiten, doch besteht die Gefahr, dass Sie so zu oft Handlungselemente wiederholen müssen und zu viel Zeit brauchen. Geschickter ist es, die Bereiche zu **verschränken**, also darzulegen, in welchem Sinnabschnitt (Aufbau) was geschieht (Inhalt), wie es sprachlich und erzählerisch vermittelt wird. Vermeiden Sie es unbedingt, das geschilderte Gespräch zwischen Lindemann und Friedland im Detail wiederzugeben. Raffen und strukturieren Sie Ihre Darstellung und lösen Sie sich von der reinen Handlungsebene, indem Sie das Vorgehen Lindemanns, die Position Friedlands und den Ausgang des Geschehens kritisch bewerten.

Behalten Sie schon bei der ersten Teilaufgabe, die immerhin bis zu 40 Punkte einbringt, die von der zweiten Teilaufgabe vorgegebenen **Vergleichsaspekte** im Sinn und arbeiten Sie bereits hier heraus, wie Macht und Widerstand ausgestaltet sind. Wer setzt sich durch? Wann bricht der Widerstand zusammen? Wie wird die Macht eingesetzt?

Die **zweite Teilaufgabe** verlangt einen **aspektgeleiteten Vergleich** mit einer Ihnen bekannten Lektüre. Sie sollen also nicht einfach alles aufschreiben, was Sie zu Thomas Manns Novelle wissen. Stattdessen gilt es, **gezielt** diejenigen Handlungselemente auszuwählen, die Aussagen zu den vorgegebenen Punkten „**Macht**" und „**Widerstand**" zulassen. Eine genaue Kenntnis der Ganzschrift ist für die Bearbeitung dieser Aufgabe unerlässlich. Strukturieren Sie Ihre Ausführungen, etwa zu den Formen des Widerstands, zu seinem Erfolg, zum Verhältnis der beiden Gegenspieler Hypnotiseur und Versuchsperson. Bündeln Sie Ihre Erkenntnisse in einem abschließenden **Fazit**.

Die Bepunktung der **dritten Teilaufgabe** zeigt Ihnen, dass hier nur eine **kurze, fokussierte Erörterung** gefordert ist. Nennen Sie pointiert die Argumente, die dafürsprechen, Woyzecks Tat als Form des Widerstands zu bezeichnen, und solche, die eine andere Deutung nahelegen. Es zeugt von Unterscheidungsvermögen, wenn Sie **differenziert abwägen**, anstatt sich eindeutig auf eine Seite festzulegen.

Lösungsvorschlag

TEILAUFGABE 1

Einleitung
Autor, Titel, Erscheinungsjahr, Thema

Eine nachmittägliche Freizeitvergnügung wird zu einem psychischen Zweikampf und mündet in einen Seelen-Striptease. Der Auszug aus Daniel Kehlmanns 2013 erschienenem Roman *F* erzählt vom Besuch des Schriftstellers Arthur Friedland und seiner drei Söhne bei einer Hypnose-Vorführung, die für Friedland einen unerwarteten Verlauf nimmt.

Aufbau

Der Text lässt sich entsprechend der äußeren Handlung in **zwei Sinnabschnitte** gliedern: Im **ersten Abschnitt** (Z. 1–33) wird Friedland vom Hypnosekünstler Lindemann genötigt, gegen seinen Willen auf die Bühne zu kommen. Der **zweite Abschnitt** (Z. 34–156) schildert die schließlich erfolgreiche Manipulation des Schriftstellers durch Lindemann. Noch aufschlussreicher als dieses äußere Geschehen ist allerdings die Frage nach den **inneren Vorgängen**, also danach, wann und wie es Lindemann gelingt, den Widerstand Friedlands zu brechen und ihn seinem Willen zu unterwerfen. Es ist eine genaue Interpretation nötig, um diese Zäsur zu erkennen.

abschnittsweise Interpretation
1. Abschnitt: Lindemann zwingt Arthur zu Auftritt

Lindemanns **Vorführung** ist in vollem Gange, als er unter seinen Zuschauern **Arthur Friedland als neues Demonstrationsobjekt** auserwählt. Er hat bereits einige Besucher zum Tanzen und dann zum Einschlafen gebracht und damit seine Fähigkeiten bewiesen. Mit Arthur hat er nicht so ein leichtes Spiel. Der **verweigert** hartnäckig eine aktive Teilnahme an der Vorführung und beantwortet Lindemanns Suggestivfrage „Wollen Sie zu mir kommen, Arthur?" (Z. 1), die eigentlich ein Imperativ ist, nonverbal mit Kopfschütteln und Lachen (vgl. Z. 2, 4). So muss sich Lindemann aufs **Werben** verlegen, wobei er Arthur einredet, er kenne dessen Willen besser als dieser selbst: „Sie glauben, Sie möchten nicht. Aber Sie möchten. Glauben Sie mir." (Z. 3) Die antithetische Gegenüberstellung von „mögen" und „nicht mögen" sowie die Wiederholung von „glauben" nehmen eine rhetorische Strategie Lindemanns vorweg, die er auch im weiteren Verlauf des Gesprächs praktiziert: Durch die mehrfache **Wiederholung der immergleichen Wörter** und durch kurze Sätze wirkt seine Redeweise **einlullend**, aber auch verwirrend.

Arthur blockt alle Lockungen Lindemanns ab mit der Aussage: „Bei mir funktioniert es nicht!" (Z. 9) Diese Behauptung kann man als **Kampfansage** verstehen und Lindemann lässt dann auch nicht locker: „Weil ich es will. Weil Sie glauben, Sie wollen nicht." (Z. 15) Lindemanns anaphorische Begründungen für seine Hartnäckigkeit kreisen erneut ums Wollen und Glauben und verraten, dass es dem **Hypnotiseur** auch darum geht, seinen **eigenen Willen durchzusetzen** und sein Gegenüber zu der Erkenntnis zu zwingen, dass es die eigenen Wünsche nicht einschätzen kann. Als alle Einladungen und Appelle nicht greifen, als Arthur auch dem Drängen seiner peinlich berührten Söhne nicht nachgibt, baut Lindemann auf eine andere Weise **Druck** auf, indem er das Publikum dazu aufruft, durch **Klatschen** Arthur zum Mitmachen zu bewegen. Der daraufhin ausbrechende Tumult wirkt so gewaltig, als ob es „für niemanden etwas Wichtigeres" und kein „größeres Glück" (Z. 25 ff.) gebe, als Arthur zur Kapitulation zu bringen. In diesem Vergleich des Erzählers schwingt ein Hauch Ironie darüber mit, dass sich die Menge so absolut mit Lindemanns Wünschen identifiziert. Und selbst diese lautstarke Kundgebung prallt an Friedland ab: „Arthur rührte sich nicht." (Z. 29) Erst das erneute **Bitten der Kinder** bringt ihn dazu, **einzulenken** und zu Lindemann auf die Bühne zu steigen. Wie ein Dompteur lässt der den allgemeinen Jubel abrupt enden – er hat sein Publikum voll im Griff.

2. Abschnitt: Lindemann bricht Arthurs Widerstand gegen die Hypnose

Selbstsicherheit Arthurs

Der **zweite Sinnabschnitt** beginnt zwar mit einer räumlichen Veränderung Arthurs – er steht neben Lindemann –, doch verharrt er innerlich in seiner **Verweigerungshaltung** und zeigt Lindemann sogar etwas wie **Mitleid** dafür, dass der für sein Experiment den Falschen ausgesucht habe: „Bei mir haben Sie Pech" (Z. 34). Er betont seine **Unempfänglichkeit für Hypnose**, blockt die Smalltalk-Versuche Lindemanns ab und **analysiert** vielmehr kritisch dessen **Vorgehensweise**, wobei er etwas herablassend seine eigene Überlegenheit herausstellt: „Ich weiß, wie das funktioniert. Etwas Druck, etwas Neugier, der Wunsch dazuzugehören, die Angst, etwas falsch zu machen. Und natürlich die Sehnsucht nach einem Erlebnis." (Z. 41 ff.) Mit der asyndetischen und elliptischen Reihung nennt Arthur wie ein psychologischer Sachverständiger Faktoren, die das Wirken der Hypnose begünstigen würden. Indem er so das **Phänomen rational erklärt**, glaubt er es zu entzaubern. Durch seine gelassene Körperhaltung und gut vernehmbare Artikulation vermittelt er eine **Position der Stärke**, sein Sohn Iwan gewinnt sogar den Eindruck, dass ihm die Veranstaltung Spaß macht (vgl. Z. 51). Die spöttische Frage, ob Lindemann für ihn auch ein anderes Leben vorgesehen habe, lässt diesen wie einen Scharlatan dastehen (vgl. Z. 47).

Frontstellung von Lindemann und Arthur

Arthur hat Oberwasser, **Lindemann** wirkt dagegen „**unsicher**" (Z. 52). Er ist schweigsam, hantiert mit seiner Brille und zeigt ein gezwungenes Lächeln. Auf Arthurs Bemerkungen zur Wirkung von Hypnose geht er überhaupt nicht ein, sondern startet die praktische Übung, indem er Arthur auffordert, sich **auf seine erhobene Hand zu konzentrieren**. Dabei greift er erneut zu dem Stilmittel, beschwörend Wörter zu wiederholen (vgl. Z. 56, 59). Seine Imperative kreisen alle um die zu fokussierende Hand. Doch wird die von ihm angestrebte Anspannung immer wieder **unterwandert** durch Arthurs flapsige Einwürfe („Mache ich doch.“, Z. 60; „Ich merke nichts.“, Z. 64). Das Publikum reagiert mit Heiterkeit. Zudem durchleuchtet Arthur den „Trick“: „Die Aufmerksamkeit richtet sich auf die Aufmerksamkeit. Darauf, wie sie sich auf sich selbst richtet.“ (Z. 67 ff.) Diese von ihm beschriebene „Schleife“, das Um-sich-Kreisen des Bewusstseins korrespondiert mit der Schleife von Lindemanns Wortwiederholungen. Spätestens hier erscheinen der Hypnotiseur und sein Versuchsobjekt als **Kontrahenten in einem psychischen Machtkampf vor Publikum**. Lindemanns Mimik sowie sein gereizter Tonfall verraten, dass es ihn Mühe kostet, die Dominanz in diesem Dialog und in seiner eigenen Show zurückzugewinnen.

Zäsur: Lindemann dominiert Dialog und führt Hypnose durch

Den **Umschwung** erreicht Lindemann erst, als er plötzlich das **Thema wechselt** und sich unerwartet nach den Namen von Arthurs Söhnen erkundigt bzw. ihre Namen einfordert („Wie sie heißen.“, Z. 74). Er lädt Arthur ein, etwas aus einem Leben zu erzählen, schließlich sei man „unter Freunden“ (Z. 80). Die Unwahrheit dieser Floskel ist an sich leicht zu durchschauen, doch geht **Arthur** dennoch **in die Falle**. Sein Eingeständnis, dass es über ihn wenig zu erzählen gebe, erlaubt es Lindemann, **provokante Fragen** zu stellen („Oder haben Sie keinen Beruf?“, Z. 88), Mitleid zu heucheln („Das ist schlimm“, Z. 94) und so Arthur aus der Reserve zu locken. Arthur muss **zugeben**, ein **erfolgloser Schriftsteller zu sein**. Mit bohrenden kurzen Fragen, die an ein **Verhör** erinnern, kitzelt Lindemann Arthurs tatsächliche Wünsche und **verborgene Träume** heraus, seinen Wunsch, aus dem Alltag auszubrechen, sowie das **Eingeständnis der eigenen Unzufriedenheit**. Die Metapher „Daheim ist man tot.“ (Z. 109) drückt aus, dass Arthur sich vom Alltag angeödet fühlt – möglicherweise ist diese Enge schuld an seiner Erfolglosigkeit im kreativen Bereich.

Selbstoffenbarung Arthurs: Aussagen über sich und seine Familie

Schließlich zwingt Lindemann ihn bewusst, seine Empfindungen auszusprechen, also **Selbstaussagen** zu formulieren: „Ich bin nicht glücklich.“ (Z. 117) Der Schriftsteller räumt die **Ausweglosigkeit seiner Lage** und die Unmöglichkeit einer Flucht ein. Doch belässt es der Hypnotiseur nicht dabei, Arthur ein Eingeständnis seines Unglücks abzuringen. **Zynisch** agiert er, als er nach **Arthurs Verhältnis zu seinen Kindern und seiner Frau** fragt, schließlich sei man „unter Freunden“ (Z. 130). So müssen die Kinder im Saal mitanhören, wie ihr Vater seine Liebe zu ihnen als Pflichtübung beschreibt und zugibt, einen den anderen beiden vorzuziehen. Gegenüber seiner

Frau empfindet er statt Liebe Dankbarkeit, da sie die Familie finanziert und organisiert, woraufhin Lindemann suggestiv andeutet, dass diese **Familie eher eine Fessel** sein könnte (vgl. Z. 130ff.).

Arthurs Urteil über Lindemann

Der **Hypnotiseur** scheint sich **als Sieger** im Willenskampf zu fühlen. Er hält Arthur dessen anfängliche Selbstsicherheit vor, gegenüber Hypnose immun zu sein. Und wird so leichtsinnig, sich nach Arthurs Meinung zu seiner Person zu erkundigen, doch kann ihm die schonungslose Antwort nicht gefallen: „Ein kleiner Mensch. Unsicher in allem, deswegen sind Sie, was Sie sind. Weil Sie nichts wären ohne das hier. Weil Sie stottern, wenn Sie nicht hier oben stehen." (Z. 138f.) Das Urteil, Lindemann brauche die Auftritte, um seine Defizite und sein **Minderwertigkeitsgefühl zu kompensieren**, kontert dieser mit weiteren **Demütigungen Arthurs**.

Befehl Lindemanns an Arthur, sein Leben zu ändern

Dessen zur Schau getragene Gleichgültigkeit, die Banalisierung seiner eigenen Texte als „Zeitvertreib" (Z. 146) werden durch Lindemanns bohrende elliptische Fragen als Schutzbehauptung entlarvt: „Dass sie nicht gut sind? Stört Sie nicht?" (Z. 149) Arthurs Zurückzucken verrät, dass der Hypnotiseur ihn getroffen hat, was dieser als Angriffspunkt für seine weiteren Forderungen nutzt. Zwar wiederholt Lindemann mantraartig das Adverb „vielleicht", doch lässt er keinen Zweifel aufkommen, dass er keine Möglichkeiten abwägt, sondern eine unausweichliche Tatsache feststellt: „[v]ielleicht sollten Sie sich anstrengen, vielleicht sollten Sie arbeiten" (Z. 153f.). Er **verlangt** ein **Bekenntnis zu Ehrgeiz** und eine Umstellung der Lebensweise: „Alles ändern. Alles ändern, Arthur. Was meinst du?" (Z. 154f.) Der unvermittelte Wechsel in die **du-Anrede** zeigt, wie Lindemann sich **übergriffig** in ein fremdes Leben einmischt. Arthur reagiert darauf nur mit Schweigen, hat dem Hypnotiseur nichts mehr entgegenzusetzen.

erzählerische Gestaltung

Die intensive, spannende Wirkung des Textes beruht auf dem **szenischen, weitgehend zeitdeckenden Erzählen:** Die zahlreichen **Dialoge**, die mit Ellipsen, Fragen und parataktischer Syntax der **gesprochenen Sprache** nachempfunden sind, lassen das Geschehen wie im Drama unmittelbar werden. So zieht nicht nur Lindemanns Hypnosekunst Arthur in seinen Bann, auch der Autor Kehlmann packt mit seiner Erzählkunst die Leserinnen und Leser.

Die **Erzählhaltung** ist vorwiegend **neutral**, nur an einzelnen Stellen wird personal aus Iwans Sicht berichtet (vgl. Z. 48ff.). Die Außenwahrnehmung wird durch Formulierungen wie „Es schien" (Z. 51) oder „Lindemann [...] wirkte" (Z. 52) betont. Diese objektive Haltung des Erzählers gewährt **keinerlei Einblicke in die Gedanken-**

und Gefühlswelt der beiden Kontrahenten Arthur und Lindemann, sodass der Leser anhand der Mimik, Körperhaltung und der Verteilung der Redeanteile selbst herausfinden muss, an welchem Punkt der Hypnotiseur den Dialog dominiert. Wo macht Arthur sich noch lustig und ab wann wird er schon von Lindemann manipuliert?

Bewertung von Lindemanns Vorgehen

Der lange Schlagabtausch verdeutlicht, dass es Lindemann einige Mühe kostet, Arthurs kritische und rationale Sichtweise zu besiegen, um zu dessen unbewussten Wünschen vorstoßen zu können. Dann bringt er Unterstellungen vor, die offensichtlich **verborgene Wahrheiten** treffen: Er entlockt Arthur das Eingeständnis, dass der mit seinem Leben, seiner Ehe, seiner Vaterrolle sowie seiner beruflichen Erfolglosigkeit unglücklich ist. **Arthur hat sich eingerichtet in seiner Anspruchslosigkeit** und die eigenen Wünsche verdrängt. Lindemann erspürt sie und zwingt ihn dazu, sein Innerstes nach außen zu kehren. Seine Vorgehensweise ähnelt zwar der eines **Psychotherapeuten** – er holt durch Nachfragen Arthurs unbewusste Anteile ans Licht und stößt so eine Änderung der Lebensweise an –, doch tut er es im Rahmen einer Nachmittagsunterhaltung, vor Publikum und vor Arthurs Kindern. Dass diese **Selbst-Entblößung** vorgeführt wird, dass sie sich vollzieht, ohne dass der Betroffene es bewusst wahrnimmt, steht im krassen Widerspruch zu Lindemanns anfänglicher Beteuerung, dass der Auftritt nicht gefährlich sei (vgl. Z. 5). Der **Hypnotiseur** handelt, möglicherweise erst aufgestachelt durch Arthurs Widerspruch, **verantwortungslos**. Er **missbraucht seine Macht**, um das Gegenüber zu demütigen und ihm zu beweisen, dass er der Stärkere ist. Dennoch existiert auch die Möglichkeit, dass seine psychische Beeinflussung es Arthur erlauben wird, aus seinem unglücklichen Leben auszubrechen. „[V]ielleicht sollten Sie […] Ihr Leben ändern. Alles ändern. Alles ändern.“ (Z. 154 f.) – Lindemanns Appell ist der **Aufruf zu einem existenziellen Neubeginn**.

TEILAUFGABE 2

Vergleich mit *Mario und der Zauberer*

Situation

Der „große Lindemann“ ist ein moderner **Wiedergänger des Cavaliere Cipolla**. Fast scheint es, als hätte Daniel Kehlmann an Thomas Manns Novelle *Mario und der Zauberer* Maß genommen, so **ähnlich** ist das **Setting:** Ein Vater besucht mit seinen Kindern die Vorführung eines Hypnosekünstlers und wird Zeuge von Manipulationen des freien Willens. Dabei gibt es allerdings den gravierenden **Unterschied**, dass **bei Mann der Vater selbst als Ich-Erzähler aus der Rückschau** berichtet und während des Geschehens passiver Beobachter war, wohingegen bei **Kehlmann der Vater zum Versuchsobjekt** gemacht wird.

Cipolla und Lindemann agieren auf vergleichbare Weise: Sie **zwingen dem jeweiligen Gegenüber ihren Willen auf**. Dabei demonstriert Cipolla mit unterschiedlichen Tricks, wie er das Publikum manipulieren kann: Er vollführt Zahlen- und Kartenkunststücke, findet von Zuschauern versteckte Gegenstände und liegt stets richtig. Es gibt empfängliche Besucher, bei denen seine Hypnose sofort anspricht: Ein junger Italiener wird zur Sitzbank umfunktioniert, mehrere Zuschauer werden – wie auch bei Lindemann – zum Tanz auf der Bühne animiert.

Vorgehen der Hypnosekünstler

Doch stößt der Zauberer auch auf **Widerstand**. Den Giovanotto, der zweimal lautstark Kritik äußert, demütigt er jeweils – zuerst zwingt er ihn, die Zunge herauszustrecken, dann sich vor Schmerzen zu krümmen. Auch der Herr aus Rom stellt sich gegen den Zauberer und bestreitet, dass Cipolla ihn gegen seinen Willen lenken kann, doch er unterliegt. Er wird dazu gebracht, seinen Arm zu heben und sich schließlich an dem enthemmten Tanz auf der Bühne zu beteiligen. Sie alle agieren **nicht mehr selbstbestimmt** und werden so **öffentlich bloßgestellt**.

Umgang mit Widerstand

Zwar gelingt es Cipolla schneller als Lindemann im Falle Arthurs, **Widerstände zu überwinden** und seinen Willen durchzusetzen. Doch für beide bedeutet die Manipulation anderer eine große **Anstrengung**. Cipolla muss seine Spannkraft immer wieder mit Zigaretten und Alkohol auffrischen. Lindemanns Gesicht wirkt bleich und angespannt (vgl. Z. 141).

Kraftanstrengung der Hypnotiseure

Das Publikum in Torre di Venere ist beeindruckt von **Cipollas rhetorischem Talent**. Er dominiert als Akteur wie als Redner den Abend und tritt gegenüber seinen Versuchspersonen herrisch und herablassend auf. In der Begegnung mit **Mario** wird das **soziale Gefälle** deutlich: hier der gebildete, mit Anspielungen auf den antiken Mythos auftrumpfende Cavaliere, dort der schüchterne, einfache Kellner. Im Vergleich dazu befinden sich **Lindemann und Arthur Friedland auf Augenhöhe**. Anfangs bestimmt sogar Friedland die Unterredung, indem er Lindemanns Hypnosestrategie analysiert und so durchkreuzt. Lange verweigert er sich der Einladung, auf die Bühne zu kommen. Es bedarf erst des Einsatzes des Publikums und des Flehens der Kinder, damit er nachgibt. Mario ist dagegen willfähriger: Als Cipolla ihn mit einer Geste zu sich beordert, gehorcht er nach kurzem Zögern.

Verhältnis Hypnotiseur – Versuchsperson

Sowohl Cipolla als auch Lindemann **wiegen** ihre **„Opfer" in Sicherheit**, gaukeln ihnen vor, man sei „unter Freunden" (Z. 80) und unterhalte sich „freundschaftlich". Beide stellen Fragen zur Biografie ihres Gegenübers, verwickeln sie in ein persönliches Gespräch.

Taktik

Arthur sträubt sich zwar lange, geht dann aber doch auf die Fragen zu seinen Söhnen ein.

Entblößung der Versuchspersonen

Und sowohl Cipolla als auch Lindemann **erspüren das Unglück ihrer Versuchsperson**, gehen damit aber nicht diskret und einfühlsam um, sondern machen gerade dieses zum Gegenstand der Machtdemonstration. Beide zwingen ihr Gegenüber durch zudringliche und manipulative Fragen zur **Selbstoffenbarung: Mario**, der als „Ritter der Serviette" verspottet wird, muss widerstrebend seinen **Liebeskummer eingestehen**. **Arthur** gibt zu, mit seinem Familienleben und seinem mangelnden schriftstellerischen Erfolg **unzufrieden** zu sein und aus allen Verpflichtungen ausbrechen zu wollen. Problematisch ist, dass die Hypnosekünstler diese **Preisgaben zur Belustigung** des Publikums herbeiführen. In beiden Fällen verfolgt das Plenum mit angehaltenem Atem die Demontage der Männer. Zugleich ist die Fremdsteuerung, die Lindemann und Cipolla ausüben, Ausdruck ihres **Machtwillens**. Lindemanns wiederholter Einsatz des Verbs „wollen" zeigt, dass er seinen Willen durchsetzen möchte und dass er sich durch Arthurs Widerstand gereizt fühlt. **Cipolla** tritt mit seiner Reitpeitsche wie ein Herrscher auf, der seine Zuschauer nach Lust und Laune dirigiert, was hier auch eine politische Note hat: Er erscheint als **Prototyp des faschistischen Führers**.

Gegenwehr

Seelisch grausam handelt Cipolla, indem er Mario vorgaukelt, selbst dessen Geliebte Silvestra zu sein, und ihn dazu bringt, ihn zu küssen. Doch **Mario** wehrt sich, als er diesen Missbrauch erkennt. Um sich und seine Selbstachtung zu wahren, **tötet** er den Hypnotiseur. Der Mord erscheint, obwohl er zweifellos Marios Zukunft zerstört, **als Befreiungsschlag** und letztes Mittel, um die Macht Cipollas zu brechen.

Friedlands Widerstand findet **nur vor der Hypnose** und vor der Zurschaustellung seines Gefühlslebens statt. Immerhin gibt ihm Lindemann auch einen **konstruktiven Auftrag** mit – nämlich sich im Leben mehr anzustrengen. **Cipollas Demütigung** hat dagegen nur **destruktiven Charakter:** Er macht Mario lächerlich, woraufhin der das Leben des Zauberers (und auch sein eigenes) zerstört.

Fazit

Beide Texte erzählen von dem **Missbrauch psychologischer Macht**. Sie erzählen auch von der **Sensationslust der Menge**, die diese entwürdigende Vorführung stets mit Applaus bedenkt. Bei Thomas Mann nimmt das Spektakel ein tödliches Ende, bei Kehlmann existiert immerhin die Möglichkeit eines Neuanfangs für Arthur. Ein positiver Widerstand erscheint jeweils unmöglich angesichts der Dominanz des Hypnotiseurs. Eine Verweigerung um der Verweigerung willen scheitert, da ein positives Ziel fehlt. Die

Vermutung von Manns Ich-Erzähler bestätigt sich: „Wahrscheinlich kann man vom Nichtwollen seelisch nicht leben; eine Sache nicht tun wollen, das ist auf Dauer kein Lebensinhalt."

TEILAUFGABE 3

Hinführung zur Erörterungsfrage

Mario tötet Cipolla, um sich gegen dessen Übergriff zur Wehr zu setzen. Dass er einen Revolver bei sich trägt, erlaubt den Schluss, dass er durch seinen Liebeskummer zu einer Gewalttat bereit war, möglicherweise sich selbst umbringen wollte. Auch **Woyzeck** aus Georg Büchners gleichnamigem Drama ist **voll von aufgestauten Aggressionen**. Er ersticht seine Partnerin Marie. Kann man diesen **Mord** ebenfalls **als Form des Widerstands** verstehen?

Pro-Argumente: Mord als Widerstand

Franz Woyzeck ist ein **einfacher Soldat**, dessen Lohn gerade zum Überleben reicht. Um für Marie und ihr gemeinsames Kind etwas hinzuzuverdienen, stellt er sich für fragwürdige **medizinische Experimente** zur Verfügung, die seine Gesundheit ruinieren. Er ist permanent **gehetzt**, wird von seinem Hauptmann **erniedrigt**, der Tambourmajor, mit dem Marie fremdgeht, lässt Woyzeck seine körperliche Überlegenheit fühlen, die Geliebte entzieht sich ihm. Als dann auch noch der Hauptmann und der Doktor ihn gehässig auf Maries Affäre hinweisen, **sieht Woyzeck keinen Ausweg mehr**. Er wurde von allen Seiten bedrängt, ausgebeutet und gedemütigt und verfügt nicht über den sozialen Stand bzw. die Bildung, um sich dagegen zur Wehr setzen zu können. Seine Wut entlädt sich schließlich gegen Marie. Man kann den **Mord als logische Konsequenz all der psychischen und physischen Misshandlungen** sehen, d. h. als Versuch, Widerstand zu leisten.

Kontra-Argumente: Mord kein Akt des Widerstands

Jedoch ist Woyzecks Tat **kein Befreiungsschlag**. Er richtet sich nur gegen jemanden aus seinem Milieu und **nicht gegen die gesellschaftlichen Strukturen**, die seine Ausbeutung erst ermöglichen. Woyzeck zückt das Messer nicht gegen den Doktor oder den Hauptmann, die diese Strukturen repräsentieren. Stattdessen **tötet** er die **einzige Person, die er** (neben dem Kind) **liebt**. Statt eine Aussprache mit Marie zu suchen, greift er zur Gewalt und **zerstört so ihrer beider Leben**. Zudem resultiert seine Tat nicht aus einer rationalen Überlegung. Woyzeck wird von **Wahnvorstellungen** geplagt, erscheint zeitweise unzurechnungsfähig.

Fazit

Der Mord an Marie ist somit eher die **Verzweiflungstat** eines Menschen, der in die Ecke gedrängt ist und seinen letzten Halt verliert, als ein Akt des Widerstands gegen gesellschaftliche Ausbeutung.

MENSCH UND KUNSTFIGUR

Erlaubte Hilfsmittel
- E.T.A. Hoffmann: *Der Sandmann*
- ein Wörterbuch der deutschen Rechtschreibung
- eine Liste der fachspezifischen Operatoren

Aufgabenstellung

1 Fassen Sie Ovids Verserzählung knapp zusammen und interpretieren Sie seinen Text. (35 BE)

2 Vergleichen Sie die im *Sandmann* beschriebene Liebe Nathanaels zu Olimpia mit der antiken Vorlage besonders in Hinblick auf die jeweilige epochenspezifische Welterfahrung und Weltdeutung. (40 BE)

3 Erörtern Sie ausgehend von M 2 und seiner Wortwahl, inwiefern sich der Umgang mit etwas „Menschenähnlichem“ im 21. Jahrhundert von dem der Romantik unterscheidet. (25 BE)

Material 1 **Ovid (43 v. Chr. – 17 n. Chr.): Pygmalion**

[…]
Weil er diese[1] gesehen ihr Leben verbringen in Unzucht,
weil die Menge der Fehler ihn abstieß, die die Natur dem
weiblichen Sinne gegeben, so lebte Pygmalion einsam
ohne Gemahl[2] und entbehrte gar lange der Lagergenossin.
Weißes Elfenbein schnitzte indes er mit glücklicher Kunst und
gab ihm eine Gestalt, wie sie nie ein geborenes Weib kann
haben, und ward von Liebe zum eigenen Werke ergriffen.
Wie einer wirklichen Jungfrau ihr Antlitz, du glaubtest, sie lebe,
wolle sich regen, wenn die Scham es nicht verböte.
So verbarg sein Können die Kunst. Pygmalion staunt und
fasst in der Tiefe der Brust die Glut für das Bild eines Leibes.
Oftmals berührt er sein Werk mit der Hand und versucht, ob es Fleisch, ob
Elfenbein sei, und versichert auch dann, kein Elfenbein sei es,
gibt ihm Küsse, vermeint sie erwidert, spricht an und umfängt es,
glaubt, seine Finger drückten dem Fleisch ihres Leibes sich ein und
fürchtet, es mache der Druck das berührte Glied sich verfärben.
Schmeichelworte sagt er ihm bald, bald bringt er Geschenke,
wie die Mädchen sie lieben, geschliffene Steine und Muscheln,
kleine Vögelchen auch und tausendfarbige Blumen,
Lilien, farbige Bälle und die von Bäumen getropften
Tränen der Heliostöchter[3]; auch schmückt er den Leib ihr mit Kleidern,
gibt ihren Fingern den Ring, eine lange Kette dem Halse;
zierliche Perlen hangen vom Ohr, auf der Brust ein Geschmeide.
All das ziert sie, doch war sie auch nackt nicht weniger schön zu
schauen. Er legt sie so auf die purpurfarbenen Decken,
nennt sie Genossin des Lagers, er stützt ihren Nacken mit weichen,
flaumigen Kissen und bettet ihn sanft, als ob er es fühle.
Wieder ist da der Tag der Venus, gefeiert im ganzen
Cypern; das weite Gehörn vergoldet, waren die jungen
Rinder, im weißen Nacken getroffen, niedergesunken;
Weihrauch dampfte; Pygmalion trat, nachdem er geopfert,
hin zum Altar: „Vermögt ihr Götter alles zu geben",
bat er schüchtern, „so sei meine Gattin" – ‚die Elfenbeinjungfrau'
wagte er nicht und sprach – „meiner elfenbeinernen ähnlich."
Venus, die goldene, die ihrem Feste zugegen, verstand wohl,
was mit dem Wunsche gemeint; ein Zeichen der günstigen Gottheit,
hob sich dreimal die Flamme und trieb in die Luft ihre Spitze.
Als er zurückkam, eilt er sogleich zu dem Bild seines Mädchens,
wirft sich aufs Lager und gibt ihr Küsse. Sie schien zu erwarmen.
Wieder nähert den Mund er, betastet die Brust mit der Hand, da
wird das betastete Elfenbein weich, verliert seine Starrheit,
gibt seinen Fingern nach und weicht, wie hymettisches Wachs[4] im

Strahl der Sonne erweicht, von den Fingern geknetet, zu vielen
Formen sich fügt und, gerade genutzt, seinen Nutzen bekundet.
Während der Liebende staunt, sich zweifelnd freut, sich zu täuschen
fürchtet, prüft mit der Hand sein Verlangen er wieder und wieder:
Fleisch ist's und Bein! Es pochen vom Finger betastet die Adern.
Worte aus voller Brust, mit denen Venus er danke,
fasst der Paphier[5] da. – Auf den Mund, der endlich ihn nicht mehr
täuschte, presst er den seinen. Die Jungfrau fühlte die Küsse,
und sie errötete, sah, als empor zum Licht sie die scheuen
Lichter erhob, zugleich mit dem Himmel den liebenden Jüngling.
Gnädig ist Venus der Ehe, die sie selbst gestiftet, und als die
Hörner des Mondes sich neunmal zum vollen Runde vereint, hat
jene die Paphos geboren, nach der die Insel benannt ist.

Aus: Ovid: Metamorphosen Buch X. Ins Deutsche übertragen von Erich Rösch. München und Zürich: Artemis & Winkler 1996, S. 371–373.

Zum Autor

Ovid (Publius Ovidus Naso, 43 v. Chr. – wohl 17 n. Chr.), römischer Dichter, griechisch gebildet. Seine 8 n. Chr. vollendeten *Metamorphosen* (Verwandlungsmythen) gelten als Meisterwerk römischer Hochklassik.

Anmerkungen

1 *diese:* die Propoetiden; Frauen, die sich prostituierten und denen Liebe unbekannt war
2 *Gemahl:* gemeint ist: Gemahlin
3 *Tränen der Heliostöchter:* Bernstein
4 *hymettisches Wachs:* Wachs aus Bienenwaben des Hymettos-Gebirges
5 *Paphier:* Pygmalion

Material 2 Werbeanzeige

Das ist Pepper

Ihre helfende Hand aus der Zukunft

Neugierig, hilfsbereit und selbstständig: Dies sind nur drei von Peppers wichtigsten Eigenschaften, die Ihnen den Alltag erleichtern. Entwickelt als „Companion Robot" (Roboter-Gefährte), ist er darauf ausgelegt, informativ und kommunikativ zu agieren. Die Kommunikation mit Pepper erfolgt intuitiv und unkompliziert, da er in der Lage ist, Emotionen anhand von Körpersprache, Mimik und Stimmlage zu interpretieren und entsprechend zu reagieren.

So bereichert Pepper Ihr Unternehmen

Mit aufgeweckten Augen und einem kleinen Zwinkern schaut Pepper uns an und lernt durch Entrance die Welt um sich herum immer besser verstehen. Pepper ist die Verkörperung der kommenden sympathischen KIs und lässt uns erahnen, was in den kommenden Jahren alles möglich wird. Noch sind Roboter selten und grenzen Ihr Unternehmen positiv von der Konkurrenz ab – durch Pepper wird die Fortschrittlichkeit Ihres Unternehmens sichtbar.

Mit Entrance zu Ihrem Pepper

Entrance macht Ihre Visionen zur Realität. Wir sind nicht nur einer der ersten offiziellen Vetriebspartner, sondern erwecken Pepper zum Leben. Wir machen aus einem humanoiden Roboter mit künstlicher Intelligenz Ihren personalisierten Weggefährten, der Sie und Ihren Alltag bereichert. Wenn Pepper aus seiner Box kommt, muss er noch viel lernen. Mithilfe unserer Experten und der Entrance-Software können wir Pepper das beibringen, was Sie sich zu Ihrer Unterstützung wünschen.

Pepper – Roboter-Spezifikationen

Übersicht der Systemeigenschaften

Allgemeine Daten:

- 120 cm
- 28 Kg
- LEDs an Kopf, Augen, Ohren, Schultern
- 3 omnidirektionale Rollen
- 3 km/h Maximalgeschwindigkeit
- Anti-Kollisions-System
- 12 Stunden Akku
- 20 Bewegungsgrade

TIPP **Bearbeitungshinweise**

Teilaufgabe 1: Ovid gehört zu den griechisch gebildeten großen römischen Dichtern der Augustuszeit. Im Mittelteil seines Hauptwerks *Metamorphosen* erzählt er in klassischen Hexametern durchgehend – ohne Zwischenüberschriften zu setzen – griechische Verwandlungsmythen auf seine Weise nach. Der Nebensatz, mit dem die Pygmalion-Geschichte anfängt (M 1, Z. 1: „Weil …"), knüpft also an die vorangegangene Begebenheit an, in der bereits von der Schlechtigkeit der Frauen auf Zypern die Rede war.
Klären Sie das **Wer, Was, Wo, Wann und Wie**. Vollziehen Sie Ovids Gliederung nach, fragen Sie sich, aus welchem Geist heraus hier die Liebe des Künstlers zum Werk erzählt wird bzw. in welcher Art von Vorstellungswelt oder Weltbild Ovids Geschichte verankert ist. Während Sie darüber nachdenken, wird sich Ihnen bereits der große Unterschied zwischen Ovid und Hoffmann bzw. zwischen Pygmalion und Nathanael aufdrängen, sodass Sie leicht eine **Überleitung** zu Aufgabe 2 finden können.
Zu Beginn von **Teilaufgabe 2** muss zudem umrissen werden, welche inhaltlichen Vorgänge und „Stellen" im *Sandmann* es sind, die den Vergleich mit M 1 nahelegen. (Im Lösungsvorschlag wird die Reclam-Ausgabe Stuttgart 2003 zitiert.) Um Ihre Gegenüberstellung der beiden Texte zu **strukturieren**, sollten Sie nach geeigneten **Unteraspekten** suchen und darstellen, ob sich hierzu **Gemeinsamkeiten, Ähnlichkeiten oder Unterschiede** finden lassen. Da *Der Sandmann* Pflichtlektüre war, kann erwartet werden, dass Sie den Text über die textimmanente Darstellung hinaus auch als **Werk seiner Epoche** deuten und aus dem Vergleich heraus den Unterschied zwischen römischer Klassik und Romantik in einigen Merkmalen charakterisieren können.
M 2 ist in **Teilaufgabe 3** nicht um seiner selbst willen zu interpretieren oder zu analysieren. Seine Funktion ist es vielmehr, **Impulsgeber** und Beispieltext für Ihre Erörterung zu sein. Aufschlussreich ist darin die Kombination der **Sprachbereiche**. Führen Sie ein paar **Beispiele für den heutigen Umgang mit Robotik**/Künstlicher Intelligenz (KI) an.

Lösungsvorschlag

TEILAUFGABE 1

Einleitung
Autor, Titel, Jahr, Thema

Ovid hat in seiner 8 n. Chr. vollendeten Sammlung von *Metamorphosen* auch die Geschichte des zyprischen (vgl. V. 29) Künstlers **Pygmalion** aufgenommen, dessen von ihm geschaffene **Elfenbeinstatue** sich durch die Gunst der **Göttin Venus** in eine Frau aus Fleisch und Blut verwandelt. Er erzählt von dieser außerordentlichen Begebenheit im unaufgeregten epischen Präteritum und linear in vier Schritten.

Die **vier ersten Verse** genügen, um in die Situation einzuführen: Pygmalion, obwohl jung (vgl. V. 52), lebt einsam. Zwar leidet er darunter, ohne „Lagergenossin" (V. 4) zu sein, aber von den Frauen des Landes fühlt er sich abgestoßen.

Zusammenfassung
1. Abschnitt: Situation Pygmalions

Der **zweite Abschnitt** (V. 5–27), mit 23 Versen der umfangreichste, hat die Liebe des Künstlers zu seinem Werk zum Gegenstand. Es glückt Pygmalion, aus Elfenbein die Gestalt einer Jungfrau zu erschaffen, die alle Natur an Vollkommenheit übertrifft, zugleich aber so lebensecht erscheint, dass er staunt und kaum glauben kann, dass sie tatsächlich nur aus Elfenbein ist. Er berührt sie und hat den Eindruck von warmer Haut; er küsst sie und bildet sich ein, dass sie seine Zärtlichkeiten erwidert. Er spricht zu ihr und fängt an, ihr hübsche Geschenke zu bringen und sie mit Kleidern und Geschmeide zu schmücken. Schließlich legt er sie auf purpurne Decken, nennt sie „Genossin des Lagers" (V. 26) und stützt ihren Nacken fürsorglich mit Kissen.

2. Abschnitt: Pygmalion und sein Werk

Als (**Abschnitt 3**, V. 28–37) das Fest der Liebesgöttin Venus gekommen ist, opfert auch Pygmalion entsprechend dem Brauch des Landes. Er ist sich der Vermessenheit seines Wunsches bewusst und wagt nicht, ihn direkt auszusprechen. Dennoch trägt er schüchtern und nur kaum bemäntelt seine Bitte vor, Venus möge ihm eine Gattin gewähren, die „[s]einer elfenbeinernen ähnlich" (V. 34) sei. Das besondere Auflodern der Opferflamme liest er als günstiges Zeichen.

3. Abschnitt: Bitte an die Göttin

Der **Schlussabschnitt** (V. 38–55) erzählt das Wunder: Pygmalion eilt nach Hause zurück zur „Elfenbeinernen", stutzt, freut sich zweifelnd, fürchtet, sich zu täuschen (vgl. V. 45 f.), und erlebt dann überglücklich, wie wirklich das Abbild zum Leben erwacht, die Augen öffnet und „zugleich mit dem Himmel den liebenden Jüngling" (V. 52) erblickt. Die Erzählung schließt mit dem Dank an Venus, die, der Ehe gnädig, auch diese Ehe gestiftet habe. Neun Monate später wird die Tochter Paphos geboren.

4. Abschnitt: glückliches Ende dank Wunder

Ovids Fassung des griechischen Pygmalion-Mythos ist so etwas wie die **Verherrlichung der Kunst**. Er entfaltet eine wohlgeordnete Welt. Auf der Erde leben die Sterblichen, die von Natur aus fehlerhaft und sogar auch lasterhaft sein können wie die von Pygmalion abgelehnten Frauen seines Landes. Über den Sterblichen wohnen die Götter, denen die Menschen opfern und die sie verehren. Pygmalion aber genügt nicht, was er auf Erden findet. Er überragt die Menschen in seinem Anspruch und Schönheitssinn. Durch seine Kunst wird er zu einer Art **Mittler zwischen den Sphären**, denn seine Hände erschaffen, was es vorher nicht gab. Es gab Natur, und es gab Geist und das körperlose Ideal. In seinem Werk aber verbinden sich Natur (im Naturstoff Elfenbein) und Geist zu einer Gestalt, „wie sie nie ein

Interpretation
Status des Künstlers und seines Werks

geborenes Weib kann / haben“ (V. 6 f.). Das **Werk übertrifft** also die **Natur** und verhilft dem Ideal zur Anschauung. Venus scheint die Liebe Pygmalions und die Meisterschaft der Skulptur zu achten, denn gnädig haucht sie ihr Leben ein. Dass **das Schöne gut** und das Gute wahr sei, gehört zu den Grundüberzeugungen des antiken und idealistisch-klassischen Denkens.

Beziehung Pygmalions zu seiner Skulptur

Auffällig ist, wie detailliert und sich in Pygmalion einfühlend Ovid im zweiten Abschnitt von dessen Liebe, seinem Entzücken über die bekleidete und die nackte Schönheit „der Elfenbeinernen“, von seinen Zärtlichkeiten und Geschenken für sie erzählt. Offensichtlich nimmt Ovid sich hier Zeit, um **einen allmählichen inneren Prozess in Pygmalion** nachvollziehbar zu machen. In dieser einzigen Skulptur ist es ihrem Schöpfer gelungen, dass „sein Können die Kunst [verbirgt]“ (V. 10), sodass auch er selbst sich immer wieder zu täuschen glaubt, wenn er sie anschaut oder berührt. Dennoch gerät er nicht in grundsätzliche Erkenntniszweifel, denn konsequent ist „die Elfenbeinerne“ zunächst mit dem Personalpronomen „es“, also der Form des Neutrum für „das Bild eines Leibes“ (V. 11) oder „das Werk“ bezeichnet (so V. 12, 13, 14; V. 17: „ihm“), und Konjunktivformen und andere Formen des Als-Ob durchziehen den Text (Er „vermeint“, „glaubt“, „fürchtet, es mache“: V. 14 ff.; V. 27: „als ob …“). Ab Vers 21 allerdings wechselt das Personalpronomen in das Femininum: Pygmalion schmückt „ihr“ den Leib, gibt „ihren Fingern“ den Ring. Mehr und mehr wünscht er sich, sie wäre wirklich seine Lagergenossin. Aber er **verfällt keinem Wahn**, sondern braucht den göttlichen Beistand zur Erfüllung seines Wunsches. Also bricht er zum Altar der Venus auf, um ihr seine Bitte vorzutragen.

Ovids Mythosdeutung als Bekenntnis zur Sinnlichkeit

Von uns aus gesehen erstaunt, dass im erzählten Geschehen nicht der Hauch eines schiefen Gefühls aufkommt, weder der Verdacht des Perversen noch der Vorwurf der Verdinglichung der Frau zum Objekt des Mannes, weder moralische noch psychologische Bedenken und auch keinerlei Ironie oder Einwände bezüglich der chemisch-organischen oder physikalischen Möglichkeit dieser Verwandlung. Ovid hat also den Mythos als **Mythos** beibehalten ohne die Versuchung, ihn im modern denkenden Rom Ovids „modern“ auszulegen. Wohl aber gibt es **moralisches Empfinden**. Pygmalion verurteilt die Prostitution (vgl. V. 1 ff.); und er erkennt das dem Menschen gesetzte Maß an, sodass er der Göttin sein vermessenes Anliegen nur „schüchtern“ (V. 33) vorzutragen wagt. Und die Jungfrau empfindet Scham, als sie erwacht: Sie errötet und erhebt vorerst nur scheu den Blick (vgl. V. 51 f.). Insgesamt aber ist Ovids Nachdichtung ein schönheitstrunken-vorchristlich-antiker Text voll **freudiger Sinnlichkeit und Liebe** (vgl. V. 11), in dem „**Kunstgenuss**“ wörtliche Bedeutung gewinnt.

TEILAUFGABE 2

Etwa 1800 Jahre nach Ovids *Metamorphosen* kehrt in der europäischen Literatur das Motiv wieder, dass ein junger Mann sich in das kunstvolle Ab- oder Nachbild einer vollendet schönen Jungfrau verliebt. In **E.T.A. Hoffmanns Erzählung *Der Sandmann*** ist es der Student **Nathanael**, dem es widerfährt, **Olimpia**, der vermeintlichen Tochter seines Professors Spalanzani, zu verfallen.

Überleitung zu *Der Sandmann*

Pygmalion verliebt sich in das Werk seiner Hände – und ist sich dieses Sachverhalts bewusst. Nathanael aber ist eines Tages wie verhext, „**wie festgezaubert**" (S. 29) vom Anblick einer Schönen, die de facto **eine Automate** ist, die ihm unbekannte Konstrukteure erschaffen haben, eine Apparatur mit Glasaugen, beweglichen Gliedmaßen und eingebautem Räderwerk. Im Gegensatz zu Pygmalion weiß er also nicht, wer oder was bzw. woraus die Schöne eigentlich ist. Anfangs ahnt er noch so etwas wie Täuschung, denn als er sie das erste Mal von seinem Fenster aus im Haus gegenüber erblickt, gesteht er sich zwar ein, nie eine schönere Figur („einen schöneren Wuchs") gesehen zu haben, empfindet sie aber ebenso wie seine Freunde noch ganz richtig als „steife, starre […] schöne Bildsäule" (S. 27).

Vergleich
Verhältnis des Protagonisten zur Kunstfigur

Pygmalion ist ein alter Mythos, eine der wunderbaren oder sagenhaften Erzählungen vom Eingreifen der Götter ins Menschenleben. Venus schenkt der „Elfenbeinernen" Leben und segnet so gleichsam das Paar. Was da geschieht, ist dem kunstfertigen Pygmalion in seiner redlichen Liebe zu gönnen; es beglückt, dass die Welt bei Ovid so sinnreich eingerichtet ist wie das Ende unserer Märchen. **In der Welt des *Sandmann*** hingegen agieren statt freundlicher Gottheiten Betrug und irrational-diffuse **„feindliche Mächte" oder dämonische Kräfte**. Nathanael ist sich sicher, dass ihnen einst sein Vater zum Opfer fiel und dass sie auch ihn schon als Kind in Bann geschlagen und traumatisiert haben. Nun kehren sie – nachdem doch seine Freundin Clara ihn mit der Kraft ihrer Ratio gegen solche Ängste gefeit zu haben schien – für ihn in der Gestalt des Wetterglashändlers Coppola wieder.

die Rolle übersinnlicher Kräfte

Dass Nathanael eine Automate lieben kann, hat Gründe und Ursachen. Sie ist ästhetisch vollendet schön; aber das bezwingt ihn, im Unterschied zu Pygmalion, anfangs noch nicht. Es müssen noch **Manipulation und Magie von außen** hinzukommen und seine eigene besondere **dichterische Veranlagung**.

Auslöser für Liebe

Den Wendepunkt bringt der Kauf eines kleinen **Taschenperspektivs**, wohl eine Art Opernglas. Widerwillig kauft Nathanael es dem sehr unheimlichen Händler Coppola ab, um ihn möglichst schnell wieder loszuwerden. So ein Glas holt Fernes näher heran. Indem er

Prozess des Sich-Verliebens

seinen Blick aber durch dieses optische Gerät auf Olimpia im Haus gegenüber richtet, belebt und beseelt sie sich ihm plötzlich. Statt der vorherigen Starre ist ihm nun, als ‚entzünde' sich ihre Sehkraft: „immer lebendiger und lebendiger flammten die Blicke" (S. 28). Da verliebt er sich Hals über Kopf in die Automate und vergisst Clara. Wenig später gibt Professor Spalanzani in seinem Haus einen Ball, um Olimpia als seine Tochter in die Gesellschaft einzuführen und wohl vor allem ihre Wirkung auf Menschen zu testen. Nathanael ist eingeladen, und wieder entfaltet das Glas seine übernatürlichen Kräfte. Sie singt, er schaut durchs Glas nach ihr, und da erkennt er ihren auf ihn gerichteten „Liebesblick, der zündend sein Inneres durchdrang" (S. 31). Noch ergeben sich Irritationen. Als Parallele zu Pygmalion spürt auch Nathanael zunächst die kalte Hand und die kalten Lippen der Schönen. Beide erleben dann aber, wie sich **Hand und Lippen** unter ihren Zärtlichkeiten bald warm und **lebendig anfühlen**. Dennoch hat Hoffmann, ganz anders als Ovid, diese Situation superlativisch und **schauerromantisch** ausgestaltet und die Assoziation des Todes hinzugefügt: „Eiskalt" war Olimpias Hand, er „fühlte sich durchbebt von grausigem Todesfrost" (S. 31). „[E]iskalte Lippen begegneten seinen glühenden", ein inneres Grausen erfasst ihn und er muss an die Legende von der toten Braut denken (S. 33). Pygmalion hat solche Anwandlungen nie.

Nathanaels Narzissmus und Realitätsverlust

Der wohl triftigste Grund dafür, dass Nathanael in die Lage geraten kann, einem künstlichen Menschen zu verfallen, sind sein **Narzissmus** und seine beträchtliche Vorstellungs- und **Einbildungskraft**. Nicht Venus macht – gleichsam objektiv – „die Bildsäule" lebendig, sondern Nathanael bildet sich ihre Lebendigkeit **subjektiv** ein, als wäre er ihr Schöpfer. Sie wird ihm zur beseligenden wahren Geliebten, weil er seine tiefsten Gedanken und Gefühle auf oder in sie **projiziert**. Sie lebt, weil er es sich so fingiert und sich wahnhaft in den Schleifen seines Selbstbezugs verfängt. Sie spricht nicht, aber ihm fällt das Fehlen von echter Kommunikation gar nicht auf. Sie verfügt nur über ein monoton wiederkehrendes „Ach, Ach!". Aber in diesem „Ach" drücken sich ihm die reichsten Schattierungen eines menschlichen Gemüts zumal dann aus, wenn er ihr seine eigenen Dichtungen vorliest. Von niemandem sonst fühlte er sich je besser verstanden.

Epochenbezug

Nathanael hat also die **romantische** Fähigkeit, sich **die Welt zu poetisieren** (sie sich als seine Dichtwelt zu erschaffen und umzudeuten), aber er verliert dabei die Fähigkeit, zwischen Spiegel und Spiegelbild, Realität und Selbstsuggestion, Sachverhalt und „Phantom des Inneren" (Clara) zu unterscheiden. Er glaubt, Resonanz zu erfahren, begegnet aber letztlich nur sich selbst und lässt sich auch vom besorgten Freund Siegmund nicht auf den Boden der Tatsachen zurückholen. Seine arrogante Erwiderung: Gott tue sich in Zeichen, in

Hieroglyphen kund, für die prosaische Menschen nun einmal keinen Sinn hätten. Nur poetische Naturen wie ihm sei gegeben, Olimpias wenige Worte als göttliche Hieroglyphen zu erkennen und zu lesen.

Mann zwischen zwei Frauenbildern

Ovid und Hoffmann richten es jeweils so ein, dass **zwei Frauenbilder** miteinander **konkurrieren**. Pygmalion lehnt den Lebenswandel der ihm bekannten realen Frauen ab und wendet sich darum dem idealisierten Bildnis zu. Bei Hoffmann aber wäre das Kind der Aufklärung, die vernünftige und liebevoll um Nathanael besorgte **Clara**, vielleicht seine Rettung gewesen, aber in Verdrehung der wahren Verhältnisse beschimpft er gerade sie als „lebloses, verdammtes Automat" (S. 25) und zählt sie verächtlich den „prosaischen Gemütern" zu, die keinen Sinn für Höheres haben.

Menschen- und Weltbild

Mit Vernunft also ist ihm nicht mehr beizukommen, Argumente überzeugen ihn nicht mehr. Ihm widerfährt die Gefährdung des in sich selbst verstrickten genialischen Ich. Pygmalion verlor nie den Boden unter den Füßen. Die Empfindungen Nathanaels dagegen schwanken **zwischen Extremen:** zwischen Todesfurcht und Liebesglut (immer in der Metaphorik des Feuers und Lichts), zwischen Unheimlichem (Coppola, Coppelius) und Himmelsglanz, zwischen Verteufelung und Verherrlichung. **Seine Liebe** ist schwärmerisch **überspannt**. Statt der freudigen Erotik bei Ovid ist sie im *Sandmann* kaum sinnlich, sondern ersehnt Innerlichkeit und die Übereinstimmung der Seelen. Die Welt des Pygmalion ist heiter und klar. Man kann an Winckelmanns Formel von der „edlen Einfalt" und „stillen Größe" denken, die er für die antike wie für die zeitgenössische Klassik geprägt hat. Nathanaels Welt aber ist weder maßvoll schlicht noch still, sondern berührt **Sphären des Unheimlichen und rational Unerklärlichen**. Hoffmann verstärkt diesen Eindruck mit vielfachen Brüchen der Erzählperspektive. Niemand, auch nicht der Erzähler, kann sich mehr dafür verbürgen, was eigentlich wahr ist oder vielleicht doch schon Wahn. Im Zeitalter der Vernunft brach der Glaube an die Vernunft in der Zeit der ***Terreur*** der Französischen Revolution jäh zusammen. **Die deutschen Romantiker**, vernunftskeptisch geworden, erfuhren und erforschten, dass jenseits der Ratio dunkle psychische und überhaupt irrationale Wirkkräfte die Welt bestimmen und in der Lage sein können, auch den Menschen zu manipulieren und experimentell zur Marionette ideologischer Zwecke zu machen. Und da bei Hoffmann nicht mehr die lichten griechischen Götter die menschlichen Geschicke lenken, sondern tückische Mechaniker und Ingenieure des beginnenden Industriezeitalters sich Menschen wie Nathanael als Probanden aussuchen, steht am Ende **nicht die glückliche Metamorphose, sondern das Desaster:** die wütende Zerstörung der Automate Olimpia, die Nathanael in den Wahnsinn treibt und letztlich in den Tod.

TEILAUFGABE 3

Überleitung künstlicher Mensch im *Sandmann*

Vor der Zerstörung der Olimpia durch ihre Konstrukteure hatte Nathanael keine Ahnung davon, dass es so etwas überhaupt geben könnte: Maschinen in Menschengestalt, mechanische Menschenimitate mit Aufziehschlüssel. Spalanzani & Co. haben den Arglosen aufs Grausamste zu ihrem Spielball gemacht.

Einsatz von Robotern heute

Uns kann so etwas heute wohl nicht mehr passieren, denken wir. Wir haben uns daran gewöhnt, dass zum Ehrgeiz der Ingenieurskunst zunächst der mechanische Automat mit bestimmten Bewegungsabläufen und Greifarmen gehörte. Er wird in Arbeitsprozessen eingesetzt. Wir gruseln uns nicht vor solchen Maschinen, diskutieren höchstens, dass durch **Automatisierung** Arbeitsplätze wegfallen. In China und den USA spenden neuerdings Roboter als „automatische Schulschwestern" Desinfektionsmittel und messen Fieber. Wie praktisch! Diskutiert wird ihr Einsatz auch in der Altenpflege, was schon eher unangenehm berührt.

KI: Chancen und Befürchtungen

Seit den großen Fortschritten in heutigen Hightech-Laboren regt sich allerdings doch wieder die tief in uns sitzende **Furcht**, eine **KI**, eine menschengeschaffene **künstliche Intelligenz als selbstlernendes System**, könnte sich eines Tages von ihrem Schöpfer emanzipieren, ihn übertreffen und die Kontrolle an sich reißen. Es ist und bleibt unheimlich, wenn ein Supercomputer amtierende Schachmeister besiegt, weil er schneller, komplexer und bar aller Emotion kombinieren und taktieren kann. Manche in meiner Jahrgangsstufe nutzen als faszinierendes Spielzeug den Sprachassistenten „Alexa", der auf einer von Amazon entwickelten Software basiert. Da er (im Gegensatz zu uns) eine Cloud-Anbindung hat, kann er an Fragen und Antworten der Nutzer anschließen und daraus lernen – und vielleicht bald besser argumentieren und debattieren als die Runde der menschlichen Teilnehmer. Auch unsere Nachbarin hat „Alexa". Im Gespräch gestand sie mir neulich, dass sie sich scheue, sich in deren Gegenwart zu unterhalten. Sie fühle sich „belauscht".

Auswertung der Pepper-Werbung

Der **Roboter Pepper** wird ebenfalls durch die entsprechende Software zu einer KI, mit der er „informativ und kommunikativ zu agieren" lernt. Die Werbung verspricht, dass der Erwerb dieses Produkts ein Unternehmen bereichern und – als Symbol des Fortschritts – „positiv von der Konkurrenz ab[grenzen]" werde. Ihre Deutung des Sachverhalts: Die Herstellung von KI sei ein menschlicher Traum, eine Vision, die mit Pepper Realität werde.

Die Pepper-Werbung insgesamt ist darauf ausgerichtet, die eventuelle Grundangst vor künstlicher Intelligenz zu brechen, indem sie mit dem **Kindchen-Schema** arbeitet. Pepper ist niedlich mit seinem netten Namen, seinem runden Kopf und seinem gewinnenden Zwinkern. Er ist kein Frankenstein-Monster, sondern von kleiner Gestalt. Wohl ganz automatisch lächelt das Menschenpaar bei Peppers Begrüßung. Wie ein Neugeborenes kommt Pepper unfertig aus seiner Box und muss – mit der Software der Firma Entrance – lernen, „die Welt um sich herum immer besser [zu] verstehen". Er sei die Verkörperung der „kommenden sympathischen KIs", die „helfende Hand aus der Zukunft". Pepper wird deklariert als „humanoider", also als menschenähnlicher Roboter. Und so gehören zu ihm einerseits technische Daten (aufgelistet), andererseits werden ihm (im Fließtext) menschliche Eigenschaften zugesprochen: Er sei „[n]eugierig, hilfsbereit und selbstständig"; er könne „intuitiv" auf Menschen reagieren. Er ist nicht nur ein „Assistent" wie „Alexa", vielmehr entwickle er sich zum Freund, **zum Gefährten** („Weggefährten"/„Companion Robot").

Mein Freund, der Apparat mit dem 12-Stunden-Akku? Gerade dadurch, dass Pepper mit derart vielen Attributen ins Menschenähnliche oder doch Menschenkompatible gerückt wird und so etwas wie Zuneigung hervorruft, regt sich in mir Widerstand, hinter dem Beängstigung steht. Es erschrickt mich besonders die Auskunft, Pepper reagiere „intuitiv". Ist **Intuition** nicht exklusiv menschlich? Die geheimnisvolle Quelle etwa künstlerischer Kreativität? Ist sie nicht gerade das Unberechenbare, das rational nicht zu Erklärende und nicht zu Steuernde in der Kunst? Aber nun hört und liest man, dass leistungsstarke Computer komponieren und Kunstwerke schaffen und selbst ihren Programmierern dabei rätselhaft bleiben. Dass diese Systeme mit ihren Abermillionen Verknüpfungen derart verzweigte Lösungswege einschlagen, dass oft weder der menschliche Experte noch das System selber rekonstruieren kann, wie es zu welchen Schlüssen gelangt ist. **Intuitive, unberechenbare und geheimnisvolle Entscheidungen eines Systems** rücken es nun doch wieder in die Nähe des Frankenstein-Monsters, das eines Tages eine Freundin für sich verlangt. Dass man so ein digitales Geschöpf verkennen und sich fatal in es verlieben könnte wie der arme Nathanael in Olimpia, ist heute ausschließlich Science-Fiction-Motiv. Aber so wie E.T.A. Hoffmann – vielleicht mit vorausschauender Ahnung – alle Schrecken der Verwechselbarkeit von Mensch und Maschine im *Sandmann* durchgespielt hat, nimmt vielleicht auch gute Science-Fiction Schrecken der Zukunft vorweg.

persönliche Stellungnahme

Hessen Deutsch ▪ Leistungskurs
Übungsaufgabe 3 ▪ Textinterpretation

LEBEN UND ERLEBNIS UM 1900

Erlaubte Hilfsmittel
- ein Wörterbuch der deutschen Rechtschreibung
- eine Liste der fachspezifischen Operatoren

Aufgabenstellung

1 Interpretieren Sie die Erzählung *Das Ereignis. Eine ereignislose Geschichte* von Rainer Maria Rilke. Beziehen Sie dabei auch Ihr literaturgeschichtliches Wissen mit ein. (80 BE)

2 Erläutern Sie, ausgehend von Ihren Ergebnissen, inwiefern das sogenannte „Lebenspathos" der Jahrhundertwende und der Begriff des Dionysischen in Rilkes Erzählung eine Rolle spielen. Nutzen Sie dazu den literaturwissenschaftlichen Text (M 2). (20 BE)

Material 1 **Rainer Maria Rilke (1875–1926): Das Ereignis. Eine ereignislose Geschichte (1896)**

Man saß beim Tee bei Frau von S… – Auf dem blendend weißen Tischtuche stand der mächtige russische ‚Samovar'[1] und begleitete mit melodischem Summen die Gespräche. Die Ereignisse des Tages waren nach allen Seiten gewendet und gedreht worden, die Kunstausstellungen und Theater boten keinen allzureichen Stoff im Frühherbst. Es drohte eine jener Pausen einzutreten, welche wie dicke Luft alle bedrückt und ängstigt, und in welche dann die Kaffeelöffel und Tassen laut und gellend hineinklingen.

Aber die Hausfrau empfand die Gefahr. Frau von S…., eine noch junge, rotblonde Witwe, machte den Vorschlag, jeder sollte die interessantesten Begebenheiten seines Lebens erzählen. Beifall.

Ein junger Mann, von des Zufalls und weiland seines Papas Gnaden Baron, – begann. –

Er näselte ein paar Abenteuer, mühsam und von dem Lachen über die Fürtrefflichkeit[2] seines eigenen Witzes immer wieder unterbrochen, hervor; Abenteuer, deren Szenerie immer ‚Bretter' oder ‚Brettchen' von der Bedeutung der Welt[3], deren Hauptpersonen jene Damen mit den kurzen Röcken und dem kurzen Verstand, mit leichten Füßen und noch viel leichterem Herzen waren. – Mehrere Male war die Dame vom Hause gezwungen zu hüsteln, wenn der glattrasierte, blinzelnde Freiherr sich allzu eingehender

Detailmalerei befleißte. Dann kniff er wie beschämt seine farblosen Augen zusammen und errötete bis an die spärlichen mattblonden Haupthaare.

Endlich hatte er geendet. – Er meckerte in seiner Weise ein Lachen vor sich hin. Die Herren lachten mehr oder weniger herzlich mit, die Damen hatten die Teetassen an den Lippen, so daß man ihre Mienen nicht gut betrachten konnte.

Hierauf polterte ein Major ein paar Erinnerungen wach, sprach, lachte, fluchte und kommandierte in einem fort, ohne Rast, daß es klang wie Kleingewehrschnellfeuer …

Und dann Der und Jener.

Einer wußte auch von Ägypten zu erzählen. Lebendig schilderte er die Wüstenreise mit ihren Schrecken und Fährlichkeiten.

Dann lehnte er sich zurück, sprach mit leiser, weicher Stimme von den Mondnächten am Nil und der Pracht des Lotos.

Eine träumerische Rührung lag über allen, als er geendet. –

„Und nun kommt die Reihe an Sie, Herr Savant", wandte sich die Frau vom Hause an einen etwa dreißigjährigen blassen Mann.

Er erhob bei der Aufforderung sein großes, graues Auge.

Um seine Lippen huschte unstät ein Lächeln.

Ein irres, müdes Lächeln.

Wie ein Mondstrahl in einer Herbstnacht durch ein Distelfeld geht.

Aller Augen waren auf ihn gerichtet.

Er betrachtete jetzt seine Fingernägel.

Er seufzte leise.

Und hub dann an, ohne aufzublicken.

„Sie werden mir nicht Glauben schenken, wenn ich Ihnen sage: Ich habe noch nie etwas – erlebt. –

Nie.

Mein Leben rollt hin wie der Regentropfen vom Dache.

Gleichmäßig, blöde, monoton.

Und so war es immer. –

Und es ist schrecklich, daß es immer so war.

Aber …

Doch Sie sehen, gnädige Frau, ich wüßte keine erfreulichen Worte zu sagen, daher gestatten Sie mir zu schweigen."

Aber da gabs heftigen Widerspruch!

Und die Hauswirtin scherzte in das allgemeine Geraune hinein: „Jetzt müssen Sie fortfahren, Herr Savant; Sie haben uns einmal neugierig gemacht, und wir Frauen können das nie ungestraft hingehen lassen."

Der junge Mann richtete sein Auge, als blickte er durch Alle hindurch, ins Weite.

„So sei es“; lispelte er trocken.

„Muß weit ausholen; will es aber kurz machen. In meinem Herzen liegt ein Drang nach Großem, Mächtigem, Ungewöhnlichem! Immer, als Knabe schon, empfand ich diesen Drang. Ich las die Märchen alle in mich hinein. Und aus den Bruchstücken, die mir die schönsten schienen, baute ich das Märchen meiner Kindheit. – Kein erlebtes, aber ein erträumtes. Denn die Tage meiner Jugend flossen so eintönig dahin, wie ein Bach im Flachland. Keine Erregung, kein Unfall, kein Geschehnis, das in meine Seele tiefer hätte greifen dürfen. – Die Mutter war weich und empfindlich, mürrisch und düster mein Erzeuger. Ich empfand eine gewisse naturgemäße Anhänglichkeit, die ich gern Liebe genannt hätte, für sie. Frühzeitig starben beide. Ich weinte. Aber ohne Schmerz. Nur weil ich einen Druck in den Lidern fühlte. Dieselbe Last, die man zu empfinden vermeint, wenn man in allzu grelles Licht sieht.

Herzlich gern ließ ich das Vaterhaus, seine düsteren Stuben voll steifbeiniger melancholischer Lehnstühle.“ –

Der Baron hüstelte. Die anderen aber waren gespannt und blickten etwas unwillig nach dem Störer. Er schwieg also.

„Hinaus“, – fuhr der Erzähler, der nichts bemerkt hatte, fort – „hinaus, dachte ich, gehst du jetzt in die Welt, ins Leben, von dem sie immer erzählt, daß es wild, stürmisch und wechselvoll ist. Du wirst kämpfen dürfen! Und ich zog hinaus. –

Aber ich mußte nicht kämpfen. Das Schicksal wollte es nicht. Ich fand Freunde meines Vaters, die sich freuten, mir Gönner sein zu können. – Sie ließen mich die Mittelschule besuchen, gaben mir Nahrung, Kleidung, Wohnung, und wieder rollte das bleierne Einerlei über mich seine Nebel. Nur daß ich in helleren Zimmern saß, etwas mehr Fleisch genoß als zu Hause und daß ich Suppe mit Gewürzen aß, was der Vater nicht hatte mögen.

Und die Hochschule kam. Manche Zeit war ich fleißig. Aber es trug mir kein besonderes Lob ein. Ich ließ die Arbeit im Stiche. Aber ich fiel nicht durch; nein, ich kam gerade recht in die monotone Beamtenbahn hinein.

Ich mietete das Zimmer, das ich heute noch bewohne. Das echte Mietzimmer für ledige Herren mit Kleiderständer und eisernem, winzigem Waschtisch.“

Ein Schauer rüttelte den jungen Mann. Er schloß eine Weile die Augen, und dann: „Es kam ein Tag, wo ich das erste Ereignis meines Lebens nahe wähnte. Ich glaubte ein Weib zu lieben. Mit einiger Erregung gestand ich ihrs. Sie war auf der Stelle mit sich einig. Wir verlobten uns.

O hätte es nur einen Widerstand, einen Zwischenfall gegeben!

Hätte sie sich geweigert und mich den herrlichen, süßen Kampf kämpfen lassen, als dessen Preis sie Leib und Seele setzen durfte. Aber nein, nein. Und ich malte mir in Gedanken aus, wie dann Alles doch nur glatt im alten, ausgefahrenen Gleise gehen würde. Ich bebte davor. Und als ich eines Nachmittags im Kaffeehause saß (ich sitze nämlich seit zehn Jahren täglich von vier bis sechs im Kaffeehause), – da schrieb ich ihr ab[4]. Mit paar Worten auf einer einfachen Karte, in ungelenken Sätzen, die schmutzig aus der abgenutzten Gasthausfeder herausflossen. – Ich fühlte, daß es ja doch dies nicht sein könne, was man Liebe nennt. Denn ich war ja die ganze Zeit so ruhig gewesen. Nein, gewiß sie war mir ganz gleichgiltig. – Aber mit boshafter, toller Freude stellte ich mir dafür vor, welchen Schrecken meine Zeilen hervorrufen würden. Welchen vielleicht unheilbaren Schmerz ich durch meine Absage in dies Frauenherz schleudern konnte …

Sie würde voll der Vorwürfe zu mir kommen, mich zur Rechenschaft ziehen – und ich, ich würde dann kalt und hochmütig sie von mir weisen – aus Übermut, nur um endlich, endlich etwas zu – erleben.

Mit diesen Gedanken ging ich aus dem Kaffeehaus heimwärts. Auf meinem Tische lag ein Brief. Ihre Handschrift! Ich reiße ihn auf: Ihre Absage! – Ebenso kalt, nüchtern und ruhig wie meine, die unterwegs sein mußte."

Und Herr Savant stützte den Kopf in die Hände und schwieg.

Ganz schüchtern klapperten die Löffel. Der ‚Samovar' war verstummt, als müßte auch er lauschen.

Niemand hatte Lust ein Wort zu sagen.

Nur der Major brummte etwas in seinen struppigen Bart.

Der junge Freiherr fuhr mit der beringten, weißen Hand hin und her über seinen Kahlkopf. Er sah jetzt sehr dumm aus. Nach ein paar Sekunden hob der junge Mann wieder sein Haupt. Er musterte mit großem Auge die Runde und sagte dann träumend:

„Also – nichts; – wieder nichts.

Wieder trollten Tage, Wochen, Monate, Jahre vorbei.

Eines dem anderen zum Verwechseln gleich.

Täglich kam ich abends nachhause zur selben Stunde.

Täglich wußte ich: der Schlüssel wird krachen, wenn ich ihn ins Schloß stecke, sich erst nicht drehen lassen und dann nach einer Sekunde mir leicht und willig die Tür öffnen, – auf dem Schreibtisch werden ein oder zwei bedeutungslose Briefe harren, und die Schlafschuhe werden beim Lehnstuhl liegen, statt unterm Bette, wohin ich der Bedienerin sie zu legen befohlen hatte.

Und täglich kams so. –

Einmal noch eine Unterbrechung. Mir ward ein Verhaftbefehl zugestellt. Ich war mir keines Vergehens bewußt. Aber alles jubelte in mir: ein Ereignis. Ich zog mich sorgfältiger denn sonst an, mich zu Gericht zu begeben in Begleitung des draußen harrenden Schutzmannes. Allein ich war noch nicht angekleidet, da trat ein Beamter bei mir ein, erzählte von einer Verwechslung und bat mich um Vergebung ob der Belästigung …

Und dann wieder Jahre …

Wie oft hab ich schon ein Verbrechen begehen wollen.

Vergebung, gnädige Frau", unterbrach sich Savant, als er bemerkte, wie erschrocken ihn Frau von S. anblickte. „Sie haben verlangt, daß ich erzähle, und ich will nichts verschweigen. Ja, ich war oft daran, ein Verbrechen zu begehen; denn ich will, ich muß mit aller Gewalt endlich ein Ereignis hereinzerren in mein graues, grausames Leben!" Sein Auge lohte[5], wie das eines verwundeten Wildes.

„Den Nächsten erschlagen! So packt es mich oft auf der Straße. Aber dann fehlt mir das Mittel und die Kraft. Und ich stehe da, wie ein blöder Schulbube, der die Federn vergessen hat und schreiben soll …

Oft auch geh ich aus mit dem Pistol in der Tasche. Aber dann begegnen mir nur Leute, auf die zu schießen mich ekelt. Kleine verschrumpfte Gestalten, die mit dem bißchen armseliger Daseinskraft am Leben haften, wie die Spinne an ihrem Faden. Und wieder markige Arbeiter, die das Recht des Lebens an ihren schwieligen Händen tragen und auf der dumpfen, rußigen Stirn. –

Wenn ich doch wenigstens wahnsinnig würde, das ist mein Gebet, wenn ich nachts schlaflos daliege.

Und bisweilen, da ist mir auch: Jetzt kriecht es herauf. Schwül und schrecklich. Und jetzt kichert es mir im Schädel und lacht mich aus – lacht … und ich lache mit, laut und gellend. Aber dann ist es doch nicht. Ich nehme ein Zeitungsblatt und lese zwei, drei Zeilen, und sehe, daß ich alles noch erfasse Wort für Wort, Satz für Satz. – Nein, auch wahnsinnig darf ich nicht werden! Auch das nicht."

Savant kämpfte ein Weinen zurück.

Alle saßen stumm da und blickten entsetzt auf den Sprecher. Nur der Major, der krebsrot war, hackte mit dem Sporn des linken Fußes leise gegen die Dielen.

Das klang wie Totenwurmpochen.

Ein Schauer ging durchs Zimmer.

Keine Tasse regte sich.

„Ich bin zu Ende", raunte der Unglückliche jetzt matt und klanglos.

„Ein anderer könnte glücklich sein in diesem glatten, farbenarmen Leben. Er könnte gut und viel essen, die gute Verdauung behalten und sehr dick werden.

Mich aber, mich, der ich einen heißen, sehnenden Drang nach einem Ereignisse in mir trage, von Kindheit an, mich tötet es.

Meine Wange glüht vor Sehnsucht, aber der Sturm des Lebens kommt nicht, der sie kühlen soll."

Aus: Rainer Maria Rilke: Sämtliche Werke: Frühe Erzählungen und Dramen, Bd. 4. Frankfurt a. M.: Insel 1961.

Anmerkungen

1 *Samovar:* aus Russland kommender Wasserkocher, der zur Teezubereitung genutzt wird
2 *Fürtrefflichkeit:* Vortrefflichkeit, herausragende Qualität
3 Anspielung auf „die Bretter, die die Welt bedeuten", d. h. die Bühne am Theater
4 *ich schrieb ihr ab:* im Sinne von: trennte ich mich per Brief von ihr
5 *lohen:* wie eine Flamme flackern

Material 2 Viktor Žmegač: [Zu Nietzsches[1] Begriff des Dionysischen]

Die Bejahung des Lebens in allen seinen Erscheinungsformen [...], dieses Lebenspathos teilt Rilke mit zahlreichen Zeitgenossen [...]. Man darf voraussetzen, daß Rilkes Anschauungen zumindest teilweise durch seine Nietzsche-Lektüre um 1900 angeregt worden sind. Jedenfalls muten zahlreiche Äußerungen Rilkes [...] wie Paraphrasen einer Aufzeichnung Nietzsches aus den späten achtziger Jahren an [...]. Der Versuch Nietzsches, den Begriff des Dionysischen zu definieren, einen seiner Leitbegriffe [...], enthält gleichsam das ganze Arsenal sprachlicher Prägungen, die in den verschiedenen Umschreibungen der Lebensvorstellungen in Texten jener Zeit vorkommen.

„Mit dem Wort ‚dionysisch' ist ausgedrückt: ein Drang zur Einheit, ein Hinausgreifen über Person, Alltag, Gesellschaft, Realität, über den Abgrund des Vergehens: das leidenschaftlich-schmerzliche Überschwellen in dunklere, vollere, schwebendere Zustände; ein verzücktes Jasagen zum Gesamtcharakter des Lebens [...]; die große pantheistische[2] Mitfreudigkeit und Mitleidigkeit, welche auch die furchtbarsten und fragwürdigsten Eigenschaften des Lebens gutheißt und heiligt; [...] das Einheitsgefühl der Notwendigkeit des Schaffens und Vernichtens." [3]

[...] Auch Rilkes gesamtes Schaffen erscheint bis zuletzt vom Lebensbegriff der Jahrhundertwende durchdrungen. „Oh wie ich daran glaube, an das Leben", heißt es in einem Brief [...] (vom 3. April 1903). „[...] Darum liebe ich es, barfuß weite Wege zu tun, um kein Sandkorn zu versäumen und meinem Körper in vielen Formen die ganze Welt zu geben zum Gefühl, zum Ereignis".

Aus: Viktor Žmegač (Hg.): Geschichte der deutschen Literatur vom 18. Jahrhundert bis zur Gegenwart. 2. Aufl. Königstein/Ts: Athenäum 1985, S. 329f.

Zum Autor:
Viktor Žmegač (1929–2022) war Literaturwissenschaftler.

Anmerkungen

1 Friedrich Nietzsche (1844–1900): deutscher Philosoph

2 Pantheismus bezeichnet die Überzeugung von der Einheit des Göttlichen und des Kosmos; folglich offenbare sich das Göttliche in allen belebten Wesen der Natur, also auch im Menschen.

3 Viktor Žmegač zitiert hier direkt einen Text Friedrich Nietzsches.

TIPP **Bearbeitungshinweise**

Teilaufgabe 1 verlangt, dass Sie über **Inhalt und Aufbau** des Textes informieren, sinnvolle Erschließungskategorien an den Text anlegen und diesen interpretieren. Zudem ist ausdrücklich gefordert, dass Sie Ihr **literaturgeschichtliches Wissen** (zur Literatur um 1900) in Ihre Arbeit mit einbeziehen.

Bevor Sie mit den Arbeiten für Ihren eigenen Aufsatz beginnen, setzen Sie sich gründlich mit den zur Verfügung gestellten Informationen und Materialien auseinander. Zum einen können die Informationen des Literaturwissenschaftlers Žmegač nützlich für die literaturgeschichtliche Einordnung des Textes sein. Vor allem aber ist es wichtig, die Teilaufgabe 2 bei der Planung des Aufsatzes zu berücksichtigen. So empfiehlt es sich, bereits im Vorfeld zu entscheiden, welche Aspekte der Interpretation im zweiten Teil vertieft behandelt werden sollen.

Sie haben verschiedene Möglichkeiten, mit einer **Einleitung** zum Text hinzuführen. Der folgende Lösungsvorschlag knüpft an mögliche eigene lebensweltliche Erfahrungen an; dann wird das Thema der Erzählung genannt. Alternativ wäre es denkbar, zunächst allgemein kurz auf den literaturgeschichtlichen Kontext der Zeit um 1900 einzugehen. Zwingend notwendig ist es, zu dem Text, den Sie bearbeiten, die wichtigsten **Rahmeninformationen** (Autor, Titel, Erscheinungsjahr) zu geben.

Im **Hauptteil** müssen Sie zunächst den Inhalt strukturiert, das heißt: gegliedert nach **Sinnabschnitten**, zusammenfassen. Halten Sie sich hier kurz, um Wiederholungen zu vermeiden. Am besten planen Sie im Voraus, welche inhaltlichen Aspekte Sie bei der eigentlichen Interpretation noch genauer ansprechen wollen. Entscheiden Sie sich auch im Vorfeld, an welcher Stelle des Aufsatzes Sie Ihre **literaturwissenschaftlichen Kenntnisse** mit einbeziehen wollen. Sie haben dazu prinzipiell zwei Möglichkeiten: Entweder Sie stützen Ihre Interpretationsansätze fortlaufend auf Ihre Kenntnisse (wie hier im Lösungsvorschlag), was sowohl Ihren Kriterien der Interpretation als auch den möglichen Ergebnissen viel Substanz verleiht. Oder Sie formulieren die Aus-führungen dazu in einem eigenen Abschnitt, beispielsweise als Abschluss Ihrer Interpretation.

Der Aufbau der Erzählung wird hier ganz wesentlich durch die **erzählerische Gestaltung** rhythmisiert, sodass es sich empfiehlt, diese beiden Kriterien der Untersuchung im Zusammenhang zu betrachten.

Im Weiteren geht die Interpretation der – recht handlungsarmen – Erzählung von der **Charakterisierung** der Figuren und deren **sprachlich-stilistischer Gestaltung** aus. Dabei werden die Nebenfiguren zusammengefasst, der Schwerpunkt der Untersuchung liegt auf der Hauptfigur, die unter verschiedenen Aspekten betrachtet wird. Achten Sie darauf, all Ihre Aussagen gründlich am Text zu belegen.

Teilaufgabe 2: Der Operator „**erläutern**“ besagt, dass Sie, ausgehend von Ihren Ergebnissen aus der Interpretation, in strukturierter Form die Zusammenhänge und Bezüge zwischen den beiden Texten entfalten sollen.

Versuchen Sie, rhetorisch-stilistisch einen Übergang zum zweiten Teil Ihres Aufsatzes zu schaffen. Auch in diesem Teil ist ein strukturiertes Vorgehen nötig. Arbeiten Sie dazu aus **M 2 aussagekräftige Zitate** heraus und setzen Sie diese **in Beziehung zu den entsprechenden Passagen von M 1**. Gehen Sie hier kleinschrittig vor, um nicht den Überblick zu verlieren. Achten Sie beim Zitieren darauf, dass klar wird, ob Sie aus M 1 oder M 2 zitieren. Sie können Ihren Aufsatz mit einem **Schlussgedanken** abrunden, der Elemente der Einleitung aufgreift. Möglicherweise ergibt sich auch aus der Bearbeitung der zweiten Teilaufgabe eine Wendung, die rhetorisch das Ende des Aufsatzes markiert, der dann nichts mehr hinzugefügt werden muss.

Lösungsvorschlag

TEILAUFGABE 1

Einleitung
Erlebnisgesellschaft heute
Rahmendaten des Textes

Endlich etwas erleben! Möglichst viel! Möglichst außergewöhnlich! Dieser Drang unserer heutigen „Erlebnisgesellschaft“ bestimmt das Leben vieler auf der Suche nach Sinn und Erfüllung und lässt ganze Wirtschaftszweige blühen. Ein ähnliches Lebensgefühl und die Verzweiflung darüber, dass jener Drang unerfüllt bleibt, behandelt die Erzählung *Das Ereignis. Eine ereignislose Geschichte* von Rainer Maria Rilke, die 1896, also zur Jahrhundertwende, erschienen ist.

Interpretation
Erzählsituation: zum Tee bei Frau von S.

Die **Erzählsituation**, in der die Geschichte ihren Ausgang nimmt, ist nahezu musterhaft: An einem herbstlichen Nachmittag kommt eine nicht näher bestimmte Anzahl vornehmer Damen und Herren bei einer jungen Witwe, der adeligen „Frau von S…“, zum Tee zusammen. Als die Konversation ins Stocken gerät, regt die Gastgeberin an, jeder der Anwesenden möge über das interessanteste Ereignis seines Lebens sprechen. Somit schafft dieser erste Sinnabschnitt des Textes (Z. 1–9) eine **Rahmensituation**, in die hinein die einzelnen Geschichten reihum erzählt werden sollen.

die Erlebnisse einzelner Gäste

Die ersten Erzählungen einiger Gäste bilden den **zweiten Sinnabschnitt** des Textes (Z. 10–30). Als Erstes ist ein junger **Baron** an der Reihe (Z. 10–22). Er prahlt mit seinen Liebesabenteuern, schildert sexuell anzügliche Details seiner diversen Affären mit Tänzerinnen vom Theater und überschreitet damit ganz offensichtlich die Grenzen des guten Geschmacks, wie an den Reaktionen der Zuhörerinnen zu erkennen ist. Nachdem ein **Major** und noch einige andere ihre Erinnerungen zum Besten gegeben haben, erzählt schließlich jemand von seiner Reise nach Ägypten und wiegt die Zuhörenden in eine träumerische, entspannte Stimmung (Z. 23–30).

Schlagartig wird man aus dieser schläfrigen Passivität herausgerissen, als sich die Gastgeberin in der direkten Rede, die von diesem Punkt an den Text bestimmt, an einen weiteren Gast richtet, an einen gewissen **Herrn Savant**, der jetzt an der Reihe sei. Dieser weigert sich zunächst mit der Begründung, in seinem ganzen Leben noch nichts Erwähnenswertes erlebt zu haben (Z. 31–56). Als Frau von S. und die anderen Anwesenden insistieren, beginnt Herr Savant schließlich widerwillig mit seiner **Lebensgeschichte**, die den **dritten Sinnabschnitt** und größten Teil der Geschichte einnimmt (Z. 57–167). Savant setzt allem voran, schon als Knabe den großen Drang verspürt zu haben, etwas erleben zu wollen. Dann spricht er von seiner Kindheit und Jugend, von seinen Eltern, für die er keine Liebe und über deren frühen Tod er keinen Schmerz empfunden habe. Auf sich selbst gestellt, habe er sich danach gesehnt, sich behaupten zu können. Dies erwies sich jedoch als unnötig, da Freunde seines Vaters ihm den Schulbesuch und das Studium finanzierten, was ihm schließlich den Eintritt in die Beamtenlaufbahn ermöglichte. Nach einer kurzen Pause kommt er zur nächsten biografischen Episode, nämlich zu seiner **Verlobung**, von der er gehofft hatte, sie möge endlich das erste richtige Ereignis seines Lebens sein. Da dem nicht so war, bekam er Zweifel an dieser Liebe und löste die Verbindung schriftlich, um dann festzustellen, dass die Frau ihrerseits die Verlobung abgesagt hatte, dass sich ihre Briefe also gekreuzt hatten. Erneut bricht die direkte Rede ab und im Raum herrscht betretene Stille, bis Herr Savant wieder ansetzt und berichtet, wie die in **quälender Monotonie** vergehenden Jahre nur einmal kurz unterbrochen wurden, als ihm nämlich ein **Haftbefehl** zugestellt wurde, was sich jedoch rasch als Irrtum herausstellte. Dann spricht er offen über seine Gedanken daran, ein Verbrechen zu begehen, ja einen Menschen zu töten, nur um damit endlich die Ereignislosigkeit seines Lebens zu überwinden. Doch hätten ihm dazu letztendlich Kraft und Mittel gefehlt. Schließlich offenbart Savant seinen Wunsch, wahnsinnig zu werden. Obwohl er bisweilen glaubt, etwas Ähnliches in sich zu spüren, bleibt ihm auch dieses „Erlebnis“ verwehrt. Seine Rede erstickt in Tränen, im Salon herrscht entsetztes Schweigen, bis Savant schließlich resümierend feststellt, dass ein derart glatt und problemlos verlaufendes Leben einen anderen Menschen durchaus glücklich machen könnte, er jedoch gehe an der ungestillten Sehnsucht nach Erleben zugrunde. Mit diesem resignierten Fazit endet die Geschichte.

das ereignislose Leben des Herrn Savant

Was die **Darbietungsform** angeht, ist die **Zweiteilung** des Textes offensichtlich: Der erste Teil geht im **Erzählbericht**, aus dem nur gelegentlich eine **indirekte Figurenrede** hervorscheint (z. B. Z. 8 f.), **gleichförmig, distanziert** und oberflächlich dahin. So entspricht auch die Erzähltechnik der entspannten, vielleicht etwas gelangweilten

Aufbau und erzählerische Gestaltung:
– Zweiteilung in Darbietungsform, Erzählverhalten

Stimmung während der träge dahinplätschernden Konversation. Umso eindringlicher wirkt die **abrupte Änderung** in der Darbietungsform hin zur **direkten Figurenrede**, die den Herrn Savant plötzlich ins Rampenlicht rückt. Damit steht er als Sprecher im Mittelpunkt des zweiten, umfangreicheren Teils. Indem der **Erzähler** bei seiner Schilderung der Teegesellschaft die Anwesenden durchaus ironisch porträtiert, zeigt er im **ersten Teil auktoriale Züge**, tritt dann aber während der **Erzählungen von Herrn Savant** ganz in den **Hintergrund** und überlässt gleichsam diesem das Wort. Hier wird das Erzählen **zeitdeckend**.

Eine weitere **erzähltechnische Rhythmisierung** erfährt der Text durch den steten **Wechsel zwischen der Rahmensituation**, dem Hier und Jetzt im Salon der Frau von S., und den **rückblickend erzählten Begebenheiten** aus dem Leben der einzelnen Gäste (was für den zweiten Teil des Textes zudem den Wechsel zwischen der Figurenrede des Herrn Savant und dem Erzählbericht zum äußeren Rahmen bedeutet).

– Wechsel zwischen Gegenwart am Teetisch und den rückblickend erzählten Geschichten

Dabei werden das **Verhalten und die Zwischenreaktionen der Anwesenden** geschildert, aber auch dem **Raum** und den – durchwegs personifizierten – **Gegenständen** kommt Bedeutung zu. Da ist zuerst „der mächtige […] ‚Samovar'" (Z. 1 f.), dem durch das Adjektiv eine gewisse Autorität zugesprochen wird. Er „begleitete mit melodischem Summen die Gespräche" (Z. 2 f.) und suggeriert damit den Eindruck von Harmonie und Zufriedenheit, bis beinah eine jener peinlichen Gesprächspausen entsteht, „in welche dann die Kaffeelöffel und Tassen laut und gellend hineinklingen" (Z. 6). Die verbalen Entgleisungen des prahlerischen Barons unterbindet die Gastgeberin mit bedeutungsvollem „[H]üsteln" (Z. 17). „[D]ie Damen hatten die Teetassen an den Lippen, so daß man ihre Mienen nicht gut betrachten konnte" (Z. 21 f.). Die Tassen übernehmen es also stellvertretend, die Geschmacklosigkeit des jungen Mannes zu tadeln. Als im zweiten Teil des Textes Herr Savant zu reden beginnt, „husch[t]" zunächst ein „irres, müdes Lächeln" (Z. 34 f.) um seine Lippen, in dem sich der Wahnsinn andeutet, von dem später noch die Rede sein wird. Der Bericht über die ereignislose Kindheit wird nur vom störenden Hüsteln des Barons unterbrochen (vgl. Z. 70 f.). Kurz bevor **Savant** von seiner Verlobung erzählt, erfasst ihn ein „Schauer" und er schließt „eine Weile die Augen" (Z. 86). Somit löst der Zwang, am Teetisch von sich sprechen zu müssen, **körperliche Reaktionen** bei ihm aus. Bemerkenswerterweise ähnelt dieser gegenwärtige „Schauer" den Symptomen, von denen er in dem Moment erzählt: Damals nämlich gestand er der Frau „[m]it einiger Erregung" (Z. 88) seine vermeintliche Liebe, „bebte" (Z. 94) dann jedoch bei der Vorstellung, ein konventionelles Eheleben führen zu

– Reaktionen von Menschen und Dingen

müssen. Nach diesem Bekenntnis der gescheiterten Beziehung hat keiner der Gäste „Lust ein Wort zu sagen“ (Z. 112). „[D]er Major brumm[t]“ vor sich hin (Z. 113), die Teelöffel klappern „[g]anz schüchtern [und der] ‚Samovar‘ [ist] verstummt, als müßte auch er lauschen“ (Z. 110 f.). Nachdem Savant geendet hat, sitzen alle Anwesenden „stumm da“ und blicken „entsetzt auf den Sprecher“ (Z. 156). Der Major pocht nervös mit dem Fuß auf den Boden (vgl. Z. 156 f.), „[k]eine Tasse regte sich“ (Z. 160). Auffälligerweise reagieren die Zuhörenden also nur **körperlich** und zu keinem Zeitpunkt mit verbalen Äußerungen auf das Gehörte. Das Erzählte findet seine Resonanz nicht mehr in der Sprache, sondern im Körper – ein Umstand, der sich durchaus im Zusammenhang mit der sogenannten **Sprachkrise um 1900** betrachten lässt. Diese **Sprachlosigkeit** der Menschen wird in fast übertriebener Weise durch die **Ausdrucksstärke der personifizierten Dinge** kontrastiert. So wirken Samowar, Tassen und Löffel erstaunlich treffsicher in ihrem Urteilsvermögen, wenn sie die einzelnen Situationen und Stimmungen „kommentieren“, und haben damit eine Aussagekraft, die an Rilkes Dinggedichte denken lässt.

Figurencharakteristik:
– die Damen und Herren als Vertreter der dekadenten Gesellschaft um 1900

Als Nächstes soll eine genauere Betrachtung der **Figuren** und ihrer Zugehörigkeit zu bestimmten **gesellschaftlichen Schichten** verdeutlichen, welche Lebensentwürfe in diesem Jahrhundertwende-Text verhandelt werden. Schon die Tatsache, dass sich die Gäste nachmittags im Salon der adeligen Frau von S. zum Tee zusammenfinden, statt irgendeiner Arbeit nachzugehen, und dass sie dort über „Kunstausstellungen und Theater“ (Z. 4) plaudern, zeigt, dass sie wohlhabend und zumindest vom Anspruch her kultiviert sind. Zudem entsprechen sie aber auch der um die Jahrhundertwende üblichen Vorstellung einer **übersatten, endlos gelangweilten Gesellschaft der Décadence**. Die meisten von ihnen bleiben in der sprachlichen Darstellung verschwommen, von den „Damen“ und „Herren“ (Z. 21) redet „Einer“ (Z. 26), „dann Der und Jener“ (Z. 25).

– Baron und Major als Vertreter überholter Lebensformen

Kontur gewinnt neben der bemühten Gastgeberin zunächst der junge Baron, der diesen Adelstitel – wie es mit entlarvendem Spott heißt – nicht aufgrund eigener Verdienste, sondern „von des Zufalls und weiland seines Papas Gnaden“ (Z. 10) trägt. Er lacht fortwährend über seine eigene „Fürtrefflichkeit“ (Z. 12) und „befleiß[t]“ sich bei seinen menschenverachtenden Indiskretionen „allzu eingehender Detailmalerei“ (Z. 17 f.): Die **altertümelnde Sprache** entlarvt ihn als rückwärtsgewandten, schnöselhaften Nichtsnutz, der den Frauenhelden mimt und sich witzig dabei vorkommt, seine Liebschaften am Theater als dumm (mit „kurze[m] Verstand“, Z. 15) und moralisch zweifelhaft (mit „leichte[m] Herzen“, Z. 16) zu diffamieren.

Auch das Aussehen des „blinzelnde[n] Freiherr[n]“ (Z. 17) mit seinen „spärlichen mattblonden Haupthaare[n]“ (Z. 19) sowie seine „näsel[nde]“ (Z. 12), „mecker[nde]“ (Z. 20) Sprechweise machen ihn gänzlich unsympathisch. Nicht viel besser ist der Major mit dem ungepflegten „struppigen Bart“ (Z. 113). Er „polterte [...] ein paar Erinnerungen wach, sprach, lachte, fluchte und kommandierte [...] ohne Rast, daß es klang wie Kleingewehrschnellfeuer ...“ (Z. 23 f.). Die Reihung von Verben und der militärische Vergleich vergegenwärtigen die laute, zackige Art seines Sprechens, der konkrete Gegenstand der „Erinnerungen“ wird gar nicht erwähnt, ist also offensichtlich nicht der Rede wert. Da die Namen der beiden nicht genannt werden, treten Baron und Major nicht als Individuen, sondern als **Repräsentanten ihrer Schicht** in Erscheinung. Dabei entlarvt sich der Adel als dekadent und in seiner Selbstbezogenheit moralisch fragwürdig, das Militär ist nur mehr eine leere Hülle – ein für das Fin de siècle typischer Blick auf diese degenerierten, **überkommenen und zu Unrecht privilegierten Lebensformen** des 19. Jahrhunderts. Eine Möglichkeit, dem zu entkommen, skizziert der Gast, der von seiner „Wüstenreise“ (Z. 26), „von den Mondnächten am Nil und der Pracht des Lotos“ (Z. 28 f.) spricht, was eine „träumerische Rührung“ (Z. 30) über alle legt. Doch ist dieses Heraufbeschwören exotischer Landschaften mehr **Flucht und Betäubung** als wahrhaftes Erleben.

– Herr Savant, zerrissen zwischen Wunsch und Wirklichkeit

Äußeres und Sprechweise

Herr Savant, die **Hauptfigur**, ist schon rein äußerlich und im Auftreten das **Gegenbild** zu den bisher Genannten: So stehen die großen grauen Augen (vgl. Z. 33) des „etwa dreißigjährigen blassen Mann[es]“ (Z. 32) in starkem Kontrast zu den zusammengekniffenen „farblosen Augen“ (Z. 18) des Barons sowie zum „krebsrot[en]“ (Z. 157) Gesicht des Majors. Savants **Schüchternheit** und anfängliche Zurückhaltung unterscheiden sich deutlich von der Aufschneiderei des Adeligen und dem lauten Poltern des Soldaten. Durch alles, was Savant erzählt, geht ein tiefer **Riss** zwischen dem inneren „Drang nach Großem, Mächtigem, Ungewöhnlichem“ (Z. 57 f.) einerseits und der äußeren Realität andererseits, an deren Mittelmäßigkeit Savant verzweifelt. Seine Sätze sind kurz, meist **parataktisch**, teilweise sogar **elliptisch**. Sie erzeugen einen erzählerischen Sog und somit Spannung – und das, obwohl Savant vorwegnimmt, dass er gar nichts mitzuteilen habe. Die quälende **Monotonie** zeigt sich **sprachlich** in der Wiederholung der immer gleichen, Leere und Nichtigkeit anzeigenden Wörter (wie etwa in den asyndetischen Reihungen „Keine Erregung, kein Unfall, kein Geschehnis“, Z. 62, oder „– nichts; – wieder nichts“, Z. 117). Personifizierungen lassen die Eintönigkeit wie etwas Mächtiges, wie eine unausweichliche, immer wiederkehrende Gesetzmäßigkeit erscheinen: „wieder rollte das bleierne Einerlei über [ihn]“ (Z. 77 f.), „[w]ieder trollten Tage, Wochen, Monate, Jahre vorbei“ (Z. 118).

Savants kaum begonnene **Liebesbeziehung** scheitert an einem (entfernt an Kafkas Verlobung mit Felice Bauer erinnernden) letztlich absurden **Widerstreit zwischen Erwartungen und Möglichkeiten:** Schon die Liebe an sich wird von Savant im Rückblick als scheinhaft disqualifiziert, wie die verwendeten Prädikate zeigen, denn er „wähnte“, er „glaubte“ (Z. 87) nur, die Frau zu lieben. Anstatt des reibungslosen Zustandekommens der Verlobung hätte er sich „Widerstand, einen Zwischenfall“ (Z. 90) gewünscht, hätte einen „süßen Kampf kämpfen“ (Z. 91) wollen. Er „malte [sich] in Gedanken aus, wie dann Alles [...] glatt im alten, ausgefahrenen Gleise gehen würde“ (Z. 92 ff.). Entsetzt von dieser Vorstellung schrieb er einen Trennungsbrief, während er „Nachmittags im Kaffeehause saß“; er „sitze nämlich seit zehn Jahren täglich von vier bis sechs im Kaffeehause“ (Z. 94 f.), fügt er hinzu – eine Parenthese, die den unmittelbar zuvor zum Ausdruck gebrachten Horror vor Alltagsroutine ins Absurde führt. Ebenso widersinnig ist auch seine Reaktion auf den irrtümlich zugestellten „**Verhaftbefehl**“ (bei dem sich ebenfalls an Kafka denken ließe), da Savant seiner Verhaftung vorfreudig und sorgfältig gekleidet entgegensieht (vgl. Z. 128 f.). Ein in diesem Zusammenhang verwendetes Satz-Subjekt ist aufschlussreich. So sagt er nicht: „Ich jubelte ...“, sondern „[A]lles jubelte in mir: ein Ereignis“ (Z. 128), was bereits einen gewissen **Kontrollverlust** andeutet. So kommt für Savant auch der **Gedanke, ein Verbrechen zu begehen**, aus einem inneren Zwang heraus, er „will“, er „muß [...] endlich ein Ereignis hereinzerren in [s]ein graues, grausames Leben!“ (Z. 137 f.). „Grausam“ ist für ihn nicht das Verbrechen, sondern sein ereignisloses Dasein. Sein als Imperativ ausgestoßener, verzweifelter Plan, „Den Nächsten erschlagen!“ (Z. 140), pervertiert den Wortlaut des christlichen Gebots der Nächstenliebe. Und es ist nicht sein Gewissen, das ihn davon abhält, sondern vielmehr der **Ekel** (vgl. Z. 144), den er angeblich vor den Menschen empfindet, die ihm begegnen, vor den „[k]leine[n] verschrumpfte[n] Gestalten“ (Z. 144) und den „markige[n] Arbeiter[n]“ (Z. 146).

die gescheiterte Verlobung

die gescheiterte Verhaftung

Schon Savants Mordlust trat sprachlich verselbstständigt in Erscheinung („So packt es mich“, Z. 140), und auch im Weiteren gewinnt das „**Es**“, das sich unschwer mit dem von Sigmund **Freud** so bezeichneten **triebhaften, unterbewussten Teil der menschlichen Psyche** gleichsetzen lässt, immer wieder die Oberhand. Denn wenn Savant in schlaflosen Nächten den Wahnsinn herbeiwünscht, dann vermeint er, jenes „Es“ zu spüren: „Jetzt kriecht es herauf. [...] Und jetzt kichert es mir im Schädel“ (Z. 150 f.), bis er feststellen muss,

Mordlust, Wahnsinn und Freuds Psychoanalyse

dass „es doch nicht“ ist (Z. 152). Dabei lassen nicht nur die Passagen, in denen das „Es“ zum Vorschein kommt, an Freuds Psychoanalyse denken. Vielmehr wirkt die ganze wörtliche Rede, die Reihe intimster Bekenntnisse von Wünschen und Enttäuschungen, so, als würde Savant sich – ähnlich wie in einer Therapiesitzung bei Sigmund Freud – **alles Quälende von der Seele reden** (was ihm nicht gelingt). Letztlich, so resümiert Savant am Ende seines Berichtes, ist der Riss in seinem Dasein unheilbar, die Widersprüchlichkeit unauflösbar, denn das „glatt[e], farbenarm[e] Leben“ (Z. 162) töte ihn.

Herr Savant und die Sprachkrise um 1900

Die **existenzielle Unzufriedenheit** macht Savant noch in einem weiteren Bereich zu schaffen, der im Kontext der Sprachkrise um 1900 zu sehen ist. So empfindet er eine ganz grundsätzliche **Skepsis gegenüber dem Sprechen und Schreiben**, aber auch gegenüber sprachlich (literarisch) tradierten, **vorgefertigten Lebensformen:** Als Frau von S. ihn eingangs auffordert, zu erzählen, bittet er sie darum, „schweigen“ zu dürfen, denn er „wüßte keine erfreulichen Worte zu sagen“ (Z. 49). Zum Sprechen gezwungen, verkürzt er seine Ankündigung elliptisch: „Muß weit ausholen; will es aber kurz machen.“ (Z. 57) Die Geschichte seiner Kindheit und Jugend ist von vorgegebenen Strukturen beeinflusst: Savant „las die Märchen alle in [s]ich hinein“ (Z. 59), verinnerlichte also im wörtlichen Sinne die Muster der Märchen, und konstruierte „aus den Bruchstücken, die [ihm] die schönsten schienen, […] das Märchen [s]einer Kindheit“ (Z. 59 f.). Mit diesem Konstrukt gelingt es ihm noch einigermaßen, den Mangel an Erleben zu kompensieren. Nach dem Tod der Eltern will er „hinaus […] in die Welt, ins Leben, von dem sie immer erzählt [haben], daß es wild, stürmisch und wechselvoll ist. Du wirst kämpfen dürfen!“ (Z. 72 ff.). Auch hier haben ihm die **Erzählungen anderer Erwartungen eingepflanzt**, in denen romantische Vorstellungen von Wandern und Aufbruch, aber auch von heldenhaften Bewährungsproben nachklingen. Doch die hohen Erwartungen werden enttäuscht. Ebenso kann Savant das, „was man“ landläufig „Liebe nennt“ (Z. 98), nicht als richtig empfinden. Die „paar Wort[e]“, mit denen er später seine Verlobung löst, gelingen ihm nicht, sie fließen „in ungelenken Sätzen […] schmutzig aus der abgenutzten Gasthausfeder [heraus]“ (Z. 96 f.). Seine Unfähigkeit, ein Verbrechen zu begehen, veranschaulicht er mit einem Vergleich: In der Situation nämlich „stehe [er] da, wie ein blöder Schulbube, der die Federn vergessen hat und schreiben soll …“ (Z. 141 f.). Sein **Drang nach authentischem Erleben**, die gescheiterten Versuche, die literarischen Vorbilder in die Realität zu überführen, der Widerwille dagegen, sein Leben in vorgezeichneten Bahnen zu führen, erscheinen in diesem Bildfeld als **Wunsch, seine eigene Geschichte, den ureigensten Text seines Lebens zu schreiben**. Ist ihm dies vergönnt? Ist

Savants Lebensbeichte tatsächlich die „ereignislose Geschichte“, die der Titel des Textes ankündigt? Was ist dann aber „Das Ereignis“, von dem hier die Rede ist? Geht man von der tiefen Ergriffenheit der Teegäste (und vielleicht auch der Lesenden) aus, so ist es der Akt des **Erzählens selbst**, die schonungslose Offenheit und die Verzweiflung, mit der Savant seine Sehnsucht nach echtem Leben bekennt.

TEILAUFGABE 2

Lebenspathos und Nietzsches Begriff des „Dionysischen“ in Rilkes Erzählung

der Wunsch nach einem unkonventionellen Leben

Solches „**Lebenspathos**“ (M 2, Z. 1 f.) durchzieht die ganze Erzählung. Rilke ist zu dieser Vorstellung wohl „zumindest teilweise durch seine **Nietzsche-Lektüre** um 1900 angeregt worden“ (M 2, Z. 3 f.). Nietzsches zentralen Begriff des „**Dionysischen**“ umschreibt der Philosoph als „ein Hinausgreifen über [...] Alltag, Gesellschaft, Realität“ (M 2, Z. 9 f.). Dies spiegelt sich in Savants **Abscheu** dagegen, in den **festen Bahnen des Alltags** zu bleiben, Konventionen zu folgen und die Erwartungen der Gesellschaft zu erfüllen, etwa was ein normales Eheleben oder die berufliche „monotone Beamtenbahn“ (Z. 83) angeht.

das Dunkle und Zerstörerische

Als ein „Hinausgreifen über die Realität“ ließe sich auch Savants Wunsch verstehen, wahnsinnig werden zu dürfen. Der Zustand des **Wahnsinns** klingt in Nietzsches Worten an, „dionysisch“ meine „das leidenschaftlich-schmerzliche Überschwellen in dunklere, [...] schwebendere Zustände“ (M 2, Z. 10 ff.). So ist das **Dunkle, Leidenschaftliche**, aber auch das **Zerstörerische**, die „Notwendigkeit des [...] Vernichtens“ (M 2, Z. 15), ein wesentlicher Bestandteil des Dionysischen, der zum Vorschein kommt, als Savant seine Verlobung löst: „[M]it boshafter, toller Freude“ habe er sich vorgestellt, „welchen Schrecken“, welchen „Schmerz“ er der Verlobten ins Herz „schleudern“ könne (Z. 99 ff.), und wie er sie, wenn sie das Gespräch suche, „kalt und hochmütig [...] von [sich] weisen“ (Z. 104) würde. Dass er also auch das **charakterlich Verwerfliche und moralisch Schlechte** in Kauf nehmen würde, „nur um endlich, endlich etwas zu – erleben“ (Z. 104 f.), entspricht Nietzsches Auffassung, dass „auch die furchtbarsten und fragwürdigsten Eigenschaften“ (M 2, Z. 13 f.) zum „Gesamtcharakter des Lebens“ (M 2, Z. 12) gehören. Savant würde in diesem dunklen Drang sogar noch weiter gehen, in Nietzsches Worten: „über den Abgrund des Vergehens“ (M 2, Z. 10). Doch sogar über diesem finsteren Abgrund der Mordlust wiederholt Savant auffällig oft das Wort „Leben“, blickt auf „[k]leine, verschrumpfte Gestalten, die mit [...] armseliger Daseinskraft am Leben haften, [...] markige Arbeiter, die das Recht des Lebens an ihren schwieligen Händen tragen und auf der dumpfen, rußigen

Stirn“ (Z. 144–147). Zum Leben „in allen seinen Erscheinungsformen“ (M 2, Z. 1) gehört also auch das **Hässliche, Erbärmliche und Plumpe** und eine „große […] Mitleidigkeit, welche […] [das] Lebe[n] gutheißt und heiligt“ (Text B, Z. 12 ff.). Tatsächlich sind die kleinen Gestalten eng mit dem Leben verbunden (sie „haften“ daran); die Arbeiter tragen es gleich einem religiösen Zeichen an den Händen und auf der Stirn. Der arme Herr Savant jedoch leidet unsägliche Qualen, weil ihm selbst das echte (Er-)Leben verwehrt bleibt. Bemerkenswert ist jedoch Folgendes: Genau wie Savant, der seinen „heißen, sehnenden **Drang**“ (Z. 164) bekennt, spricht auch Nietzsche vom Dionysischen als einem „Drang“ (M 2, Z. 9), einem „Hinausgreifen“, einem „leidenschaftlich-schmerzliche[n] Überschwellen“ (M 2, Z. 9 ff.), dessen **Verwirklichung unrealistisch** erscheint – ein Dilemma, das man schmerzvoll aushalten muss.

All-Einheitsgefühl

Hier kommt ein letzter Aspekt des Lebenspathos ins Spiel, nämlich „die große pantheistische **Mitfreudigkeit und Mitleidigkeit**“ (M 2, Z. 12 ff.) mit allen Formen des Daseins. Im Einklang damit schreibt Rilke in einem Brief, dass er es „liebe […], barfuß weite Wege zu tun, um kein Sandkorn zu versäumen und [s]einem Körper in vielen Formen die ganze Welt zu geben zum Gefühl, zum Ereignis“ (M 2, Z. 18 ff.). Ein solches pantheistisches All-Einheitsgefühl ist auf der Handlungsebene von Rilkes Erzählung nicht auszumachen, sitzen doch alle Gäste recht unbeteiligt im Salon der Frau von S. Auf der **Ebene der sprachlich-stilistischen Gestaltung** zeigt sich jedoch eine markante Auffälligkeit: So ist es ausschließlich Herr Savant, den der Text mit Sprachbildern umschreibt, genauer mit Naturbildern, die zudem mit dem „Frühherbst“ (Z. 4) der Umgebung korrespondieren. Savants Lächeln wird mit einem „Mondstrahl“ verglichen, der „in einer Herbstnacht durch ein Distelfeld geht“ (Z. 36), sein „Leben rollt hin wie der Regentropfen vom Dache“ (Z. 44), seine Tage flossen dahin „wie ein Bach im Flachland“ (Z. 61 f.), „wieder rollte das bleierne Einerlei über [ihn] seine Nebel“ (Z. 77 f.) und „[s]ein Auge lohte, wie das eines verwundeten Wildes“ (Z. 139). Savant bleibt zwar die Erfahrung der Unmittelbarkeit in der Realität verwehrt. **In der Bildsprache jedoch verschmilzt er mit der Natur.** Und so wird ihm das Eins-Sein mit der Welt immerhin zum – sprachlichen – Ereignis.

DAS ENDE DES GENERISCHEN MASKULINUMS?

Erlaubte Hilfsmittel
ein Wörterbuch der deutschen Rechtschreibung

Aufgabenstellung

1 Arbeiten Sie die zentralen Aussagen und die Intention des Textes heraus. (40 BE)

2 Nehmen Sie kritisch zu Navid Kermanis Position Stellung. (60 BE)

Material **Navid Kermani: Mann, Frau, völlig egal (2022)**

Das generische Maskulinum wird immer seltener benutzt und verstanden, bald wird es ganz verschwunden sein. Das ist schade, denn es erlaubt sehr viel sprachliche Differenzierung. Seine Abschaffung wird die Gleichberechtigung keinen Schritt voranbringen.

Am Anfang von Sure[1] 33:35 steht eine lange Aufzählung:

Siehe, die ergebenen Männer und ergebenen Frauen,
Die gläubigen Männer und gläubigen Frauen,
Die gottesfürchtigen Männer und gottesfürchtigen Frauen,
Die wahrhaftigen Männer und wahrhaftigen Frauen,
Die geduldigen Männer und geduldigen Frauen,
Die demütigen Männer und demütigen Frauen,
Die wohltätigen Männer und wohltätigen Frauen,
Die fastenden Männer und fastenden Frauen,
Die Männer und Frauen, die ihre Scham bewahren,
Die Männer und Frauen, die Gottes oft gedenken –
Gott bereitet ihnen Vergebung und großen Lohn.

Die durchgehende Nennung beider Geschlechter liest oder spricht sich seltsam, und zwar nicht nur im Deutschen, sondern erst recht für eine arabische Hörerschaft des 7. Jahrhunderts. Denn grammatikalisch bräuchten die Frauen auch im Arabischen nicht eigens aufgeführt zu werden, um dennoch genannt zu sein. Aber warum wiederholt der Koran dann ein ums andere Mal die männliche und weibliche Form, wenn der gleiche Sinngehalt doch knapper auszudrücken wäre? Folgt man der Überlieferung, so hatte sich eine Gruppe von Musliminnen beim Propheten darüber beschwert, dass sich der Koran vor allem an Männer wende. Mohammed hätte den Frauen mit Verweis auf die arabische Grammatik erklären können, dass sie genauso angesprochen sind, wenn im Koran von Gläubigen oder Gottesfürchtigen die Rede ist. Stattdessen offenbarte Gott ihm ebenjenen Vers, der ostentativ[2] beide Geschlechter anführt.

Auch in unserer öffentlichen Sprache, etwa in den Nachrichten, im Bundestag oder in behördlichen Verlautbarungen, werden für gemischte Personengruppen, sofern nicht ohnehin gegendert wird, seit einiger Zeit fast durchgängig beide Geschlechter genannt. Dabei ist der Grund der gleiche wie im 7. Jahrhundert auf der Arabischen Halbinsel: Wo nur die maskuline Form verwendet wird, fühlen sich weibliche Hörer nicht oder nicht ausreichend gemeint. Soweit ich es überblicke, ist das Deutsche allerdings die einzige Sprache, aus der die geschlechtsneutrale Verwendung maskuliner Substantive und Pronomen ganz verschwinden könnte.

Seinen Regelcharakter hat das generische Maskulinum bereits jetzt eingebüßt, wie sich bei der Lektüre älterer Bücher leicht ersehen lässt. Noch in den Siebzigerjahren sprachen deutsche Autorinnen von sich selbst gewöhnlich als Autoren, wo sie nicht ihr Geschlecht herausstellen wollten. Heute würde man selbst dort, wo man in Aufzählungen nicht jedes Mal die weibliche Form hinzufügt, eine einzelne Frau „Autorin" nennen, obwohl das Wort „Autor" keinen Hinweis auf das biologische Geschlecht enthält und somit Frauen wie Männer gleichermaßen umfasst. Das ist sicherlich ein Erfolg der feministischen Linguistik[3], die den Begriff des generischen Maskulinums in den Achtzigerjahren als Lehnwort aus dem Englischen überhaupt erst im Deutschen etabliert hat. Das heißt, bei dem Ausdruck handelte es sich von Anfang an um einen umstrittenen, man könnte auch sagen: einen Kampfbegriff, der auf die sprachliche Diskriminierung von Frauen hinweisen sollte.

Nun waren in jüngster Zeit immer wieder einmal Verzweiflungsrufe deutscher Sprachwissenschaftler zu vernehmen, dass die grammatischen Genera[4] nicht mit dem biologischen Geschlecht zu verwechseln sind, wie sich an vielen Wörtern zeigen lässt; die Waise kann ein Junge und der Liebling eine Frau sein, das Idol ist keine Sache, und das weibliche Personalpronomen „sie" schließt im Plural beide Geschlechter ein […].

Ebenso bekannt dürften inzwischen die Gegenargumente sein, die genauso wenig von der Hand zu weisen sind. Denn ja: Sprache ist niemals neutral, in ihr bilden sich immer auch gesellschaftliche und politische Verhältnisse ab. […] Aus dem Koran erfahren wir, dass arabische Hörerinnen das generische Maskulinum bereits im 7. Jahrhundert als ausgrenzend wahrnahmen; da nimmt es nicht wunder, wenn neuere Untersuchungen erst recht belegen, dass Frauen sich nicht in der gleichen Weise angesprochen fühlen wie Männer, wo etwa in einer Stellenausschreibung Substantive lediglich im Maskulinum verwendet werden.

Ein Sprachwissenschaftler kann noch so häufig darauf verweisen, dass etwa ein Wort wie „Leser" ein Gattungsbegriff ist und man genau genommen von männlichen Lesern sprechen müsste, wenn ausschließlich Männer gemeint sind – sobald niemand mehr im Wort „Leser" die Leserinnen mithört, hat der Wissenschaftler allenfalls sprachgeschichtlich recht. Die Redaktion des Dudens hat der Entwicklung, die sich abzeichnet, bereits vorgegriffen und das generische Maskulinum offiziell gestrichen: Ein Mieter ist demnach ausschließlich eine „männliche Person, die etwas gemietet hat". Und dennoch gebrauche ich selbst Wörter wie Leser und Hörer weiterhin geschlechtsneutral, füge also anders als ein heutiger Nachrichtensprecher nicht jedes Mal auch die weibliche Form hinzu. Warum? […]

Sprache […] kategorisiert, das ist ihre Natur als Zeichensystem; das heißt, sie ordnet die vielfältige, ambivalente[5], in ihrer Komplexität letztlich unendliche Erfahrungswelt einer notwendig begrenzten Anzahl von Begriffen zu. Sie sagt „Liebe“, obwohl jeder weiß, dass mit dem Wort allein noch gar nichts gesagt ist, weil das Gemeinte so unterschiedlich und sogar vollends gegensätzlich sein kann. […] Sprache trennt das eine vom anderen, den Stuhl vom Tisch, den Verstand vom Gefühl, die Trauer vom Glück, obwohl wir aus der Physik, aus der Psychologie und erst recht aus der Mystik wissen, dass alles mit allem durch ein endloses Beziehungsgeflecht verbunden ist. Sprache ist, nein, sie muss pragmatisch sein, sonst wären keine Verabredungen möglich, keine gesellschaftliche Ordnung, weder Theorien noch Skatabende. Sprache sagt Mann und Frau, obwohl alle Weisheitslehren auf die eine oder andere Weise die Einsicht bereithalten, dass keine menschliche Natur und schon gar nicht unsere Sexualität in eine starre geschlechtliche Dichotomie[6] passt. Damit läuft Sprache stets Gefahr, in ihrer notwendigen Vereinfachung Komplexität zu reduzieren, Zustände zu zementieren oder mit biologischen Wirklichkeiten verwechselt zu werden. Sie birgt die Gefahr, dass diejenigen, die unter einer bestimmten Zuschreibung zusammengefasst werden, sagen wir: Juden, Deutsche, Schwarze, Asiaten, Schwule, Orientalen, Männer, Frauen, Transsexuelle, in eine einzelne Identität gezwungen werden.

Keine Sprache der Welt nennt jedes Mal alle Geschlechter, wenn von einer gemischten Personengruppe die Rede ist, das wäre für die Alltagssprache zu umständlich und für die Poesie zu sperrig. Das brauchen die Sprachen auch nicht, weil sie das Gesagte und das Gemeinte nicht eins zu eins codieren[7]. Sie sind, so formuliert es der Sprachwissenschaftler Olav Hackstein, „tendenziell ökonomische Kommunikationssysteme“, die durch Implizitheit[8] gekennzeichnet sind: Jeder Hörer versteht, was gemeint ist, obwohl es so eindeutig keineswegs gesagt ist. Sprache funktioniert also auch und gerade durch das, was nicht gesagt, aber von den Hörern mitgedacht wird. Um Eindeutigkeit herzustellen, ist ihr Zweck zu pragmatisch und sind ihre Mittel allzu begrenzt. […] Die Vielfalt, die Ambivalenz, die Widersprüchlichkeit der menschlichen Natur und ihrer Wahrnehmung auszudrücken ist nicht Aufgabe unserer Alltagssprache, und schon gar nicht ist es die Aufgabe irgendeiner behördlichen oder akademischen Instanz – das ist Aufgabe und sogar Daseinszweck der Literatur, der Musik, der Kunst: eine Unmöglichkeit, die auf erstaunlichste Weise dennoch immer wieder gelingt. […]

Nun spreche ich mit dem Persischen und dem Englischen zwei Sprachen, die bei Substantiven ohne grammatisches Geschlecht auskommen. Schreibt es sich in ihnen besser? Zwar ist es ein Trugschluss, dass sich aus der sprachlichen Gleichheit der Geschlechter reale soziale Gleichheit ergibt, sonst müsste es in der Türkei oder im Iran anders zugehen. Sprache ist ein Ausdruck von Wirklichkeit, auch von sozialer Wirklichkeit und gegebenenfalls Ungleichheit, aber sie ist kein Instrument, um die Wirklichkeit zu verändern. Außer in totalitären Systemen verändert sich die Sprache von selbst mit der Wirklichkeit mit.

Für die Literatur liegt in der Uneindeutigkeit von Geschlechterzuschreibungen allerdings ein enormer Vorteil. Die homoerotische Dichtung Persiens etwa lebt eben davon, dass sie offenlassen kann, ob es sich im Einzelfall um den oder die Geliebte handelt. Aus der biografischen Literatur wissen wir zwar, dass sich die großen Liebesgedichte Rumis an einen Mann richteten, gleichwohl konnten die Leser und politischen Autoritäten über Jahrhunderte hinweg und noch im heutigen Iran so tun, als wäre eine Frau angesprochen. [...]

Andererseits lässt die deutsche Sprache Nuancierungen zu, die im Englischen und Persischen nicht möglich wären. Ich kann geschlechtliche Bestimmungen kenntlich machen, aber dank des generischen Maskulinums auch dort verschwinden lassen, wo sie ohne Bedeutung sind. Wenn ich etwa eine Mail an meine Freunde verschicke, um sie zu meinem Geburtstag einzuladen, dann rede ich sie bewusst nicht als Freundinnen und Freunde an. Das Wort „Freundin" hätte, von einem Mann geschrieben, eine ungewünschte, am Ende sogar erotische Konnotation, die mir im Zusammenhang einer Geburtstagseinladung unpassend erschiene. Wenn ich hingegen als Dozent eine Mail schreibe, rede ich meine Studenten durchgehend als „liebe Studenten und Studentinnen" an – obwohl die Studentinnen nicht in ihrer Eigenschaft als Frauen an meinem Seminar teilnehmen. Niemand würde aus meiner Anrede schließen, dass mich ihr Geschlecht besonders interessiert, eher ist es umgekehrt: Heutige Studentinnen könnten es als Affront oder Zurückweisung verstehen, wenn ich auf dem generischen Maskulinum beharrte. Da ich mich nicht dazu entschließen kann, das üblich gewordene, semantisch jedoch falsche und dazu unschöne Partizip „Studierende" zu verwenden, ist es also notwendig, beide Geschlechter zu nennen. Eigens die Studentinnen anzusprechen, obwohl sie sprachlich als Studenten mitgemeint sind, ist für mich ein Akt ebenso selbstverständlicher wie auch schöner, das Leben bereichernder Höflichkeit. [...]

Sprache aber, die Sprache unserer täglichen Kommunikation, ist pragmatisch, und so neigen Sprachentwicklungen in der Regel zur Vereinfachung. Deshalb glaube ich auch nicht, dass sich das Gendern in der mündlichen Sprache durchsetzen wird. Nicht nur fehlt die Akzeptanz außerhalb eines begrenzten, entgegen seiner Selbstwahrnehmung außerordentlich homogenen Milieus; das Gendern ist schlicht zu umständlich, kompliziert und unmelodisch, um sich im Alltag durchzusetzen, geschweige denn in der literarischen Sprache. Allenfalls wird sich das Sternchen im Verwaltungsdeutsch und der Glottisschlag[9] als Distinktionsmerkmal[10] der höher gebildeten, sozial bessergestellten Schichten behaupten.

Was aber wahrscheinlich aus der deutschen Sprache verschwinden wird, ist das generische Maskulinum. [...] Als Schriftsteller kann ich den Verlust bedauern, ich kann darauf hinweisen, dass gerade der Verzicht auf eine geschlechtsneutrale Verwendung von Wörtern die Sexualisierung der Sprache befördert, ich kann mich gegen das Verschwinden des generischen Maskulinums stemmen; aber zugleich möchte ich natürlich vermeiden, dass meine Sprache als unhöflich empfunden oder gar mit einer konservativen gesellschaftspolitischen Botschaft verbunden wird, die althergebrachte Geschlechterrollen affirmiert. Wenn Sprache nicht nur Sprechen, sondern auch Hören ist, kann ich nicht ignorieren, dass insbesondere jüngere Hörer oder eben Hörerinnen das generische Maskulinum nicht mehr kennen, weil es ihnen der Deutschunterricht nicht vermittelt. Also bleibt mir nur zu hoffen, dass die geschlechtsneutrale Verwendung männlicher Substantive und Pronomen wenigstens in meiner Lebenszeit noch nicht als Provokation missverstanden und also ins Gegenteil verkehrt wird. Wenn eine männliche grammatische Form die geschlechtliche Identität gerade nicht mehr überginge, sondern im Gegenteil überbetonte, wäre das generische Maskulinum endgültig tot. […]

Aus: Navid Kermani: Mann, Frau, völlig egal, DIE ZEIT, 4. 1. 2022.

Anmerkungen

1 Sure: Abschnitt oder Kapitel im Koran
2 ostentativ: betont, auffällig
3 feministische Linguistik: Bereich der Sprachwissenschaft, in dem der Einfluss des Geschlechts auf Sprachverhalten und Sprachgebrauch kritisch reflektiert wird
4 Genera: Pluralform von *genus* (lat.: Geschlecht)
5 ambivalent: zwiespältig, in sich widersprüchlich
6 Dichotomie: Zweiteilung
7 codieren: *hier:* ausdrücken
8 Implizitheit: *hier:* das, was – ohne ausgesprochen zu werden – mitgemeint ist
9 Glottisschlag: Knacklaut, der durch das Schließen und schlagartige Öffnen der Stimmritze (Glottis) entsteht; hörbar zum Beispiel, wenn der Genderstern wie beim Wort „Leser*innen“ gesprochen wird
10 Distinktionsmerkmal: Unterscheidungsmerkmal

Zum Autor

Navid Kermani, geb. 1967, ist deutsch-iranischer Schriftsteller und Orientalist. 2015 wurde er mit dem Friedenspreis des Deutschen Buchhandels ausgezeichnet.

TIPP **Bearbeitungshinweise**

Teilaufgabe 1 fordert Sie dazu auf, die **zentralen Aussagen** und die **Intention des Textes** herauszuarbeiten. Verschaffen Sie sich beim ersten Lesen einen Gesamteindruck von der Thematik und markieren Sie bei den folgenden Lesedurchgängen aussagekräftige Sätze oder Passagen. Auch wenn keine Analyse des Argumentationsgangs verlangt wird, ist eine **Einteilung des Textes in Sinnabschnitte** sinnvoll. Zum einen hilft Ihnen das, den relativ langen Artikel in überschaubare Einheiten zu gliedern. Zum anderen kann man auf diese Weise leichter erkennen, in welchem inhaltlichen Zusammenhang ein bestimmter Abschnitt zur Kernfrage des Textes steht. Versuchen Sie beim Schreiben Ihres Aufsatzes, jeden Absatz in **eigenen Worten** wiederzugeben. Meinungen und Einschätzungen des Autors müssen dabei durch den **Konjunktiv** gekennzeichnet werden. Ihre Ausführungen zur Intention des Textes sollen die Frage beantworten, was der Autor **mit seinem Beitrag erreichen** möchte. Hier können Sie auch darauf eingehen, **was den vorliegenden Text auszeichnet**, ohne aber eine tiefergehende Analyse vorzunehmen. Leiten Sie Ihre Darstellung mit einem **Basissatz** ein, der die wichtigsten Angaben zum Ausgangstext enthält.

Teilaufgabe 2 verlangt von Ihnen, zur Position Kermanis **kritisch Stellung zu nehmen**. Der Zusatz „kritisch" ist ein Signalwort, das Sie darauf hinweist, das **Thema von zwei Seiten** zu betrachten. Bevor Sie mit dem Sammeln von Argumenten beginnen, sollten Sie sich vergegenwärtigen, worin die **Position Kermanis** besteht. Diese sollte zu Beginn der Erörterung so wiedergegeben werden, dass man ihr zustimmend oder ablehnend gegenüberstehen kann. Überlegen Sie sich, welcher Seite Sie sich eher anschließen und strukturieren Sie darauf aufbauend Ihre Argumentation. Unabhängig davon, ob Sie sich für eine Anordnung der Argumente **im Block** oder eine Strukturierung nach dem **Reißverschlussprinzip** entscheiden, sollten Sie mit dem Argument schließen, das eher Ihrer persönlichen Meinung entspricht. Damit Ihre Ausführungen eine ausreichende Differenzierung aufweisen, müssen Sie bereits im Rahmen von Stoffsammlung und Stoffordnung darauf achten, dass sich einzelne Argumente inhaltlich nicht zu sehr überschneiden. Versuchen Sie gegebenenfalls, ein Argument noch stärker auf einen bestimmten Aspekt hin einzugrenzen. Wichtig ist zudem, dass Sie Kermanis Überlegungen nicht bloß wiederholen. Argumente, denen Sie zustimmen, können Sie etwa durch **eigene Beispiele** weiterführen. Sind Sie anderer Auffassung als Kermani, können Sie bei der Entfaltung von **Gegenargumenten** auch auf **Schwachpunkte in der Argumentation des Autors** hinweisen. Wenn Sie sich auf Aussagen aus dem Text beziehen, müssen Sie dies durch **Zitate** kenntlich machen. Runden Sie Ihre Stellungnahme am Ende durch eine **Synthese** ab. Hier sollten beide Seiten gegeneinander abgewogen werden. Stellen Sie Ihre **persönliche Überzeugung** heraus und erklären Sie, weshalb Sie eine Seite für gewichtiger halten als die andere. Alternativ können Sie auch Voraussetzungen formulieren, unter denen Sie sich einer Seite anschließen.

Lösungsvorschlag

TEILAUFGABE 1

Basissatz
Autor, Textsorte, Titel, Quelle, Datum, Kerninhalt

In dem essayistischen Text *Mann, Frau, völlig egal*, der am 4. Januar 2022 in der Wochenzeitschrift *DIE ZEIT* erschienen ist, legt der deutsch-iranische Schriftsteller und Orientalist Navid Kermani verschiedene Argumente dar, die von Gegnern und Befürwortern der gendergerechten Sprache vorgebracht werden. Auf der Grundlage seines Sprachverständnisses erklärt er, **weshalb er selbst am Gebrauch des generischen Maskulinums weitgehend festhält**.

Kernaussagen
sprachliche Diskriminierung von Frauen

Zunächst zeigt Kermani auf, dass die Verwendung ausschließlich männlicher Formen bei Personenbezeichnungen immer wieder auf Kritik stößt. Frauen würden sich **nicht ausreichend angesprochen** fühlen, wenn nur Substantive verwendet werden, die ihrem Genus nach männlich sind (vgl. Z. 32 f.). Dass der Wunsch nach einer stärkeren Repräsentation von Frauen in der Sprache weit in die Vergangenheit zurückreicht, verdeutlicht der Orientalist anhand einer islamischen Überlieferung, die auf eine Sure im Koran Bezug nimmt (vgl. Z. 5–27). Heute befinde sich das **generische Maskulinum auf dem Rückzug**, obwohl es aus Kermanis Sicht geeignet ist, geschlechtergerecht zu formulieren. Diese Entwicklung sei auch auf **feministische Bestrebungen** zurückzuführen, die in den 1980er-Jahren ihren Anfang genommen hätten (vgl. Z. 42–47).

verschiedene Positionen in der Genderdebatte

Anschließend gibt Kermani **gängige Argumente** wieder, die in der Kontroverse über geschlechtergerechte Sprache von verschiedenen Seiten vorgebracht werden. Demnach berufen sich diejenigen, die sich für den Gebrauch des generischen Maskulinums aussprechen, auf das sprachwissenschaftliche Argument, wonach das **grammatische Genus eines Begriffs nichts mit dem biologischen Geschlecht einer Person zu tun** habe (vgl. Z. 48–52). Die Kritikerinnen und Kritiker dieser Position führen an, **Frauen würden sich ausgegrenzt fühlen**, wenn sie in der Sprache nicht abgebildet werden. Entscheidend sei nämlich **die mit einem Begriff verbundene Vorstellung**. Im Wort „Leser“ würden sich etwa viele Leserinnen nicht wiederfinden (vgl. Z. 61–65).

Position des Autors: Festhalten am generischen Maskulinum

Vor dem Hintergrund dieser Auseinandersetzung wirbt der Autor um Verständnis für seine eigene Position. Diese besteht darin, **am generischen Maskulinum auch in Zukunft festzuhalten**. Seiner Argumentation zufolge ist die komplexe und in sich widersprüchliche Wirklichkeit in der Alltagssprache ohnehin nicht fassbar. Im Vordergrund stehe die **pragmatische Funktion von Sprache**, die mit Vereinfachungen einhergehe (vgl. Z. 78 ff.). Dem Ökonomieprinzip folgend komme es in der Sprache zu Verknappungen und dennoch sei gelingende Kommunikation möglich. Denn die Teilnehmenden einer Sprachgemeinschaft würden **verstehen, was implizit mit einer Aussage gemeint ist** (vgl. Z. 94 ff.). Problematisch sei diese sprachliche Reduzierung allerdings, wenn Personen auf ein einziges Merkmal festgelegt werden. Das konsequente Nennen aller existierenden Geschlechter sei in der Alltagssprache jedoch unnötig, da das Verständnis auch ohne eine solche Differenzierung gewährleistet sei (vgl. Z. 89–92). **Die Funktion der im Alltag gesprochenen Sprache bestehe nicht darin, die vielfältige und ambivalente Natur des Menschen einzufangen.** Dies sei auch nicht durch eine institutionell vorgegebene Sprache, sondern allenfalls mit den Mitteln der Kunst zu erreichen (vgl. Z. 97–102).

Vereinfachung als sprachliche Notwendigkeit

Des Weiteren hebt Kermani hervor, dass **Sprache die Wirklichkeit lediglich abbilde**, aber **kein Mittel sei, um diese zu verändern**. Beispielhaft verweist er auf Länder im arabischen Raum, in denen Geschlechtergerechtigkeit nicht verwirklicht sei, auch wenn in der Sprache keine geschlechtliche Differenzierung erfolge (vgl. Z. 103–110). Für die Literatur, etwa die homoerotische Dichtung, könne es darüber hinaus von Vorteil sein, wenn auf eine eindeutige Geschlechterzuschreibung verzichtet werde (vgl. Z. 111–117).

kein direkter Zusammenhang zwischen Sprache und sozialer Wirklichkeit

Der Autor räumt jedoch ein, dass eine **Unterscheidung der Geschlechter in der deutschen Sprache auch Chancen** mit sich bringt. Anhand von Beispielen aus seinem persönlichen Sprachgebrauch verdeutlicht Kermani, dass er **je nach Kontext und Absicht** sowohl das generische Maskulinum als auch die Doppelform aus männlichen und weiblichen Personenbezeichnungen verwendet (vgl. Z. 121–131). Die durch ein Sternchen markierte **Gendersprache** werde sich aber im Alltag nicht durchsetzen, denn ein solcher Sprachgebrauch sei zu **umständlich, wenig ästhetisch** und werde allenfalls **in der Verwaltung** oder **in akademisch gebildeten Kreisen** gepflegt (vgl. Z. 140–144).

Zugeständnis: sprachliche Differenzierung durch männliche und weibliche Formen

Abschließend prognostiziert Kermani das allmähliche **Verschwinden des generischen Maskulinums** aus der deutschen Sprache und äußert sein Bedauern hierüber. Ihm zufolge birgt gerade der Verzicht auf die Verwendung geschlechtsneutraler Begriffe die Gefahr der Sexualisierung der Sprache. Sein Festhalten am generischen Maskulinum möchte er aber **keinesfalls als Ausdruck einer konservativen Haltung** oder als Wunsch nach einer Rückkehr zu längst überwundenen Geschlechterrollen verstanden wissen (vgl. Z. 145–159).

mögliches Verschwinden des generischen Maskulinums

Gerade der Schlussteil des Textes ist im Hinblick auf die Intention des Autors aufschlussreich. Kermani möchte durch seinen Beitrag **einsichtig machen, weshalb er am generischen Maskulinum festhält**, auch wenn dessen Gebrauch unüblich geworden ist. Seine Position soll allerdings nicht in dem Sinn missverstanden werden, dass er längst überholte Vorstellungen zum Verhältnis der Geschlechter wiederaufleben lassen möchte. Das signalisiert der Autor bereits durch den Titel seines Artikels, in dem die Egalität, also die Gleichwertigkeit von Mann und Frau bereits anklingt („Mann, Frau, völlig egal"). Um seine Ansicht für alle nachvollziehbar darzulegen, entfaltet Kermani ausführlich sein **Hauptargument, das auf die Funktionalität von Sprache abhebt**. Indem er vorab Pro- und Kontra-Argumente in der Genderdebatte skizziert, schafft er die Voraussetzungen für eine **differenzierte Betrachtung** der Thematik. Dabei nimmt Kermani die Argumente der Gegenseite ernst und verabsolutiert den eigenen Standpunkt nicht. Er möchte also einen **mäßigenden Beitrag in der Diskussion** über das Gendern vorlegen. Als Sprachkenner, Schriftsteller und Orientalist bringt er zugleich auch neue Perspektiven in die Frage der geschlechtergerechten Sprache ein.

Intention des Autors
Verständnis wecken für das Festhalten am generischen Maskulinum

TEILAUFGABE 2

Wenn im öffentlichen Raum kommuniziert wird, „etwa in den Nachrichten, im Bundestag oder in behördlichen Verlautbarungen" (Z. 28 f.), werden Frauen und Männer gleichermaßen angesprochen. So ist etwa von Zuschauerinnen und Zuschauern, Wählerinnen und Wählern oder Bürgerinnen und Bürgern die Rede. Der mit dem Friedenspreis des Deutschen Buchhandels ausgezeichnete Navid Kermani zieht es bei seinem persönlichen Sprachgebrauch sowie seinem literarischen Schaffen hingegen vor, zwischen den Geschlechtern nicht zu differenzieren, wo dies nicht erforderlich ist. Seiner Meinung nach ist es **sinnvoll, weiterhin am Gebrauch des generischen Maskulinums festzuhalten**. Wie Kermanis Position zu bewerten ist, soll im Folgenden erörtert werden.

Position Kermanis
Festhalten am generischen Maskulinum

Zunächst ist nicht von der Hand zu weisen, dass das generische Maskulinum **in ästhetischer Hinsicht Vorteile** gegenüber anderen Formen des geschlechtergerechten Formulierens bietet. Folgt man dem sprachwissenschaftlichen Argument, wonach das grammatische Geschlecht eines Begriffs nichts mit dem biologischen Geschlecht zu tun hat, ist es unnötig, männliche und weibliche Formen prinzipiell in einem Atemzug zu nennen. Ein Leser ist demnach eine Person, die liest. Eine Aussage über das Geschlecht wird dabei nicht getroffen. Aus sprachwissenschaftlicher Sicht könnte man daher auf andere Formen der geschlechtergerechten Sprache verzichten. Dazu

Stellungnahme
Pro: Vorteile im Hinblick auf die Sprachästhetik

zählen auch Doppelformen wie beim Begriffspaar „Leserinnen und Leser". Konsequent eingehalten kann die Doppelnennung **zu Texten oder Äußerungen führen, die aufgebläht und schwerfällig** wirken. Auch andere Varianten, wie etwa Partizipialformen (z. B. „Studierende") oder der Genderstern, sind in ästhetischer Hinsicht wenig ansprechend. Sie gehen einher mit **semantischen Verschiebungen** (vgl. Z. 131 f.) oder einem **Bruch in der Grammatik**, so etwa beim Begriff „Kund*innen". Eine solche Sprache empfinden viele als „**unmelodisch**" (Z. 141). Als Schriftsteller meint Kermani außerdem, sie sei „für die Poesie zu sperrig" (Z. 90 f.).

Kontra: mangelnde Abbildung von Frauen in der Sprache

Allerdings spielen in der Sprache nicht nur ästhetische Gesichtspunkte eine Rolle. Als Verständigungsmittel zeigt sich in der Sprache auch, wie wir miteinander umgehen und welche **Werte** in einer Gesellschaft wichtig sind. Im dritten Artikel unseres Grundgesetzes heißt es: **Frauen und Männer sind gleichberechtigt.** Geschlechtergerechtigkeit ist ein Wert, der auch in sprachlichen Äußerungen zum Ausdruck kommen sollte. Wenn in der mündlichen oder schriftlichen Kommunikation immer nur männliche Formen verwendet werden, führt das zu einer **mangelnden Repräsentation von Frauen in der Sprache**. Zwar ist dem linguistischen Argument zufolge das generische Maskulinum eine gute Möglichkeit, Diskriminierung in der Sprache zu vermeiden. Aber „sobald **niemand mehr im Wort ‚Leser' die Leserinnen mithört**, hat der Wissenschaftler allenfalls sprachgeschichtlich recht" (Z. 63 ff.). In der öffentlichen Kommunikation, ob im Beruf, in der Politik oder der Schule, ist daher zu Recht nicht mehr nur von Mitarbeitern, Wählern oder Schülern die Rede, sondern auch von Mitarbeiterinnen, Wählerinnen oder Schülerinnen.

Pro: generisches Maskulinum als natürlicher Sprachgebrauch

Kritikerinnen und Kritiker einer solchen Gendersprache wenden ein, dass ihr **etwas Gezwungenes** anhafte. Komplexere Formen des geschlechtergerechten Formulierens sind ihrer Ansicht nach das Ergebnis einer Kunstsprache, die der Sprachgemeinschaft **von institutioneller Seite aufgedrängt** wird. Kermani zufolge ist es „nicht […] die Aufgabe irgendeiner behördlichen oder akademischen Instanz" (Z. 99 f.), sprachliche Vorgaben zu treffen, um die Wirklichkeit besser abzubilden. Dem Schriftsteller zufolge können durch sprachliche Regelungen Fragen von Identität und Geschlecht nicht beantwortet werden, da diese zu komplex sind (vgl. Z. 80–85). Dass es gar nicht möglich ist, den Sprachwandel gezielt zu beeinflussen, zeigt sich auch in einem anderen Bereich. Seit vielen Jahren versucht der „Verein Deutsche Sprache e. V.", Anglizismen aus dem Deutschen zu verdrängen. Allen Bemühungen zum Trotz haben sich jedoch Bezeichnungen wie „Klapprechner" für „Laptop" nicht etabliert. Daher ist anzunehmen, dass sich die als zu umständlich empfundene Gendersprache im Alltag nicht durchsetzen wird.

Dem kann man jedoch entgegenhalten, dass sich in den letzten Jahren und Jahrzehnten im Hinblick auf die sprachliche Repräsentation von Frauen und Männern sehr wohl ein Wandel vollzogen hat. Diesen muss man nicht auf eine direkte Lenkung zurückführen. Sprache verändert sich und neuere Entwicklungen in der Sprache können auch **Ausdruck eines gesellschaftlichen Wandels** sein. So führten etwa emanzipatorische Bewegungen der 1970er-Jahre dazu, dass das Thema der **Geschlechtergerechtigkeit** stärker im allgemeinen Bewusstsein verankert ist. In der Folge wird auch nach Möglichkeiten gesucht, **Strukturen männlicher Dominanz in der Sprache zu überwinden**. Wenn heute von gemischtgeschlechtlichen Gruppen die Rede ist, gehört es zum „guten Ton", von Männern und Frauen zu sprechen. Auch Kermani, der beim Sprechen und Schreiben grundsätzlich das generische Maskulinum bevorzugt, verwendet aus Gründen der Höflichkeit bei der Anrede von Studierenden die Doppelform („liebe Studenten und Studentinnen", Z. 126 f.). Aufgrund einer **wachsenden Sensibilität gegenüber Minderheiten** wird inzwischen auch nach Wegen gesucht, Personen in der Sprache zu repräsentieren, die sich weder als Mann noch als Frau identifizieren. Diese Entwicklung nehmen Behörden ernst, wenn sie etwa den Genderstern in ihre Amtssprache integrieren.

Kontra: Ignorieren eines gesellschaftlichen Wandels

Im privaten Bereich verzichten dennoch viele auf das Gendern. Kermani liefert hierfür eine sprachwissenschaftliche Erklärung. Ihm zufolge „muss [Sprache] **pragmatisch** sein" (Z. 79). Nur so bleibe die Funktionalität der Alltagssprache gewahrt. Demnach gehört zu gelingender Kommunikation, dass **sprachliche Komplexität reduziert** wird. Man kennt das aus dem persönlichen Sprachgebrauch. Oft reichen bereits wenige Worte, um eine Botschaft zu platzieren. In einer angespannten Situation können etwa die Worte „Ja, ja, schon gut!" ausreichen, um dem Gegenüber zu signalisieren, ein Thema im Moment nicht weiter verfolgen zu wollen. In Übereinstimmung mit Kermani ist festzuhalten: „Sprache funktioniert [...] auch und gerade durch das, was nicht gesagt, aber von den Hörern mitgedacht wird." (Z. 95 f.) Im Hinblick auf die Frage der geschlechtergerechten Sprache kann man folgern: Der Gebrauch des generischen Maskulinums entspricht dem Wesen von Sprache, das von einer Reduzierung von Komplexität geprägt ist.

Pro: pragmatischer Charakter von Sprache

Kermani geht jedoch nicht darauf ein, dass neben dem Ökonomieprinzip ein weiterer Faktor das Gelingen von Kommunikation bestimmt, nämlich **Verständlichkeit**. Eine Aussage muss so formuliert werden, dass sie vom Gegenüber auch verstanden werden kann. Hierfür ist ein **Mindestmaß an sprachlicher Genauigkeit** erforderlich. Gerade Kommunikationssituationen, die im Vergleich zum Austausch mit Freunden oder der Familie von einer **Sprache der**

Kontra: Erschweren der Kommunikation bei Verzicht auf das Gendern

Distanz gekennzeichnet sind, erfordern in sprachlicher Hinsicht einen Mehraufwand. Man denke beispielsweise an die **berufliche Kommunikation**. Häufig wird in diesem Bereich noch gesiezt, man greift auf Fachvokabular zurück oder verwendet einen komplexeren Satzbau – auch bei mündlichen Äußerungen. Zur Verständlichkeit gehört es, **Irritationen zu vermeiden** und auf sprachliche Gepflogenheiten Rücksicht zu nehmen. So ist es an Universitäten gängige Praxis, von „Studentinnen und Studenten" zu sprechen. Würde man als Dozent hier nur die männliche Form gebrauchen, könnte dies vonseiten der weiblichen Hörerschaft als „**Affront oder Zurückweisung**" (Z. 130) verstanden werden. Es wird also deutlich, dass auch das Gendern zum Gelingen der Kommunikation beitragen kann.

Synthese
sprachlicher Kontext als entscheidender Faktor

Ob man wie Kermani am Gebrauch des generischen Maskulinums weitgehend festhält, ist aus meiner Sicht abhängig von der jeweiligen Kommunikationssituation und der sprachlichen Intention. In der **Literatur- sowie der Alltagssprache** fallen ästhetische bzw. pragmatische Gründe besonders ins Gewicht, weshalb viele Formen des Genderns unschön und unnatürlich wirken. In Bezug auf diese beiden Bereiche der Sprache ist daher das **Festhalten am generischen Maskulinum durchaus sinnvoll**. Dagegen sollte im Bereich der **öffentlichen Kommunikation** darauf geachtet werden, dass **Frauen und Männer in gleicher Weise sprachlich repräsentiert** werden. Durch Gendern kann in Bezug auf das Thema der Geschlechtergerechtigkeit ein Zeichen gesetzt werden – gegen die Diskriminierung von Frauen und für die Anerkennung eines gesellschaftlichen Wandels.

HASS UND SOZIALE MEDIEN

Erlaubte Hilfsmittel
- ein Wörterbuch der deutschen Rechtschreibung
- eine Liste der fachspezifischen Operatoren

Aufgabenstellung

Stellen Sie sich vor, dass Sie Vertreterin bzw. Vertreter im Jugendparlament Ihrer Kommune sind. Da auf der Website der Kommune immer wieder auch Hasskommentare gepostet werden, veranstaltet das Jugendparlament eine öffentliche Debatte, in der es um die Probleme der Hate Speech im Netz gehen soll. Im Vorfeld der Diskussion verfassen Sie einen auf der Website zu veröffentlichenden argumentativen Beitrag, der sich mit der Frage auseinandersetzt, ob es sich bei Hate Speech um ein Problem des Internets handelt.

Verfassen Sie diesen argumentierenden Text. Nutzen Sie dazu die folgenden Materialien (1–8) und Ihre Kenntnisse aus dem Unterricht.

Verweise auf die Materialien erfolgen dem Stil eines Internetbeitrags entsprechend ohne Zeilenangabe nur unter Nennung des Autors/der Autorin und ggf. des Titels.

Ihr Text sollte ca. 1 200 Wörter umfassen und mit einer passenden Überschrift versehen sein. (100 BE)

Material 1 **Broschüre der Arbeitsgemeinschaft Kinder- und Jugendschutz und der Landesanstalt für Medien NRW**

Hate Speech – Hass im Netz

Ein respektvolles Miteinander ist auch im Internet unverzichtbar. Zu beobachten ist aber gegenwärtig, dass dort Hetze, Hass und Diskriminierung immer mehr Verbreitung finden – besonders in Sozialen Netzwerken, Foren und Kommentarspalten. […] Für das Phänomen der Verbreitung von Hassbotschaften im Internet hat sich auch im deutschen Sprachgebrauch der Begriff Hate Speech (englisch für „Hassrede“) durchgesetzt. Er beschreibt abwertende, menschenverachtende und volksverhetzende Sprache und Inhalte, durch die die Grenzen der Meinungsfreiheit überschritten werden. Denn, so Artikel 1 des Grundgesetzes, „die Würde des Menschen ist unantastbar“. Das gilt auch im Internet. […]

Hate Speech ist kein reines Netzphänomen

Hass im Netz existiert nicht losgelöst vom analogen Leben, sondern greift reale Macht- und Diskriminierungsstrukturen auf, aus denen er sich speist. Zusätzlich lässt sich im Internet eine Art Enthemmungseffekt beobachten. Meinungen, die im realen Leben oft nur von einer Minderheit offen vertreten werden, sind mit wenigen Klicks veröffentlicht und finden im Internet eine große Bühne. Dahinter stehen nicht selten rechtsextreme Gruppen und Personen, die die Möglichkeiten des Internets für ihre Propaganda nutzen. Das fehlende direkte Gegenüber, die Möglichkeit, anonym zu bleiben, und das Wissen, kaum zur Rechenschaft gezogen zu werden, tragen weiter zur Enthemmung bei. Dabei wird nicht nur anonym gehetzt, sondern häufig auch ganz offen mit Klarnamen.

Quelle: Hate Speech – Hass im Netz, AJS & Landesanstalt für Medien NRW, Februar 2019, https://www.medienkompetenzportal-nrw.de/themen-dossiers/hate-speech.html.

Material 2 **Strafrechtliche Konsequenzen von Hate Speech**

„Merkel[1] muss öffentlich gesteinigt werden.“

Konsequenz: 2 000 Euro Strafe

Quelle: Beispiele für strafbare Hasskommentare im Netz (© Stiftung Warentest)

Anmerkung

1 *Angela Merkel:* deutsche Bundeskanzlerin von 2005 bis 2021

Material 3 **Gesetzestexte des Grundgesetzes und des Strafgesetzbuches**

Grundgesetz für die Bundesrepublik Deutschland Art. 5

(1) Jeder hat das Recht, seine Meinung in Wort, Schrift und Bild frei zu äußern und zu verbreiten und sich aus allgemein zugänglichen Quellen ungehindert zu unterrichten. Die Pressefreiheit und die Freiheit der Berichterstattung durch Rundfunk und Film werden gewährleistet. Eine Zensur findet nicht statt.

(2) Diese Rechte finden ihre Schranken in den Vorschriften der allgemeinen Gesetze, den gesetzlichen Bestimmungen zum Schutze der Jugend und in dem Recht der persönlichen Ehre.

StGB
Strafgesetzbuch

§ 185 Beleidigung

Die Beleidigung wird mit Freiheitsstrafe bis zu einem Jahr oder mit Geldstrafe und, wenn die Beleidigung mittels einer Tätlichkeit begangen wird, mit Freiheitsstrafe bis zu zwei Jahren oder mit Geldstrafe bestraft.

§ 186 Üble Nachrede

Wer in Beziehung auf einen anderen eine Tatsache behauptet oder verbreitet, welche denselben verächtlich zu machen oder in der öffentlichen Meinung herabzuwürdigen geeignet ist, wird, wenn nicht diese Tatsache erweislich wahr ist, mit Freiheitsstrafe bis zu einem Jahr oder mit Geldstrafe und, wenn die Tat öffentlich oder durch Verbreiten von Schriften (§ 11 Abs. 3) begangen ist, mit Freiheitsstrafe bis zu zwei Jahren oder mit Geldstrafe bestraft.

§ 187 Verleumdung

Wer wider besseres Wissen in Beziehung auf einen anderen eine unwahre Tatsache behauptet oder verbreitet, welche denselben verächtlich zu machen oder in der öffentlichen Meinung herabzuwürdigen oder dessen Kredit zu gefährden geeignet ist, wird mit Freiheitsstrafe bis zu zwei Jahren oder mit Geldstrafe und, wenn die Tat öffentlich, in einer Versammlung oder durch Verbreiten von Schriften (§ 11 Abs. 3) begangen ist, mit Freiheitsstrafe bis zu fünf Jahren oder mit Geldstrafe bestraft.

Quelle: https://www.gesetze-im-internet.de/gg/BJNR000010949.html#BJNR000010949BJNG000100314

Material 4 Anatol Stefanowitsch[1]: Was ist überhaupt Hate Speech?

Hassrede (Hate Speech) ist kein sprachwissenschaftlicher, sondern ein politischer Begriff mit mehr oder weniger starken Bezügen zu juristischen Tatbeständen. [...] Die im europäischen Zusammenhang relevante politische Definition [...] fasst unter diesem Begriff „alle Ausdrucksformen, die Rassismus, Fremdenfeindlichkeit, Antisemitismus oder andere Formen [von] auf Intoleranz beruhendem Hass verbreiten, dazu anstiften, sie fördern oder rechtfertigen; einschließlich von Intoleranz, die sich in aggressivem Nationalismus und Ethnozentrismus[2], der Diskriminierung und Feindseligkeit gegenüber Minderheiten, Migranten/Migrantinnen und Menschen mit Migrationshintergrund äußert“ (Ministerkomitee des Europarats, Empfehlung R (97) 20, 30. 10. 1997, meine Übersetzung).

Sprachwissenschaftliche Definitionen orientieren sich allgemein an dieser politischen Definition. [...] Aus sprachwissenschaftlicher Perspektive stellen sich zwei Fragen: erstens, was es bedeutet, sprachlich „Hass auszudrücken“, und zweitens, welche sprachlichen Ausdrucksmittel zu diesem Zweck zum Einsatz kommen. Bezüglich der ersten Frage gehen einige Autoren/Autorinnen davon aus, dass Hassrede dann vorliegt, wenn der/die Sprechende Hass empfindet und/oder erreichen will, dass Dritte Hass empfinden [...]. In der öffentlichen Diskussion wird der intentionalen[3] Definition häufig eine Definition aus Betroffenenperspektive entgegengesetzt: Hassrede liegt dann vor, wenn es Menschen gibt, die sich durch diese Rede herabgesetzt oder verunglimpft fühlen. Als Grundlage einer Definition ist die Betroffenenperspektive sicher besser geeignet als die Intention des Sprechenden. Sie darf allerdings nicht individualisiert verstanden werden [...]. Um aus sprachwissenschaftlicher Sicht als Hassrede zu gelten, muss eine sprachliche Äußerung [...] von einem wahrnehmbaren Teil der Sprachgemeinschaft als herabwürdigend und/oder verunglimpfend gegenüber einer Bevölkerungsgruppe verstanden werden [...].

Das ist vor allem dort der Fall, wo die Herabwürdigung und/oder Verunglimpfung von einem wahrnehmbaren Teil der Sprachgemeinschaft als Teil der konventionellen[4] Bedeutung eines sprachlichen Ausdrucks betrachtet werden. Solche Ausdrücke finden sich am sichtbarsten in jenem Bereich des Wortschatzes, in dem die deutsche Sprache uns eine Vielzahl von Ausdrücken liefert, die entweder über die Zuschreibung von bzw. Einschränkung auf bestimmte stereotype[5] Eigenschaften (Schlitzauge, Fotze, Arsch-ficker, Mongo) oder direkt über das Wissen um ihre Verwendungszusammenhänge (Kanake, Tussi, Schwuchtel, Spast) eine pejorative, also abwertende Wirkung entfalten. [...]

Während Ausdrücke mit einer klar pejorativen Bedeutung die deutlichste Erscheinungsform von Hassrede sind, kann eine Äußerung eine Bevölkerungsgruppe auch herabwürdigen und/oder verunglimpfen, ohne solche Ausdrücke zu enthalten. Auch dann fällt sie unter die Definition von Hassrede. Im einfachsten Fall ist die Herabwürdigung/Verunglimpfung ein expliziter[6] Teil der Aussage, z. B. in „(Alle) Griechen sind faul“. Sprachwissenschaftlich interessanter und im Alltag schwerer zu erkennen sind aber Fälle, in denen die Aussage selbst zunächst harmlos oder sogar positiv wirkt, und die Hassrede Teil einer zum Verständnis der Äußerung notwendigen stillschweigenden Grundannahme ist. Ein Satz wie „Er ist Grieche, aber total fleißig" scheint ja einem speziellen Griechen eine positive Eigenschaft zuzuschreiben. Durch die Verbindung der beiden Satzteile mit dem Wort „aber" wird jedoch kommuniziert, dass der Fleiß der betroffenen Person unerwartet ist; das kann sie aber nur vor dem Hintergrund der Annahme sein, dass Griechen/Griechinnen normalerweise faul seien. Politische Gruppen verwenden diese Strategie der impliziten[7] Hassrede häufig: Wenn eine Partei etwa ständig betont, dass Migranten/Migrantinnen willkommen seien, „solange sie sich an unsere Gesetze halten", ist dies ja zunächst eine fast schon trivial[8] harmlose Aussage, denn selbstverständlich sollen sich alle Menschen an Gesetze halten. Die Aussage wird aber dadurch zu einer Verunglimpfung von Migranten / Migrantinnen, weil sie nur dann einen Sinn ergibt, wenn wir annehmen, dass Migranten/Migrantinnen sich normalerweise nicht an Gesetze halten.

[...] Zum Schluss sei noch angemerkt, dass Hassrede auch aus sprachwissenschaftlicher Perspektive kein vorrangig sprachliches, sondern ein gesellschaftliches Problem darstellt. Sprachliche Ausdrücke beschreiben und bewerten nicht (bzw. nicht nur). Sie erzeugen vielmehr ein Verständnis der (vorsprachlichen) physikalischen Realität[9] und gesellschaftliche Realität(en), die als allgemeingültig verstanden werden und deshalb nicht ohne Weiteres hinterfragt werden können. Hassrede ist also nicht (nur) ein Problem des kommunikativen Umgangs oder der „Verbreitung, Anstiftung, Förderung oder Rechtfertigung" von Hass, sie ist zentral an der Erzeugung des Hasses und der für den Hass notwendigen Denkmodelle beteiligt – einem Hass, der [...] historisch immer wieder die Grundlagen für die Zerstörung der betreffenden Gruppen gelegt hat.

Quelle: Anatol Stefanowitsch: Was ist überhaupt Hate Speech?, Amadeu Antonio Stiftung, S. 11 f., https://www.amadeu-antonio-stiftung.de/w/files/pdfs/hatespeech.pdf

Anmerkungen

1 *Anatol Stefanowitsch:* Professor für Sprachwissenschaft an der Freien Universität Berlin, der den auszugsweise abgedruckten Artikel bei der Amadeu Antonio Stiftung veröffentlicht hat, die im Jahr 1998 gegründet wurde und sich dafür einsetzt, die Zivilgesellschaft in Deutschland gegen Rechtsextremismus, Rassismus und Antisemitismus zu stärken
2 *Ethnozentrismus:* Ansicht, wonach das eigene Volk anderen Völkern überlegen ist
3 *intentional:* absichtsvoll, gezielt
4 *konventionell:* eigentlich gewöhnlich; im linguistischen Sprachgebrauch von den Sprechern unausgesprochen vereinbart
5 *stereotyp:* verallgemeinernd, klischeehaft
6 *explizit:* ausdrücklich
7 *implizit:* einbegriffen, nicht ausdrücklich
8 *trivial:* nichtssagend, banal
9 *physikalische Realität:* im Sinne von erfahrbarer, noch nicht gedeuteter Wirklichkeit

Material 5 Ausgewählte Ergebnisse einer Forsa-Studie im Auftrag der „Landesanstalt für Medien NRW“ (2022)

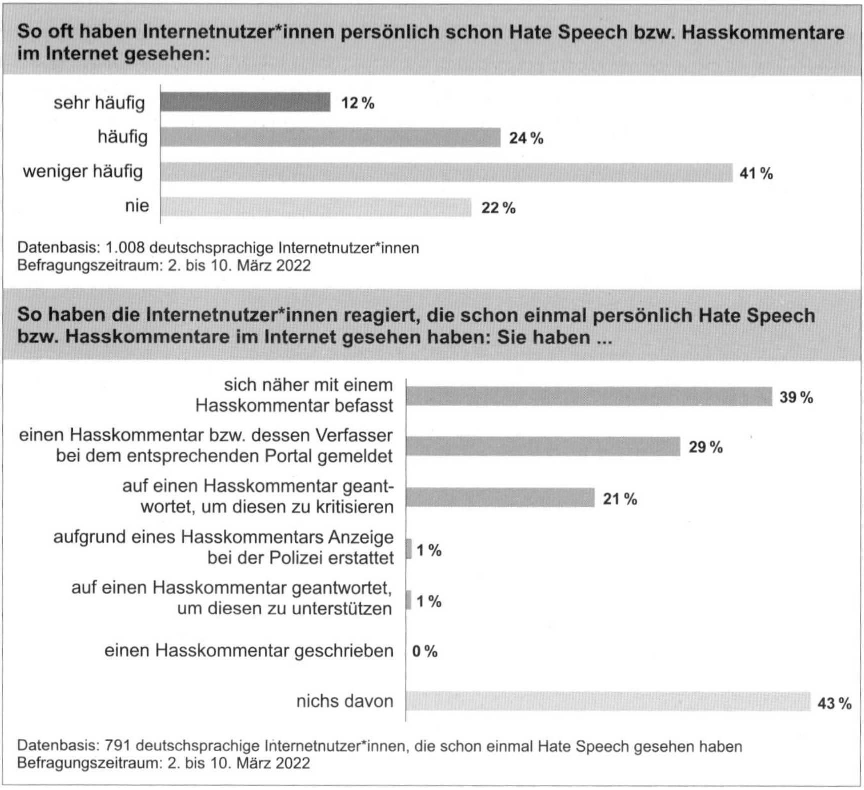

Quelle der Daten: © Statista Infografik 10093

Material 6 Broschüre der Arbeitsgemeinschaft Kinder- und Jugendschutz und der Landesanstalt für Medien NRW

MAKE LOVE NOT HATE SPEECH

TIPPS FÜR JUGENDLICHE

Hate Speech (englisch für „Hassrede“) ist digitale Gewalt, die über Sprache, Worte und Bilder verbreitet wird. Hate Speech zielt mit Hass auf ganze Gruppen, die auch außerhalb des Internets ausgegrenzt und angefeindet werden. Hate Speech beleidigt, bedroht und verachtet Menschen aufgrund ihrer Herkunft, ihres Glaubens, ihres Geschlechts oder ihrer sexuellen Orientierung. Hate Speech sorgt in Sozialen Netzwerken für ein feindliches Klima, das auch Gewalttaten im realen Leben auslösen kann. Aber jeder Mensch kann dazu beitragen, dass Hass im Netz sich nicht weiter verbreitet. Auch du!

AKTIV WERDEN!

Das Internet ist dein Lebensraum. Übernimm Verantwortung und sorge dafür, dass Rassismus, Sexismus und Hetze im Netz keinen Platz finden. Hater und Dauer-Störer (sogenannte Trolle) dürfen in Sozialen Medien nicht dafür sorgen, dass sich Mädchen oder Jungen aus Angst vor Gewalt zurückziehen. Zeige Zivilcourage – online und offline.

EINMISCHEN ERLAUBT!

Beziehe Position für ein weltoffenes und respektvolles Miteinander. Weise andere darauf hin, wenn du das, was sie posten, für rassistisch hältst. Informiere dich, argumentiere gegen Hetze im Netz, betreibe Widerstand mit Worten. So haben Rassisten und Menschenfeinde nicht das Gefühl, im Sinne einer schweigenden Mehrheit zu handeln.

RESPEKT IM NETZ!

Achte auf Netiquette und einen fairen Umgangston – auch Worte können andere verletzen. Vermeide aggressiv klingende Pseudonyme. Schaue auch bei vermeintlich lustigen Seiten darauf, ob die Späße nicht auf Kosten anderer gemacht werden. Diskriminierung ist nicht lustig! Pass auf, dass du nicht selbst Sprachmuster benutzt, in denen Vorurteile stecken (z. B. „Das Boot ist voll.“).

Quelle: Hate Speech – Hass im Netz. Informationen für Lehrkräfte und Eltern. Hrsg. v. d. Arbeitsgemeinschaft Kinder- und Jugendschutz und v. d. Landesanstalt für Medien NRW, 5. Aufl., 2019 (https://ajs.nrw/wp-content/uploads/2016/06/160617_HateSpeech_WEB2.pdf).

Material 7 **Cartoon**

Quelle: Schwarwel: Die Alternative zu Fakten – Karikaturen & Cartoons 2016/2017, Verlag Glücklicher Montag AGM Leipzig GmbH, S. 32.

Material 8 Auszug aus dem „Netzwerkdurchsetzungsgesetz“ (seit 2017 in Kraft)

§ 3 Umgang mit Beschwerden über rechtswidrige Inhalte

(1) Der Anbieter eines sozialen Netzwerks muss ein wirksames und transparentes Verfahren nach Absatz 2 und 3 für den Umgang mit Beschwerden über rechtswidrige Inhalte vorhalten. Der Anbieter muss Nutzern ein bei der Wahrnehmung des Inhalts leicht erkennbares, unmittelbar erreichbares, leicht bedienbares und ständig verfügbares Verfahren zur Übermittlung von Beschwerden über rechtswidrige Inhalte zur Verfügung stellen.

(2) Das Verfahren muss gewährleisten, dass der Anbieter des sozialen Netzwerks

1. unverzüglich von der Beschwerde Kenntnis nimmt und prüft, ob der in der Beschwerde gemeldete Inhalt rechtswidrig und zu entfernen oder der Zugang zu ihm zu sperren ist,
2. einen offensichtlich rechtswidrigen Inhalt innerhalb von 24 Stunden nach Eingang der Beschwerde entfernt oder den Zugang zu ihm sperrt; dies gilt nicht, wenn das soziale Netzwerk mit der zuständigen Strafverfolgungsbehörde einen längeren Zeitraum für die Löschung oder Sperrung des offensichtlich rechtswidrigen Inhalts vereinbart hat […].

Quelle: https://www.gesetze-im-internet.de/netzdg/BJNR335210017.html

Anmerkung

Das Netzwerkdurchsetzungsgesetz war eine gesetzgeberische Reaktion auf die Zunahme von Hasskriminalität und anderen strafbaren Inhalten im Internet.

TIPP **Bearbeitungshinweise**

Die Aufgabenart des **materialgestützten Schreibens** ist von einer sehr **umfangreichen Aufgabenstellung** geprägt. Diese besteht aus der Kommunikationssituation, innerhalb derer der zu verfassende Text zu verorten ist, und dem eigentlichen Aufgabenapparat. Lesen Sie die gesamte Aufgabenstellung sorgfältig durch: Sie gibt Ihnen nicht nur Hinweise auf den Inhalt Ihres Aufsatzes, sondern auch auf dessen Gestaltung.

Der **situative Kontext** schreibt Ihnen vor, dass Sie in die Rolle eines Vertreters oder einer Vertreterin des Jugendparlaments Ihrer Heimatstadt schlüpfen sollen. Sie nehmen also eine **offizielle öffentliche Perspektive** ein und keine private. Sie schreiben für junge Menschen, die die Website Ihrer Stadt besuchen. Damit ist ein **Adressatenkreis** definiert, an dem Sie Ihre sprachliche Gestaltung ausrichten müssen. Aus der Kombination von Sender (offizieller Vertreter/offizielle Vertreterin) auf der einen Seite sowie Empfänger (junge Leute) und Publikationsort (Website Ihrer Stadt) auf der anderen Seite ergibt sich die stilistische Ebene Ihres Schreibens. Sie bedienen sich also einer **normgerechten Sprache**, dürfen aber zugleich einen etwas lässigeren Ton anschlagen, z. B. in der Anrede die Du- oder Ihr-Form verwenden. Da das zu verfassende Schreiben **mit Argumenten überzeugen** soll, steuern Sie eine überwiegend sachliche Ausdrucksweise an. Den **fiktiven Anlass** für Ihren Beitrag bildet die Veröffentlichung von Hasskommentaren auf der Website Ihrer Heimatstadt. Dieses gesellschaftlich relevante Problem können Sie in Ihrer Einleitung aufgreifen.

Nachdem Sie sich mit dem situativen Kontext vertraut gemacht haben, richten Sie Ihren Blick auf den konkreten Arbeitsauftrag. Dieser verlangt von Ihnen, einen **argumentierenden Text** zu der Fragestellung zu verfassen, ob es sich bei **Hate Speech** um ein **Problem des Internets** handelt.

Dazu müssen Sie die beigefügten Materialien unter Zuhilfenahme der Worterläuterungen sehr sorgfältig lesen. Markieren Sie dabei Textpassagen, die Sie später verwenden wollen. Zur effektiven **Nutzung der Materialien** können Sie sich auch notieren, welches Material Sie wie in Ihren Aufsatz einflechten wollen (z. B. Material 2 für die Einleitung usw.).

Nachdem Sie die Materialien durchgearbeitet haben, müssen Sie für sich entscheiden, wie Sie die **Ausgangsfrage** „Ist Hate Speech ein Problem des Internets – ja oder nein?“ **beantworten** wollen. Wie Sie den Aufsatz aufbauen, kann davon abhängen, welche Position Sie einnehmen. Wenn Sie beispielsweise eine blockbildende Struktur wählen, sollten Sie zuerst **Argumente für die Seite** ausführen, **der Sie** selbst **nicht zustimmen**, um anschließend die Aspekte darzulegen, die Ihre **eigene Meinung stützen**.

Beginnen Sie die Niederschrift Ihres Beitrags zunächst mit einer **Einleitung**. In dieser können Sie den oben bereits erwähnten Anlass aufgreifen und die Problemfrage zum Thema „Hate Speech“ darstellen. Sie können auch ein **Beispiel als Aufhänger** benutzen, um dadurch das Interesse Ihrer Leserschaft zu wecken.

Im **Hauptteil** entfalten Sie Ihre **Argumentation** mithilfe der Materialien sowie mit Ihrem eigenen **Welt- und Unterrichtswissen**. Achten Sie darauf, die Leserschaft nicht nur über das Thema „Hate Speech“ zu informieren, sondern sie mit logisch aufgebauten Argumenten zu überzeugen. Berücksichtigen Sie außerdem, dass Sie nicht in der sonst üblichen Form zitieren, sondern nur unter Nennung des Autors/der Autorin und ggf. des Titels auf ein Material hinweisen sollen.

Zum **Schluss** ziehen Sie eine **resümierende Bilanz** hinsichtlich der Ausgangsfrage. Dabei können Sie sich nochmals an die intendierten Adressatinnen und Adressaten wenden und Ihre Ideen mit einem (positiven) **Appell** verbinden.

Vergessen Sie außerdem nicht, Ihren Beitrag mit einer Interesse weckenden **Überschrift** zu versehen.

Nehmen Sie sich nach der Abfassung Ihres Aufsatzes noch Zeit, Ihren Text **Korrektur zu lesen**. Prüfen Sie dabei sowohl die **sprachliche Ebene** (Rechtschreibung, Grammatik, Zeichensetzung und Stil) als auch den **Inhalt** (sinnvolle Einbindung der Materialien, nachvollziehbare Strukturierung, Logik der Argumentation). So stellen Sie sicher, einen formal und inhaltlich ansprechenden Text abzugeben.

Lösungsvorschlag

„Make Love not Hate Speech“ oder die Frage, ob uns das Internet sprachlich verrohen lässt

Überschrift (Bezug zu M 6)

Einleitung (Bezug zu M 2 und M 6)

Bedeutsamkeit des Themas

Anlass des Beitrags

Die humorvoll gemeinte Aufforderung „Make Love not Hate Speech“ ist nicht nur sprachlich, sondern auch inhaltlich gar nicht so weit entfernt vom Ursprungszitat der Hippies „Make love, not war“. Schließlich ist **Hate Speech** eine neue Form von verbaler (digitaler) Gewalt, wie zum Beispiel der gegen die ehemalige Bundeskanzlerin gerichtete Internetkommentar „Merkel muss öffentlich gesteinigt werden“ zeigt. Leider sind auch in den Kommentarspalten der Website unserer Stadt immer wieder Hasskommentare zu finden. Dies bewegt uns als eure Vertreterinnen und Vertreter des kommunalen Jugendparlaments dazu, einmal genauer auf das Phänomen der **Hate Speech** einzugehen und zu klären, ob es sich dabei vor allem um ein **Problem des Internets** handelt.

Hauptteil

Kontra-Argumente: Ausprägungen von Hate Speech in der analogen Welt

(Bezug zu M 4)

Der Begriff „Hate Speech“ stammt aus dem Englischen, bedeutet übersetzt „Hassrede“ und hat sich auch im deutschen Sprachraum als feste Wendung etabliert. Er ist zunächst ein **politischer Begriff**, wie der Linguistik-Professor Stefanowitsch in einem Beitrag für die Amadeu Antonio Stiftung bemerkt – politisch deshalb, weil er **Äußerungen** bezeichnet, **die rassistisch**, **fremdenfeindlich**, **antisemitisch** oder in anderer Weise **intolerant sind** und Hass verbreiten, zu Gewalt aufrufen oder Hass und Gewalt legitimieren. Die

Sprachwissenschaft bezieht sich auf das politische Verständnis von Hate Speech und unterscheidet zwischen **zwei möglichen Definitionen:** Nach der ersten, **intentionalen Definition** liegt Hate Speech vor, wenn **der Sprecher oder Verfasser selbst Hass empfindet** und mit seiner Äußerung erreichen möchte, dass der Hass verstanden und ebenfalls vom Hörer oder Leser nachempfunden wird. Die **zweite sprachwissenschaftliche Definition** erfolgt aus der Sicht der Betroffenen. Demnach liegt dann Hate Speech vor, **wenn** sich Menschen von einer Äußerung **beleidigt oder verletzt fühlen**. Allerdings dürfen sie dies nicht allein so empfinden, sondern ein größerer Teil der Gesellschaft muss eine bestimmte Aussage oder Bezeichnung als herabwürdigend verstehen. Egal welche der beiden Definitionen man zugrunde legt – sie sind unabhängig von der Frage, ob es sich um Online- oder um Offline-Äußerungen handelt. Der **Weg**, auf dem die Hassbekundungen verbreitet werden, ist daher zunächst einmal **unerheblich**, weshalb es zu kurz greifen würde, Hate Speech als ein reines Internetproblem anzusehen.

Auch die **offizielle Gesetzeslage** macht deutlich, dass Hate Speech nicht nur im Internet vorkommt und dort unterbunden werden muss. Denn egal, ob jemand im Netz oder im „echten Leben" **Hasskommentare** von sich gibt, eventuell macht er oder sie sich damit **strafbar:** Zwar gewährt das Grundgesetz die **Meinungsfreiheit**, diese wird aber eingeschränkt, wenn es zum Beispiel um den **Schutz der Jugend** oder die **persönliche Ehre** geht. Dann greifen die **§§ 185–187** des Strafgesetzbuches (StGB), die Beleidigungen, üble Nachrede und Verleumdung je nach Tatbestand mit Geldstrafen oder sogar Freiheitsstrafen bis zu fünf Jahren ahnden. Der Gesetzgeber hat zunächst einmal angenommen, dass diese Vergehen im analogen Raum passieren. Es wäre also eine **unzulässige Vereinfachung, Hate Speech nur im Internet zu verorten**.

strafrechtliche Verfolgung im nicht-digitalen Raum

(Bezug zu M 3)

Neben den möglichen juristischen Folgen von Hate Speech sind die **Auswirkungen auf das Zusammenleben in der Gesellschaft** noch viel folgenschwerer. Selbst wenn Hate Speech also im Internet ihren Anfang nimmt, hat sie einen direkten **Einfluss auf die nicht-digitale Welt**. **Sprachliche Äußerungen** beschreiben und bewerten die gesellschaftliche Realität und **erzeugen** ein **Bild der Wirklichkeit**. Hate Speech ist also nicht nur Ausdruck von Hass, Verachtung und Diskriminierung, sondern sie trägt zur **Erschaffung und Etablierung bestimmter Denkweisen** bei. Wenn jemand beispielsweise fortgesetzt in seinem Freundes- oder Familienkreis hört, dass „die Migranten" schuld an erhöhter Gewalt seien oder den Sozialstaat ausnutzen würden, dann glaubt er/sie dies irgendwann und hinterfragt es nicht mehr. Dabei spielt es keine Rolle, ob diese Ansichten ursprünglich im Netz oder am Stammtisch verbreitet wurden – die

Auswirkungen von Hate Speech auf das Zusammenleben

(Bezug zu M 1)

Folgen sind die gleichen. Dass so etwas die Gesellschaft vergiften kann, wissen wir bei Weitem nicht erst, seit es das Internet gibt. Ein **Blick in die Geschichte** genügt, um uns daran zu erinnern, welch **fatale Auswirkungen** Hassreden gegen einzelne Gruppen haben können – und das **ganz ohne Computer und Smartphones**.

Hassrede stellt also schon seit langer Zeit ein Problem im menschlichen Zusammenleben dar. Die Etablierung des **Anglizismus „Hate Speech"** im Deutschen könnte allerdings ein Zeichen dafür sein, dass Hate Speech **heutzutage vornehmlich ein Problem des Internets** ist. So entfaltet auch ein Cartoon von Schwarwel seine Wirkung daraus, dass der Begriff „Hate Speech" bei einer (analogen) Unterhaltung beim Essen verwendet wird: Der Sohn sagt, er hasse Spinat, worauf seine Mutter ihn rügt, bei Tisch keine Hate Speech zu verwenden. Das erscheint unpassend, da **Hate Speech eher für Äußerungen der Online-Kommunikation** benutzt wird. Außerdem richtet sie sich normalerweise gegen Personen oder Personengruppen und drückt nicht wie im Cartoon einfach eine bestimmte Vorliebe oder Abneigung aus.

Überleitung zu Pro-Argumenten

(Bezug zu M 7)

Klar ist auf jeden Fall, dass das **Internet** eine **verstärkende Rolle** bei der Verbreitung von Hate Speech hat. Der Weg ist denkbar **einfach** und **bequem** – ein Klick reicht und der Post ist veröffentlicht. In Sozialen Netzwerken kann man alles Mögliche und Unmögliche veröffentlichen – bis ein verletzender Post gelöscht wird, muss schon viel passieren. Gerade den Menschen, die mit ihren Ansichten eine Minderheit darstellen, bietet das Internet eine große Bühne. Die **Reichweite**, die Posts entwickeln können, kann man im „real life" nur mit erheblichem zeitlichen oder finanziellen Aufwand erzielen.

begünstigende Faktoren der Verbreitung von Hate Speech im Internet: Einfachheit

(Bezug zu M 1)

Ein weiterer nicht zu unterschätzender Aspekt ist die **Anonymität**, die das Internet bietet. Als User kann ich alle möglichen Profile anlegen, ohne meinen Klarnamen zu nennen. Den **vermeintlichen Schutz dieses Unsichtbarseins und -bleibens** nutzen viele Hater, um ihre ätzenden Kommentare zu verbreiten. Sie gehen davon aus, dass die Anonymität ihnen den Schutz gibt, nicht strafrechtlich für ihr Vergehen belangt zu werden.

Anonymität, Schwierigkeit strafrechtlicher Verfolgung

(Bezug zu M 1)

Eine wichtige Rolle spielt außerdem, dass es im Internet **kein direktes Gegenüber** gibt, dem man bei Äußerungen des Hasses in die Augen sehen muss. Es macht einen enormen Unterschied, ob eine Online-Unterhaltung oder eine Face-to-Face-Kommunikation vorliegt. Bei Letzterer merkt man direkt, ob man jemanden verletzt oder beleidigt. Das erhöht zumindest bei den meisten Menschen die **Hemmschwelle** und **verhindert vorschnelle Hassbekundungen**. Im Internet dagegen sieht das vollkommen anders aus. Bezieht man gängige **Kommunikationsmodelle** auf die Verständigung in Sozialen

Fehlen des Gegenübers

Netzwerken, erkennt man schnell die ganz andere Kommunikationssituation. So ist bei der Unterhaltung im Internet gemäß dem „**Vier-Ohren-Modell**" von Schulz von Thun die **Beziehungsebene gestört**. In einer herkömmlichen analogen Gesprächssituation lässt sich für den Gesprächspartner oft aus **nonverbalen Signalen** wie der Körpersprache oder dem Tonfall ableiten, wie sein Gegenüber zu ihm steht. Bei der Internetkommunikation ist der Beziehungshinweis meist unklar, was zur Störung der Kommunikation führen kann.

Gesetz gegen Hate Speech im Netz

(Bezug zu M 5 und M 8)

All diese Punkte zeigen, dass das Internet einen **Enthemmungseffekt** in Bezug auf Hasskommunikation hat. Wie präsent diese im Netz ist, zeigt eine Statistik der Landesanstalt für Medien NRW vom März 2022: Danach haben 77 Prozent der Onliner bereits Hasskommentare gelesen. Unter anderem aufgrund der **starken Verbreitung von Hate Speech im Netz** hat der Bundestag schon 2017 ein Gesetz verabschiedet, das solche Kommentare eindämmen soll. Seitdem müssen Soziale Netzwerke rechtswidrige Inhalte innerhalb von 24 Stunden nach Erhalt eines entsprechenden Hinweises löschen. Dass dieses Gesetz notwendig wurde, zeigt eines deutlich: **Hate Speech** ist ein **Netzphänomen**, das sich von analogen Hassbekundungen abhebt. Und die **Konsequenzen** von Hasskommentaren im Netz sind beträchtlich. Ihr habt sicherlich auch schon einmal von Personen aus dem öffentlichen Leben gehört, die ihre Accounts in den Sozialen Netzwerken zumindest vorübergehend stillgelegt haben, weil sie die Hasskommentare nicht mehr ertragen konnten, wie zum Beispiel Ed Sheeran oder Justin Bieber. Außerdem kann sich die **Verrohung der Sitten** im Internet auch auf die nicht-digitale Welt auswirken. Wo das hinführen kann, zeigen zum Beispiel **gewaltsame Übergriffe gegen gesellschaftliche Minderheiten** wie beim Anschlag auf eine Synagoge in Halle im Oktober 2019.

Schluss

veränderte Kommunikation durch Digitalisierung

Unsere **Kommunikation** hat sich aufgrund der digitalen Möglichkeiten **massiv verändert**. Mühsam erworbene (und nicht immer erfolgreiche) **Strategien für** eine **respektvolle Kommunikation** müssen in die Online-Welt übertragen werden. Bisher überwiegt der Eindruck, dass sich vor allen Dingen Hate Speech im Netz ausbreitet. Die typischen Eigenschaften des Internets wie Schnelligkeit, Einfachheit und fehlende unmittelbare Anwesenheit begünstigen diese Entwicklung.

Appell

(Bezug zu M 6)

Trotzdem ist das Internet nicht per se schlecht, es gehört zu unserem Leben einfach dazu. Die Frage ist, wie wir es gestalten. **Werdet deshalb aktiv**, wenn ihr Hate Speech begegnet, ob im Internet oder im persönlichen Umfeld, mischt euch ein und **zeigt Respekt** füreinander – auch im sprachlichen Umgang! Das **Internet ist zu kostbar, um es den Hatern zu überlassen**. Nutzen wir es für etwas Gutes!

PRÜFUNGSAUFGABEN

BEGEGNUNGEN VON MENSCH UND NATUR

Erlaubte Hilfsmittel

- ein Wörterbuch der deutschen Rechtschreibung
- Textausgaben der Pflichtlektüren ohne Kommentarzeichen, ggf. mit Worterläuterungen
- eine Liste der fachspezifischen Operatoren

Aufgabenstellung

1 Interpretieren Sie Alfred Lichtensteins Gedicht *Unwetter*. (Material 1) (35 BE)

2 Vergleichen Sie Lichtensteins Gedicht *Unwetter* (Material 1) mit Friedrich Schlegels Gedicht *Der Wanderer* (Material 2). Berücksichtigen Sie dabei sowohl inhaltliche als auch sprachliche Aspekte. (40 BE)

3 Bearbeiten Sie <u>eine</u> der beiden folgenden Aufgaben: (25 BE)

a Gestalten Sie ein zu Hartmut Böhmes Position (Material 3) passendes Naturgedicht und begründen Sie Ihre Gestaltung. Ihr Gedicht muss nicht im Stil einer bestimmten literarischen Epoche verfasst sein.

oder:

b Arbeiten Sie heraus, welche Wirkungsabsicht Hartmut Böhme (Material 3) der „Natur-Rhetorik“ in der Werbung beimisst, und diskutieren Sie bezugnehmend darauf mögliche Wirkungsweisen von „Natur-Rhetorik“ in der Lyrik am Beispiel der Gedichte Lichtensteins und Schlegels.

Material 1 Alfred Lichtenstein: Unwetter (1912)

Erstarrter Mond steht wächsern,
Weißer Schatten,
Gestorbnes Gesicht,
Über mir und der matten
Erde.
Wirft grünes Licht
Wie ein Gewand,
Ein faltiges,
Auf bläuliches Land.

Aber vom Rand
Der Stadt steigt sanft
Wie fingerlose, weiche Hand
Und furchtbar drohend wie Tod
Dunkel, namenloses …
Wächst höher her
Ohne Ton,
Ein leeres, langsames Meer –

Erst war es nur wie eine müde
Motte, die auf letzten Häusern kroch;
Jetzt ist es schwarzes, blutendes Loch.
Hat schon
Die Stadt und den halben Himmel verschüttet.

Ach, wär ich geflohn! –
Nun ist es zu spät.
Mein Kopf fällt in die trostlosen Hände.
Am Horizont ein Schein wie ein Schrei
Kündet
Entsetzen und nahes Ende.

Alfred Lichtenstein: Gedichte. Potsdam 2014, S. 68.

Hinweis
Alfred Lichtenstein (1889–1914) war ein expressionistischer deutscher Schriftsteller, der im Ersten Weltkrieg fiel.

Material 2 Friedrich von Schlegel: Der Wanderer (1802)

Wie deutlich des Mondes Licht
Zu mir spricht,
Mich beseelend zu der Reise:
„Folge treu dem alten Gleise,
Wähle keine Heimat nicht.
Ew'ge Plage
Bringen sonst die schweren Tage;
Fort zu andern
Sollst du wechseln, sollst du wandern,
Leicht entfliehend jeder Klage."

Sanfte Ebb' und hohe Flut,
Tief im Mut,
Wandr' ich so im Dunkel weiter,
Steige mutig, singe heiter,
Und die Welt erscheint mir gut.
Alles reine
Seh' ich mild im Widerscheine,
Nichts verworren
In des Tages Glut verdorren:
Froh umgeben, doch alleine.

Friedrich von Schlegel: Gedichte, hg. v. Michael Holzinger. North Charleston 2013, S. 86.

Hinweis
Friedrich von Schlegel (1772–1829) war ein deutscher Kulturphilosoph, Kunstkritiker und Schriftsteller der Romantik.

Material 3 Hartmut Böhme: Zur Theorie der Natur (1991)

Das Bedürfnis nach Natur ist heute weit verbreitet. [...] Natur ist werbewirksam, d. h. sie wird als Gut und als etwas Gutes, als hochrangiger Wert verstanden. Natur verleiht den Produkten eine Aura[1]. Doch auch auf nahezu allen anderen Ebenen wirkt unterdessen die Natur-Rhetorik erfolgssteigernd, zukunftsorientiert, dynamisch, ethisch wertvoll, fortschrittlich und zugleich das Gute konservierend. Natur ist mithin eine Zauberformel für Akzeptanzsteigerung [...].

Die Karriere des Natur-Begriffs ist aber durchaus zwiespältig. Sie drückt einerseits einen Wandel des gesellschaftlichen Bewußtseins in Reaktion auf die tatsächliche Naturkrise aus; und andererseits blockiert sie strukturelle Eingriffe in die naturzerstörerischen Entwicklungen von Industrie, Technik und Lebenspraxis –: wenn alle und auch die größten Naturzerstörer für die Natur sind, dann soll dies vor allem den beruhigenden Eindruck hervorrufen, daß wir alle unser Bestes für die leidende Natur täten. [...]

Während die Natur in der Medienästhetik Fetischcharakter[2] erhält – und zwar zumeist als ursprüngliche, unberührte, schöne, paradiesische und gesunde Natur –, kommen die Menschen mit einer solchen Natur nahezu nicht mehr in Berührung. Das liegt daran, daß die Natur [...] eine nachhaltig vom Menschen geprägte, umgestaltete, arrangierte, getötete oder künstlich am Leben gehaltene – kurz: artifizielle Natur [ist]; und zwar im wesentlichen: eine technisch umgearbeitete Natur. Auch dort, wo Natur in ihren heilsversprechenden, schönen Zügen gesucht oder beschworen wird, ist sie überwiegend künstlich: als Bild, als Dekoration, als Park, als Naturdenkmal oder Naturschutzgebiet (die alle ohne technische Hilfe nicht existierten) usw.

Hartmut Böhme: Aussichten einer ästhetischen Theorie der Natur, in: H. G. Haberl et al. (Hg.): Entdecken – Verdecken. Eine Nomadologie der Neunziger, Herbstbuch 2 des Steirischen Herbst, Graz: Verlag Droschl 1991, S. 15.

Hinweis

Hartmut Böhme (*1944) ist ein deutscher Kultur- und Literaturwissenschaftler.

Anmerkungen

1 Aura: besondere Ausstrahlung
2 Fetischcharakter: Stellenwert eines magischen Gegenstands oder eines Götzenbilds

TIPP **Bearbeitungshinweise**

Sie werden im Themenbereich Q 1.3 auch romantische Gedichte interpretiert haben und als Beispiele der literarischen Moderne (Q 3.2) dem expressionistischen Gedicht begegnet sein. **Merkmale der beiden Epochen** werden Sie in den gegebenen Texten finden. Wichtiger aber, als danach zu suchen, ist es zunächst, den jeweiligen Text aus sich selbst heraus zu verstehen. Lesen Sie, bevor Sie mit Aufgabe 1 beginnen, beide Gedichte, sodass Sie aus dem starken Unterschied von vornherein erste Eindrücke gewinnen.

Aufgabe 1 und 2: Lassen Sie M 1 erst einmal gründlich auf sich wirken, bevor Sie den Stift ansetzen, es analysieren und schließlich interpretieren. Kennzeichnen Sie auch, was Sie als störend oder irritierend empfinden. Während der Textarbeit werden vielleicht auch Fragen danach auftauchen, was bei M 1 und M 2 jeweils Natur ist, inwiefern man die Beispiele überhaupt als Naturgedichte bezeichnen kann und was da jeweils „Begegnung" heißt. Es ist möglich, dass Ihnen während der Erarbeitung von Aufgabe 2 noch Eigenarten von M 1 auffallen, die Sie vorher übersehen hatten. Das darf so sein und ist sogar fast die Regel, dass gerade das Vergleichen uns die Augen öffnet.

Der Text zu **Aufgabe 3** lässt sich nicht ohne Weiteres auf M 1 und M 2 zurückbeziehen. Wagen Sie sich an **3 a**, das Verfassen eines eigenen Naturgedichts, nur, wenn Sie eine spontane Eingebung haben. Wenn Sie grübeln und probieren müssen, brauchen Sie viel mehr Zeit, als Ihnen zur Verfügung steht.
Aufgabe **3 b** verlangt, Böhmes zweite These in Bezug auf die Gedichte zu diskutieren. Eine Auseinandersetzung mit den Statements dieses Autors ist nicht vorgesehen, sollte Ihnen, sofern Sie das Bedürfnis danach haben, aber auch nicht

benommen sein. M 3 ist ein Textauszug; in ihm kommt kein konkretes Beispiel einer Produktwerbung vor, die mit dem Wert „Natur" arbeitet. Sie kommen also nicht darum herum, sich selbst Beispiele einfallen zu lassen. Es könnte im Übrigen sein, dass heutige Werbebüros mit der Verwendung von Naturbildern zurückhaltender geworden sind, als sie es noch 1991 waren.

Lösungsvorschlag

TEILAUFGABE 1

Einleitung
Autor, Titel, Erscheinungsjahr, Thema

Alfred Lichtensteins Gedicht *Unwetter* passt nicht nur mit seinem Erscheinungsjahr 1912 in die Epoche des Berliner **Frühexpressionismus**, sondern gibt sich auch mit seinem Titel und dem letzten Vers („Entsetzen und nahes Ende") sofort als Beitrag zu den **Weltuntergangsgedichten** dieser Jahre zu erkennen.

Interpretation
formale Gestaltung

Weltende von Jan van Hoddis haben wir gelesen und Lichtensteins *Der Sturm.* Aber schon im Druckbild unterscheidet sich *Unwetter* von den anderen, die beide, metrisch regelmäßig, aus zwei klaren Quartetten bestehen und den epochentypischen Zeilen- oder Simultanstil aufweisen. *Unwetter* dagegen gestaltet nicht die Gleichzeitigkeit des Disparaten und wirkt mit dem **freirhythmischen** Wechsel von längeren und ganz kurzen Versen wie locker hingeworfen. Die Anzahl der Verse in seinen **vier Strophen** variiert (9, dann 8, dann nur fünf und schließlich 6 Zeilen). Zwischen gereimten Kadenzen stehen zahlreiche Waisen (V. 1, 5, 8, 11 und andere). Der **Endreim** findet sich als bis zu drei- und viermal schweifender Reim (Gewand – Land – Rand – Hand) oder auch als Paarreim: „kroch" zu „Loch" (V. 19 f.). Die Wörter dieser Endreime sind, mit Ausnahme von „Schatten" zu „matten" (V. 2, 4) und „Hände" zu „Ende" (V. 25, 28), schlichte Einsilber, bilden also harte Kadenzen. Man kann das Gedicht vielleicht für noch unfertig halten. Man kann aber auch finden, dass die zerrissene Textgestalt dem Inhalt angemessener ist als eine geschliffene Form. Die Reime erwecken den Eindruck, als sei das Ich angesichts des Geschehens gleichsam wieder zum hilflos verängstigten Kind geworden.

Inhalt und Deutung der Strophen

Das lyrische Ich umreißt in **Strophe 1** zunächst die Situation. Ein statisches Bild entsteht. Maßgeblich sind die Farben. Es handelt sich um Leichen- und Todesfarben. Es ist Nacht, das Ich schaut zum **Mond** auf, aber der Mond ist erstarrt. Er ist personifiziert, denn er hat ein Gesicht; aber dieses Gesicht steht wächsern, gestorben und als weißer Schatten (vgl. V. 1–3) über der Erde. Grünes Licht geht von ihm aus und fällt wie ein Leichentuch auf das bläuliche Land. Lichtenstein formuliert aktivisch: Das Gesicht „[w]irft […] Licht“ (V. 6) auf das Land. Insgesamt ist mit dieser Anfangsstrophe eine **gespenstische Szenerie** entworfen, auf die, so ahnt man, nichts Gutes folgen kann.

In den zusammengehörigen **Strophen 2 und 3** wird der Beobachter zum Reporter und **Kommentator** des allmählich heraufziehenden, sich todbringend verdichtenden **Unheils**, das am Ende Stadt, Land und Himmel erfasst haben wird. Auf die Statik der Ausgangsstrophe folgt also **Bewegung**. Dieser Gegensatz ist mit dem adversativen „Aber“ im Auftakt von Strophe 2 zum Ausdruck gebracht. Das durchgehende Subjekt der Strophen 2 und 3 ist „[e]in […] Meer“ (V. 17).

Sprechersituation

Man fragt sich, wo eigentlich der Standort, der **Point of View** des lyrischen Ich ist. Es überschaut von Anfang an sehr viel Raum, denn es spricht generalisierend von der Erde (vgl. V. 4 f.). Dieser Raum kann nicht freies Feld sein, wie man zunächst annimmt. Ab Strophe 2 wird deutlich, dass es sich stattdessen um einen sehr hoch gelegenen Punkt **in einer Stadt** handeln muss. Das Ich sieht, was „vom Rand / [d]er Stadt“ (V. 10 f.) her aufsteigt und höher wächst, erst anscheinend harmlos auf den „letzten Häusern“ (V. 19) kriecht und bald die Stadt insgesamt und schon den halben Himmel „verschüttet“ (vgl. V. 22) hat. Es gab 1912 ja noch keinen Funkturm in Berlin. Da das Auge des Betrachters aber tatsächlich die ganze Stadt bis zu ihrem Rand überblickt, muss das, was erzählt wird, vielleicht eher als **Untergangsvision** oder **Albtraum** gedeutet werden. Dafür spricht die beklemmende Stille des Geschehens; alles vollzieht sich so langsam wie unaufhaltsam und „[o]hne Ton“ (V. 16). Dafür spricht auch die letzte Strophe. In **Strophe 3** macht sich das Ich, zurückblickend, noch einmal die Abfolge des **äußeren Geschehens** bewusst. In **Strophe 4**, ansetzend mit dem Verzweiflungsausruf „Ach“ (V. 23), spricht es **von sich selbst**. In Albträumen gerät man oft in Situationen, aus denen es kein Entkommen und keine Rettung gibt, und so ist es auch hier: Der Gedanke an die rettende Flucht kommt „zu spät“ (V. 24). Es bleiben nur noch Resignation (vgl. V. 25) und Entsetzen angesichts dessen, was sich – mit abermaliger Ausweitung der Perspektive – vom Horizont her ankündigt mit einem „Schein wie ein Schrei“ (V. 26: eine Synästhesie).

Aufbau

Von der **Struktur** her überzeugt der Aufbau mit Rahmen und zwei Binnenstrophen. Zu der Dramaturgie der **Steigerung** gehört, dass sich die anfangs bleichen Farben zu Schwärze (vgl. V. 20) verdichten, mit der schließlich der wohl grelle, finale „Schein“ kontrastiert.

Außer den Endreimen gewähren zahllose Alliterationen und Assonanzen den **klanglichen** Zusammenhalt des Entwickelten. Alliterationen finden sich etwa in V. 3, 11, 15 u. a.; als Assonanzen fallen auf: das Spiel mit dem Vokal „o“ in V. 12 bis 16 („Ohne Ton“), „leeres […] Meer (V. 17) oder „ein Schein wie ein Schrei“ (V. 26).

klangliche Mittel und ihre Wirkung

Das Gedicht ist reich an **Bildern**. Lichtenstein verwendet **Vergleiche** (vgl. V. 7, 12, 18 f., 26) und **Metaphern**, auch die rational kaum aufzulösende absolute Metapher moderner Lyrik. So ist der Mond ein weißer Schatten (vgl. V. 1 f.); todbringend ist ein „leeres, langsames Meer“ (V. 17), das allerdings Erde und Himmel nicht etwa überschwemmt, sondern „verschüttet“ (V. 22). Was aber bedeutet ein leeres Meer? Ist es etwa **das sich ausbreitende Nichts?** Handelt das Gedicht folglich gar nicht von einem meteorologischen Unwetter? Der Titel müsste dann als Metapher aufgefasst werden.

Bildsprache und -brüche

Unwetter hinterlässt einen zwiespältigen **Eindruck** im Leser. Man ahnt, dass hier ein Erschütterter und **in sich Zerrissener** spricht, der nicht weiter an eine himmlisch inspirierte, sinnvolle Welt glauben kann. Man ahnt, dass **Groteskes und Verzerrtes** Äußerungsformen des (zornigen) Schmerzes sein können. Es gibt aber Stellen in der Bildsprache dieses Gedichts, die man auch nicht mehr als Ausdruck des Surrealen oder Grotesken würdigen oder nachvollziehen kann. Das beginnt mit der grauslich fingerlosen Hand (vgl. V. 12). Vor allem die Vorstellung eines leeren Meeres, das „wie eine müde Motte“ auf Häuser kriecht und dann, als „blutendes Loch“, die Welt „verschüttet“ (vgl. V. 17–22), kann man kaum mehr für stilistisch innovativ oder für schauerlich-lustig-genial halten, sondern nur noch für einen mehrfachen **Bildbruch**.

Wirkung des Gedichts

TEILAUFGABE 2

Die gleich ins Auge springende **Gemeinsamkeit** zwischen den Gedichten von Lichtenstein (**M 1**) und Friedrich von Schlegel (**M 2**) besteht darin, dass sich jeweils ein Mensch oder lyrisches Ich, **einsam** für sich, in einer **Nacht** mit **Mond** befindet. In beiden Gedichten ist der Mond personifiziert, aber jedes Mal gilt die Aufmerksamkeit vor allem seinem Licht. Was sich aber grundsätzlich unterscheidet, ist die jeweilige **Beziehung des Menschen zur Nacht**, zum Mond und, sofern es Natur gibt, zur Natur.

Gedichtvergleich
Überblick
– Position des lyrischen Ich

Die **Unterschiede** beginnen schon äußerlich damit, dass bei Schlegel der Mond sozusagen das ganze Gedicht hindurch scheint und auf wohltuende Weise da ist, während er bei Lichtenstein bereits tot und ab Strophe 2 verschwunden ist. Bei Lichtenstein ist das Ich Schauender,

– unterschiedlicher Fokus

Berichtender und Opfer; der **Fokus** liegt, wie der Titel sagt, **auf dem äußeren Geschehen**.

Bei Schlegel ist es gerade andersherum: In seinem Gedicht *Der Wanderer* hat ein Ich sich aktiv auf den Weg gemacht. Einsamkeit und der Gang im Freien durch die Mondnacht sind bewusst gewählt, um sich auf sich selbst besinnen zu können. **Im Fokus** steht hier also **das Ich**.

Der Wanderer
– 1. Strophe

Friedrich Schlegel ist 30 Jahre alt, als er, der eigentlich kein Lyriker ist, 1802 das Gedicht *Der Wanderer* verfasst. Das 30. Jahr wird oft als Schwellenjahr zwischen Jugend und Erwachsensein empfunden, als Jahr der Entscheidung. Es sieht so aus, als sei *Der Wanderer* ein biografischer Text, in dem Schlegel in einer Lebenskrise die Entscheidung darüber sucht, wie es mit ihm weitergehen soll. Bei dieser Entscheidung hilft ihm das ihn beseelende (vgl. V. 3), milde (vgl. V. 17) Mondlicht. In einem älteren deutschen Gedicht wurde der Mond einmal als „Gedankenfreund" des Nachdenklichen empfunden, und als solcher bewährt er sich auch hier. Sein Licht spricht (vgl. V. 2). In **wörtlicher Rede** gibt es dem Wanderer ein, seine bisherigen Bindungen zu lösen, den Wohnort zu wechseln und mit anderen als den bisherigen Menschen weiterzuleben (vgl. V. 4 ff.).

– 2. Strophe

Erleichtert und wieder mit sich und der Welt (vgl. V. 15) im Reinen, setzt der Wanderer in der zweiten Strophe seinen Weg fort. In seinem „Mut" (V. 12 in der Bedeutung von „Gemüt") wogen noch die Emotionen (vgl. V. 11), aber das neu gewonnene Grundgefühl ist das der Gelöstheit, der inneren Heiterkeit und des neu gefassten Mutes (vgl. V. 14, hier in der Bedeutung von Entschlusskraft und Lebensmut).

vergleichende Interpretation
– Beziehung zur Natur?

Schlegel konzentriert sich in seinem Gedicht ausschließlich auf die **Beziehung zwischen Wanderer und Mondlicht:** Anderen Gegenständen der Außenwelt wendet er sich erlebend nicht zu, während Lichtenstein auch von Häusern und einer ganzen Stadt spricht. Der Mond ist jedoch astral, ein Himmelskörper, während unter dem **Begriff „Natur"** meistens das verstanden wird, was zur Erde gehört: Höhen und Tiefen, Berg und Tal, Feld und Wald mit allem, was wächst und lebt. Diese lebendige Natur, deren Teil wir sind und mit der wir uns verbunden fühlen, spielt aber weder in Lichtensteins noch in Schlegels Gedicht eine Rolle. Lichtensteins Ich befindet sich in einer **Stadt**. Schlegel ist draußen, außerhalb seiner Stadt; das reicht ihm als Kennzeichnung. (Der Wanderer „steigt" unterwegs; das ist der einzige topographische Hinweis). Von der Körperhaftigkeit des Mondes – Lichtenstein spricht ihm ein „Gesicht" zu – ist bei Schlegel allerdings völlig abgesehen: Er **reduziert das Gestirn auf**

– Behandlung des Mond-Motivs

sein Licht. Der Mond wird dadurch zu etwas Geistigem, Immateriellen und Transzendentem.

Der Wanderer ist ein **Gedankengedicht** und nicht eigentlich ein Naturgedicht, das Natur besingen oder feiern würde. Nur indirekt wird, wie sonst oft in romantischer Lyrik, die Natur der Stadt vorgezogen. Direkt gibt es aber auch in Schlegels Gedicht die für die Romantik typische Opposition zwischen Tag und Nacht. **Die Nacht** ist still, tief, träumerisch und wahr; in ihr offenbart sich, was „rein" ist (vgl. V. 16). Der Tag dagegen lässt Besinnung nicht zu, sondern bringt Verworrenheit und sengende Glut (vgl. V. 18 f.). Dass bei Lichtenstein gerade in Nacht und Dunkel das Unheil hereinbricht, ist ein Moment seiner Distanz zur Romantik.

– Beziehung zur Nacht

Schlegel ist eher ein Denker als ein großer Lyriker. Das zeigt sich schon an dem ganz unpoetischen zweiten Wort „deutlich". Die Reime sind schlicht (aber das Reimschema ist in beiden Strophen durchgehalten: aabba / ccddc). Das Gedicht *Der Wanderer* ist nicht große Lyrik, sondern wirkt eher wie ein **gereimter Tagebucheintrag**. Seine harmonische Form steht der zerfallenden, **zerrissenen Struktur** von *Unwetter* gegenüber. In beiden Fällen spiegelt sie das jeweilige Weltbild wider.

– formale Gestaltung

Im Vergleich mit Lichtenstein ist vor allem zu erkennen, wie grundlegend sich **Lebensgefühl** und Ausdruckswillen zwischen 1802 und 1912 gewandelt haben. Das Ich bei Schlegel entflieht (vgl. V. 10) Bedrückendem und Schwerem (Plage, Klage und schweren Tagen: Strophe 1). Es sucht Harmonie und Leichtigkeit und findet wieder zu einer die Welt bejahenden, sich mit ihr in Einklang wissenden Haltung. Mit Empfindungswörtern wie „beseelt", „heiter", „mutig", „gut" und „mild" hat Schlegel kein Problem; für die Dichter um 1912 wären sie Lachnummern gewesen. Man gab sich – bei aller Weltangst – illusionslos nüchtern, ironisch und frivol und ätzte gegen Sentiment und Harmoniestreben. Lichtensteins Strophe 1 lässt sich als gezielte **Parodie auf romantische Nacht- und Mondlyrik** lesen – oder als tiefe subjektive Traurigkeit darüber, dass der Mond nicht mehr zu dem spricht, der ihn sucht, dass er schweigt, dass auch am Himmel oben alles erstorben ist. Der Romantik aber mit ihrer Gefühlsinnigkeit und unendlichen Sehnsucht nach Allverbundenheit hatte man den Kampf angesagt. Man dichtete zivilisationskritisch und, nach der die Epoche prägenden Lektüre Nietzsches, tief verstört vom Gedanken der **metaphysischen Leere** des Seins.

– Welt- und Menschenbild (Epochenbezug)

Vielleicht aber ist, wer auch wie immer zum Mond aufschaut, ein Sinnsucher, Schlegel um 1800 noch ein hoffnungsvoller, Lichtenstein, nach Nietzsche, ein verzweifelter.

Schlussgedanke

TEILAUFGABE 3a

Gut zur Natur

eigenes Naturgedicht

In diesem Jahr jetzt rosa Mandelbütenhaar
wo einst das tizianrote war
(Rosa liegt nun im Trend):
Wella-getönt, natürlich geföhnt wie leichte Brise
vom Shampoo verwöhnt
schwingt es über die Frühlingswiese
wenn Lola rennt.

O Collagen so morgenschön
so abbaufreundlich gut zur Natur!
Nimm auch die Kur für dünnes Haar von L'Oréal!
Nimm kräftigendes Elvital
Und, treibstofffrei, Volumenspray, nimm zwei:
schützt schadschutzarm Luft, Wasser, Flur
verleiht dir Schwung, macht jung und frei.

Kommentar

Das Gedicht setzt Böhmes Vorwurf um, dass Produktwerbung den allgemein anerkannten Wert Natur zur Gewinnmaximierung nutzt und den Kunden mit dem Versprechen ködert, umweltbewusst zu denken und zu produzieren. Durch die Nachahmung der Werberhetorik mit ihren Neologismen („Mandelbütenhaar"), Ausrufen und Imperativen („Nimm …") wird diese manipulative Ausrichtung von Werbung überspitzt und entlarvt. Die Häufung verschiedener Markennamen verrät den Wunsch der Wirtschaft, die Kunden zu immer mehr Konsum anzutreiben.

TEILAUFGABE 3b

Zusammenfassung der Thesen Böhmes zur „Natur-Rhetorik"

Im gegebenen Auszug aus dem Essay *Aussichten einer ästhetischen Theorie der Natur* setzt sich der Kulturwissenschaftler **Hartmut Böhme** doppelt kritisch mit der gleichsam subjektiv-zweckfreien und der wirtschaftlich-angewandten Rezeption von Natur auseinander. **These 1:** „Das Bedürfnis nach Natur ist heute weit verbreitet" (Z. 1), aber mit ursprünglicher und gesunder Natur komme man heute kaum noch in Berührung. Was wir erleben, sei eine von Menschen technisch umgearbeitete und „**artifizielle Natur**" (Z. 18). Auch dort, wo man wohltuende, schöne Natur zu finden meine, etwa in Parks, sei sie überwiegend künstlich arrangiert und am Leben erhalten.

These 2 und Schwerpunkt von Böhmes Ausführungen: „**Natur ist werbewirksam**" (Z. 1). Weil Natur als hochrangiger Wert und als etwas Gutes, Gesundes und Schönes verstanden wird, bedient sich ihrer die Produktwerbung. Ihr Kalkül: Das Produkt, das die Werbung in irgendeiner Form naturbezogen präsentiert, verkauft sich besser. Natur verleihe dem Produkt eine Aura (vgl. Z. 3), die **Aura des Ursprünglichen**, Paradiesischen und Gesunden zum Beispiel, und sei eine Zauberformel für Akzeptanz- und Erfolgssteigerung. Böhme meint aber nicht nur die Platzierung des Produkts in **Naturbildern** (fotografierten und arrangierten Naturmotiven). Da er den Begriff der „**Natur-Rhetorik**" einführt (Z. 4), bezieht er sich neben dem Visuellen vielleicht sogar in erster Linie auf die **Werbe-Sprache**. Aber auch das **Produkt-Design** ist vermutlich inbegriffen, sodass der Begriff der „Rhetorik" für ihn wahrscheinlich alle Wirkmittel umfasst.

Die tatsächliche **Naturkrise** (vgl. Z. 9), die Gefährdung und Zerstörung der Natur durch Industrie, Technik und Lebensweise, werde in der Werbebranche so thematisiert, dass das Produkt als sauber, ethisch wertvoll sowie als einerseits zukunftsorientiert und dynamisch und andererseits gleichzeitig als etwas verstanden wird, was (konservativ) Natur bewahre. Die **Suggestion**, mit dem Produkt etwas Natürliches zu verkaufen und sogar etwas für die Erhaltung der Natur zu tun, **blockiere** aber den Impuls, sich gegen naturzerstörerische Entwicklungen zu engagieren. Das Anliegen Böhmes ist es, uns diese gefährliche psychische Blockade bewusst zu machen, die eigentlich ein Selbstbetrug ist.

Beispiele für Böhmes Thesen

Böhmes Theorie im praktischen Beispiel: Das Waschmittel, das ein „blütenreines Weiß" verspricht, lässt mich an leichte, zarte Kirschblüten denken und überdeckt mit dieser Assoziation Fragen nach den chemischen Bleichmitteln. Und wer seinen Durst mit Lichter-Pils stillt oder mit Krombacher, sieht auf dem Etikett den Eisvogel die Wassertropfen aus seinem Gefieder schütteln; er kommt bei Quellfrischem an und „im Herzen der Natur" und vergisst darüber die Frage, welche Pestizide der Hopfenbauer einsetzt. Böhme ist zuzustimmen: Werbung **manipuliert**. Sie übertüncht, welche möglicherweise umweltschädigenden und belastenden Stoffe bei der Herstellung des Produkts eingesetzt wurden, das uns als „Pro-Natura" oder „Powered by Nature" verkauft wird.

Überprüfung von Böhmes Thesen an Lyrik

Lyrik aber wirbt nicht. Sie will sich nicht an den Mann bringen und ist nicht gewinnorientiert. (Lyriker können von ihren Gedichten meistens nicht leben.) Das Gedicht erfasst auf oft sehr introvertierte Weise und in poetisch-musikalischer Sprache das, wofür Umgangssprache keine Worte hat. (Politische Lyrik, zugegeben, neigt dazu zu predigen und kommt der Werbe-Rhetorik gelegentlich nah, aber ihre Absicht ist meist lauter: Sie will die Welt retten – oder die Natur wie H. M. Enzensberger in seinem Gedicht *Das Ende der Eulen*.)

Bezugnahme auf Gedichte von Schlegel und Lichtenstein

Rhetorik an sich gehört zur **pragmatischen Literatur:** Sie operiert taktisch, wirkungs- und zielorientiert. Wo sollte das gemeinsame Dritte zwischen ihr und Lyrik sein, die – dem pragmatischen Sprechen entgegengesetzt – am äußersten Rand der **fiktionalen Literatur** steht? Sogar die Antipoden Lichtenstein und Schlegel sind sich darin gleich, dass sie ihre Texte nicht als Rhetoriker, sondern eben als Lyriker geschrieben haben. Beide preisen nichts an und geben nicht vor, mit ihren Gedichten, sofern diese überhaupt der Natur-Lyrik zugerechnet werden können, Natur schön- oder schlechtzureden. Außerdem spricht Böhme von der „technisch umgearbeitete[n] Natur" (Z. 19) auf dieser Erde. Kosmos oder **Mond** sind **in seiner Theorie nicht inbegriffen**. Wenn man M 1 und M 2 als Naturgedichte sehen möchte, dann höchstens insofern, als dieses nächtliche Gehen im Freien in Zwiesprache mit dem Mondlicht Schlegels Wanderer wohltut, Kosmos und Naturraum für den Romantiker also positiv konnotiert sind (M 2), während bei Lichtenstein Himmel und Erde im Begriff sind, unterzugehen (M 1). Aber es stürzen nicht die Regenfluten, weder Klimakatastrophe noch reale Unwetter brechen herein. Näher liegt die Deutung, im Titel in Anspielung auf den biblischen Mythos der Sintflut eine **Untergangs-Metapher** und im „leeren Meer" die metaphysische Leere zu sehen, das Gedicht also als weltanschauliches Gedicht zu lesen. Es liegen dann, genauer betrachtet, zwei Mondgedichte vor, in denen **der Mond Transzendenz repräsentiert** oder doch repräsentierte. In Nacht und Natur findet der Romantiker sich solcher (sinngebenden) Transzendenz verbunden. In der expressionistischen Moderne ist für Lichtenstein diese Transzendenz und mit ihr das Mondgestirn erloschen. Mit Werbe-Rhetorik hat beides nichts zu tun, wohl aber ist anzunehmen, dass die heutige Werbe-Rhetorik das Naturverständnis der Romantik für sich ausbeutet.

JUNGE GENERATION

Erlaubte Hilfsmittel
- ein Wörterbuch der deutschen Rechtschreibung
- Textausgaben der Pflichtlektüren ohne Kommentar, ggf. mit Worterläuterungen
- eine Liste der fachspezifischen Operatoren

Aufgabenstellung

1 Interpretieren Sie das Gedicht *HART STOSSEN SICH DIE WÄNDE IN DEN STRASSEN …* von Ernst Wilhelm Lotz. (Material 1) (60 BE)

2 Vergleichen Sie das Gedicht von Ernst Wilhelm Lotz (Material 1) mit dem Gedicht *offline* von Larissa Hieber (Material 2) im Hinblick auf die inhaltliche, sprachliche und formale Gestaltung des Lebensgefühls einer jungen Generation. Berücksichtigen Sie dabei den jeweiligen literatur- oder zeitgeschichtlichen Kontext. (40 BE)

Material 1 **Ernst Wilhelm Lotz (1890–1914):**
HART STOSSEN SICH DIE WÄNDE IN DEN STRASSEN … (1913/14)

Hart stoßen sich die Wände in den Straßen,
Vom Licht gezerrt, das auf das Pflaster keucht,
Und Kaffeehäuser schweben im Geleucht
Der Scheiben, hoch gefüllt mit wiehernden Grimassen.

Wir sind nach Süden krank, nach Fernen, Wind,
Nach Wäldern, fremd von ungekühlten Lüsten,
Und Wüstengürteln, die voll Sommer sind,
Nach weißen Meeren, brodelnd an besonnte Küsten.

Wir sind nach Frauen krank, nach Fleisch und Poren,
Es müßten Pantherinnen sein, gefährlich zart,
In einem wild gekochten Fieberland geboren.
Wir sind versehnt nach Reizen unbekannter Art.

Wir sind nach Dingen krank, die wir nicht kennen.
Wir sind sehr jung. Und fiebern noch nach Welt.
Wir leuchten leise. – Doch wir könnten brennen.
Wir suchen immer Wind, der uns zu Flammen schwellt.

Ernst Wilhelm Lotz: Wolkenüberflaggt. Gedichte von Ernst W. Lotz, Leipzig 1917, S. 53.

Material 2 **Larissa Hieber (geb. 1993): offline (2012)**

online jetzt komm nimm photoshop
wenn unsere werte
an kontur verlieren
ein mausklick und
ich stell dir die schatten schärfer
als unsere gedanken es sein sollten
verändere meine farbpalette
wenn der kontrast zwischen uns
unschärfer wird

wir denken uns viel aus nicht nach
gehen raus um gemeinsam allein zu sein

nicht heute komm wir machen eine spritztour
alles so clean hier
hab mir die natur längst in den tank geholt
setz den blinker mach mir luft wir steigen aus
dreh dich mal um
unsere welt
gespeist aus starkstrom
hey lach mit uns
über alles
wir strahlen um die wette
heller höher weiter

stromausfall

Larissa Hieber: offline, in: Ich stell dir die Schatten schärfer. Anthologie zum 27. Treffen junger Autoren 2012. Bundeswettbewerbe der Berliner Festspiele (Hg.), Berlin 2013, S. 119.

Hinweis
Die Rechtschreibung in beiden Gedichten entspricht den Textvorlagen.

TIPP **Bearbeitungshinweise**

Vorschlag A ist der schmalste von den diesjährigen LK-Vorschlägen: Als Material liegen Ihnen lediglich 16 plus 23 kurze lyrische Zeilen vor; dem Gedichtvergleich ist keine dritte Aufgabe mehr aufgesattelt.

Sie haben also die Zeit, die Gedichte brauchen. Sprechen Sie sich jeden Text probeweise und dann mit Stift in der Hand leise vor; setzen Sie sich in M 2 Satzzeichen, um den einen oder anderen Satzschluss oder grammatischen Einschnitt zu markieren, über den Sie anfangs gestolpert sind. Wie wirkt auf Sie, was Sie lesen (und sehen), und wodurch wird die jeweilige Wirkung hervorgebracht? Wie fallen die Sätze? Wie sind Sprechhaltung und Ton? Welches Temperament spricht jeweils aus dem Gedicht, welche innere Verfassung und Weltsicht teilt sich Ihnen mit? Wie also müssten die Gedichte Ihrer Meinung nach vorgetragen werden? Analysieren Sie die jeweilige Struktur (Aufbau bzw. Gliederung). Wie verhalten sich **Inhalt und Struktur** zueinander? Untersuchen Sie **Metrum, Klang, Wortwahl und Rhetorik** (Satzumstellungen um der Wirkung willen, Wiederholungen, Metaphern, Bilder u. a.). Haben Sie bei M 2 besonders viel Geduld mit allem, was sich nicht auf Anhieb erschießt: Stellen Sie Fragen! Ihre Leistung besteht besonders darin, aus den verschiedenen formalen, sprachlichen und klanglich-rhythmischen Einzelbeobachtungen und inneren Bezügen eine in sich überzeugende, textbezogen begründete Interpretation zu entwickeln.

Da Ihnen die Zeit des Berliner Expressionismus nicht fremd ist und Aufgabe 1 60 BE schwer wiegt, wäre es sinnvoll, bereits bei Aufgabe 1 den **literatur- und zeitgeschichtlichen Kontext** mit zu berücksichtigen. (Anmerkung: Ernst Wilhelm Lotz wurde Berufsoffizier und fiel 1914 bereits im dritten Monat des Ersten Weltkriegs in Frankreich.)

Legen Sie, schreibend, nicht sofort mit M 1 los. Es macht methodisch einen sehr viel besseren Eindruck, wenn Sie zunächst aus dem Überblick über M 1 und M 2 heraus eine kleine, den Vergleich vorläufig und grob vorbereitende **Einleitung** formulieren.

Den **detaillierten Vergleich** können Sie bereits in die Erarbeitung von M 2 einbeziehen (s. Aufgabe 2). Dennoch empfiehlt sich auch hier, als Entsprechung zur Einleitung wie zu einer dritten Aufgabe neu anzusetzen, um Ihr Resümee zu ziehen: Was ist Ihnen im Laufe Ihrer Arbeit über Vergleichbarkeit und Nichtvergleichbarkeit in Lebensgefühl und Ausdruck junger Menschen um 1913 und 2012 aufgegangen? Für wie exemplarisch und/oder **epochenspezifisch** halten Sie diese beiden Gedichte? Sie können an dieser Stelle auch Ihr subjektives Urteil anfügen.

(Anmerkung: Die äußere Form von M 2 ist nicht neu. Ende des 19. Jahrhunderts experimentierte bereits Arno Holz u. a. mit solcher „Mittelachsenlyrik".)

Lösungsvorschlag

TEILAUFGABE 1

Einleitung: Vorstellung beider Gedichte Vergleichsaspekt

Zwei Gedichte liegen vor, eins von 1913 und eins von 2012, zwei Stimmen von jungen Leuten, die ihre jeweilige Generation repräsentieren könnten. Aus dem Text von Ernst Wilhelm Lotz (M 1) spricht unbändiger **Lebenshunger**. Im 100 Jahre später geschriebenen Text von der da erst 19-jährigen Larissa Hieber scheint mir dagegen die Lebenslust eher gedämpft oder versehrt zu sein.

Interpretation von M 1: Form und Metrum

Ernst Wilhelm Lotz gehört zu den Berliner Expressionisten der ersten Stunde, das signalisiert bereits die Überschrift bzw. der Vers, mit dem sein Gedicht einsetzt: „Hart stoßen sich die Wände in den Straßen". Insgesamt vier Strophen aus jeweils vier Versen mit regelmäßigen 5- oder 6-hebigen Jamben liegen vor, und gleich die eröffnende Strophe ist **Stadt- und Zivilisationskritik** in der Bildsprache der 1910er-Jahre: Die die Stadt, wohl Berlin, bezeichnenden Elemente Wände, Straßen, Pflaster, Laternen und Kaffeehäuser „stoßen" sich hart, werden gezerrt, keuchen und sind auf bedrohliche Weise lebendig und aktiv (Personifikation). Das vorangestellte Adverb „hart" wird klanglich und semantisch zum Vorzeichen für die brutale und **bedrängende steinerne Enge** der Stadt. **Menschen** dagegen, reduziert auf ihre „wiehernden Grimassen" (V. 4), sind **verdinglicht**. Sie füllen die berühmten Kaffeehäuser Berlins, als wären sie gestapelte Dinge (vgl. V. 4). Es wird sich um **Literaten, Kritiker und Intellektuelle** handeln. Doch das lyrische Ich, das eigentlich zu ihnen gehört, hat sie ebenso satt wie die Stadt; sein Blick auf beides ist der des Karikaturisten: Er verdichtet, verfremdet, verzerrt, übertreibt – und distanziert sich.

(1. Strophe: kritische Darstellung der Großstadt)

Verhältnis von Rahmen- und Binnenstrophen

Da aus Strophe 1 die Unerträglichkeit eines Weiterlebens in der Stadt resultiert, entwickelt sich als Antithese zu ihr in den Folgestrophen 2 und 3 der **Gegenentwurf:** die Vision eines freien, schönen **Lebens in vorzivilisatorischen Naturräumen**. Diese beiden Strophen bilden die inhaltlich, syntaktisch und rhythmisch eng zusammengehörenden Binnenstrophen. **Strophen 1 und 4** fungieren als ihr **Rahmen**. Während aber Strophe 1 – markiert sogar durch den umarmenden Reim – in sich abgeschlossen dasteht, gibt es zwischen Binnenstrophen und Schlussstrophe keinen Bruch. Der Kreuzreim setzt sich fort und auch der markante Satzanfang; Strophe 2 und 3 führen gedanklich zu dem abschließenden Quartett hin.

Sprecherhaltung

Ab Strophe 2 wechselt die **Perspektive**. Die Stadt (V. 1–4) war wie von außen charakterisiert. Das lyrische Ich vermittelte sich zwar indirekt in den Bildern, meldete sich aber noch nicht direkt zu Wort.

Nun tritt es stürmisch in einer Sequenz von Anaphern als „**Wir**" hervor. Sieben der zwölf folgenden Verse beginnen, syntaktisch parallel, mit dem Subjekt „Wir", fünf von ihnen mit „Wir sind". Sie schreien gleichsam heraus, wonach nicht nur das eine, individuelle Ich, sondern die ganze Generation krank ist und sich sehnt. Im Zeilenstil der Schlussstrophe verdichtet sich dieses Muster: In ihr beginnt sogar jeder Vers mit „Wir", aber Haltung und Ton wechseln.

Strophe 2/3: Wünsche der jungen Generation

Der Ausgangssatz **„Wir sind nach Süden krank"** zieht eine Kaskade von Präpositionalobjekten und ihren Ergänzungen nach sich: „krank, nach Fernen, Wind, / Nach Wäldern, fremd von ungekühlten Lüsten,/ Und [...]/ Nach [...]" (V. 5–8). Zunächst soll vor allem Natur, exotische, heiße Natur die Wunden heilen, die Stadt und Zivilisation schlugen. Aber die Fantasien werden kühner, das Begehren steigert sich, und mit ihm steigern sich die Metaphern bis zum „wild gekochten Fieberland" (V. 11). Strophe 2, gebildet aus nur einem einzigen Satz, ist prall von Wünschen. Sie stehen alle im Plural und sind anfangs noch eher unspezifisch und sogar widersprüchlich (Wüstengürtel und Meere). Aber in Strophe 3 sammeln sich die vielerlei Sehnsüchte in dem einen zentralen Punkt: in dem **Verlangen nach Sinnlichkeit und Liebesekstasen**. Wahrscheinlich hat Lotz hier Paul Gauguins Südseelandschaften mit bräunlichen, blumengeschmückten Polynesierinnen vor Augen, die 1910 in Berlin zu sehen waren. Sie mögen ihm die Vorstellung von der Frau als dem animalischen Wesen, der gefährlich-zarten Pantherin (vgl. V. 10 f.) eingegeben haben.

Für den Zustand des krank machenden Verlangens erfindet er im zusammenfassenden Vers der dritten Strophe (V. 12) die Intensivierung „versehnt", ein aus ‚sich verzehren nach' und ‚sich sehnen nach' verschmolzenes Partizip: „Wir sind versehnt nach Reizen unbekannter Art."

historischer Hintergrund: wilhelminische Moral

Zum zeitgeschichtlichen Hintergrund für diese Flucht- und Ausbruchsfantasien gehört sicherlich die rigide bürgerliche Sexualmoral der Wilhelminischen Ära. Jungen Frauen und Männern aus den sogenannten guten Häusern fehlte, sofern sie nicht ins Bordell gingen, nicht selten bis zu ihrer Verheiratung alle Erfahrung mit dem anderen Geschlecht. Weil alle so sozialisiert waren, kann Lotz sich also als Teil von ihnen empfinden und das emphatische „Wir" anschlagen.

4. Strophe: Aufbegehren gegen Status quo

Vers 12 legt nahe, dass es aber vielleicht neben dem Traum von erregend-exotischer Erotik noch ganz anderes gibt, das diese junge Generation vor 1914 aufbegehren ließ. Verstärkt durch Vers 13, äußert sich, dass sie Reize und Dinge ersehnt, die ihnen offensichtlich vorenthalten wurden. Es ist bekannt, dass die Jugend gegen Ende der

Gründerjahre unter der geistigen **Stagnation** ihrer wirtschaftlich fetten Zeit litt. Heym, Stadler, Lichtenstein und Lotz selbst sehnten sich nach **Taten**, fantastischen Heldentaten (Heym), vitalem und emotionalem Aufbruch (Stadler), grimmiger Weltzertrümmerung (Lichtenstein) oder revolutionärem Umsturz (Lotz selbst). In der Schlussstrophe sind der Wind und die Flamme die Metaphern dafür. In ihr bündelt sich alles Vorangegangene in dem Fazit, dass hier eine Jugend nach der Erweiterung ihres Radius fiebert, endlich Welt erfahren und sich in ihrer Vitalität verausgaben möchte. Sie fühlen sich wie in einer Art **Latenzzustand** fixiert: „Wir leuchten leise. – Doch wir könnten brennen." (V. 15) Ersehnt ist ein Impuls (Wind), der sie entflammt, ein Ziel, für das sie brennen und ihr Potenzial entfalten und auf diese Weise endlich leben können.

Spannungsverhältnis: Rebellion im Inhalt – Tradition in der Form

Das Aufregende an diesem Gedicht von Ernst Wilhelm Lotz: Sein vermeintlich entfesselter Expressionismus äußert sich in der **gebundenen Form** des traditionellen Strophengedichts mit regelmäßigem Metrum und durchgehaltenem, in Strophe 1 bewusst abgewandeltem Reim. Sein klarer Aufbau mit These, Antithese und Fazit und seine formal und rhythmisch feine Durchgestaltung stehen in sonderbarer **Spannung** zu dem überbordenden Gefühlsrausch der mittleren Strophen. Die Kette der parallel gefügten Sätze mit anaphorischem Beginn wird dank kleiner Variationen nie mechanisch-leiernd. Endlossequenzen und wilde Häufungen der ersten drei Strophen sind in den Kurzsätzen der vierten Strophe aufgefangen und zur Ruhe gebracht; das Strömend-Dynamische wird durch Zäsuren gestaut (besonders in V. 14 u. 15). Diese junge Generation, die sich so artikuliert, rast nicht blindwütig los, sondern ist traditionell erzogen, gebildet und reflektiert. Vielleicht zu reflektiert: Ihre **Rebellion** geht **nach innen**, sie nimmt sich nicht, wonach sie fiebert, sondern bleibt **passiv**, angewiesen auf eine Kraft von außen, den Wind, der sie befreien soll. Leider wird das der reale Weltkrieg sein, in den sie begeistert wie endlich Erlöste hineinziehen, um darin umzukommen.

TEILAUFGABE 2

Interpretation zu Hieber: *offline*

formale und grafische Gestaltung

offline, ein freirhythmischer Text der 19-jährigen Larissa Hieber von 2012, irritiert. Er verweigert sich mit seinem ungewohnten Druckbild, der durchgängigen **Kleinschreibung** und dem **Verzicht auf Satzzeichen** der raschen Les- und Erschließbarkeit. Es gibt syntaktisch korrekte Sätze und Satzgefüge, aber manche Satzteile sind durch häufigen Zeilenumbruch zerrissen und auf verschiedene, mal längere, mal kurze Zeilen verteilt. **Der Text ist zentriert** gesetzt und durch **Absätze** gegliedert, sodass man diese Aufteilung, zumindest in den ersten neun Zeilen und von Z. 12–22, als Strophen bezeichnen kann. Die Funktion des Zweizeilers (Z. 10/11) und der letzten Zeile wird sich klären lassen.

Die jeweilige Zeilenlänge schwankt, aber es scheint ein Gestaltungswille hinter der Entscheidung zu stehen, ob mehrere oder nur wenige Wörter auf einer Zeile stehen sollen. Bis Z. 15 dominieren recht lange Zeilen; nur der Schluss der ersten „Strophe" ist auf zwei Wörter verknappt (vgl. Z. 9). Dann mehren sich die Kurzzeilen (vgl. Z. 13, 16, 17, 20), das grafische Bild des Textes spitzt sich gleichsam nach unten hin zu bis zum doppelsinnig finalen Einzelwort „stromausfall" (Z. 23). Der Text nimmt sozusagen **zum Ende hin Fahrt** auf. Spätestens hier ist zu begreifen, dass **die Zeilenumbrüche** nichts mit fließenden Enjambements zu tun haben, sondern im Gegenteil Stockungen (Sprechpausen) erzwingen und die **Betonung steuern:** Je knapper der Text einer Zeile, desto mehr Akzent, Prägnanz und Aussagekraft fällt ihm zu. Die Einwort-Zeile, die den Text abschließt, hat nach dieser Logik das meiste Gewicht und ist die Pointe. Sie müssen wir lesen und in ihrem Bezug zum Vorangegangenen entschlüsseln. Und wirklich führt nun von der Formanalyse ein Weg zum Verständnis des Inhalts und seiner Bedeutung.

sprachliche Besonderheiten

Neben Erkenntnissen zur Gliederung ist auch relativ früh zu erkennen, wie Larissa Hieber mit **Sprache und Sprachvarianten** spielt. Sie nimmt lockere jugendsprachliche Ausdrücke auf („clean", Z. 13; „hey", Z. 19). Alltagssprachlich fällt bei Verben im Imperativ und in der 1. Person Singular das Endungs-e weg („ich stell", Z. 5; „hab", Z. 14; „setz den blinker", „mach", Z. 15; „dreh", Z. 16). Sie spielt auf Werbesprüche an („Tiger im Tank", vgl. Z. 14; „schneller, höher, weiter", vgl. Z. 22) und kombiniert Begriffe des Computerzeitalters (online, offline, Photoshop, Mausklick) und der modernen Technik und Atomenergie (Starkstrom, strahlen) mit Begriffen der philosophisch-ethisch-poetischen Tradition („unsere werte", Z. 2; „gedanken", Z. 6; „nachdenken", vgl. Z. 10; „natur", Z. 14; „gemeinsam" und „allein", Z. 11). Interessant ist, dass Fachwörter der Fotografie wie „Kontrast" und „Schärfe" bzw. „Unschärfe" bald zu oszillieren beginnen zwischen technischer und übertragener Bedeutung. Altmodisch in diesem Kontext wirkt „spritztour" (Z. 12). Spitztouren sind out. Heute sagt man zu kurzen Auto-Ausflügen wohl eher „Trip".

Sprechersituation und -haltung

Inhaltlich geht es um **ein Paar**, das beisammen ist, ein Ich und ein Du. Zunächst (Strophe 1) sitzen sie, wohl in einem **Innenraum**, am PC und gehen online, um per Photoshop Bilder von sich zu retuschieren. Ich nehme der Einfachheit halber an, dass das Ich eine Frau ist und das Du ihr Freund. Sie dominiert: Sie ergreift die Initiative, fordert zu diesem und jenem auf, schlägt vor, handelt, kommentiert und reflektiert. Sie hat die Idee, ihre Fotos zu bearbeiten. Dann (Z. 12) macht sie den Vorschlag zu einer „spritztour" in die Gegend. Er fährt. Sie bittet ihn, den Blinker zu setzen, zu halten, auszusteigen, sich gemeinsam ihre Welt anzusehen und zu erkennen, in welchem Zustand sie ist.

Nur sie spricht. Der Text ist ein gleichsam in der Mitte durchgetrennter Dialog, denn von seinen Antworten und Reaktionen ist nicht einmal indirekt etwas zu erfahren. Wahrscheinlicher ist, dass der Freund gar nicht real anwesend ist, sondern sich alles allein in ihrem Kopf abspielt. **Sie stellt sich vor**, wie es sein könnte oder würde. Sie imaginiert Aufforderungen, Handlungen und daraus resultierende Einsichten – wie etwa in G. Benns Gedicht *Kommt, reden wir zusammen* ... Ein Ich spielt und reflektiert sich sein gegenwärtiges und zu erwartendes Leben lyrisch-monologisch durch.

Wer Jugend mit Elan und Erfüllungsträumen, neugieriger Offenheit für die Zukunft und Glück assoziiert, wird von Larissa Hieber eines anderen belehrt. Weder innen noch außen – weder in der privaten Beziehung noch in der Welt draußen – gibt es hier Anlass zu irgendeiner Art von Zuversicht. Die private **Beziehung** ist **kaputt**. Der Vorschlag, ihre real verblassten Konturen, Kontraste und Farben digital per Mausklick und Fotolabor wieder auf Hochglanz bringen zu wollen, ist verletzend-ironisch. Digital-virtuell und auf Fotopapier ließe sich da zwar manches auffrischen, aber es wäre Trug und Schein; die reale Beziehung bliebe doch, wie sie ist. Weltsicht

Der folgende **Zweizeiler** (Z. 10f.) ist nicht etwa eine eigene kleine Strophe, sondern die nachgeschobene **Auswertung** des zum Scheitern verurteilten Rettungsversuchs per digitaler Aufhübschung. Menschen denken sich viel aus, kommen auf tolle Ideen und Erfindungen, könnte man das paraphrasieren; sie denken aber nicht hinreichend darüber nach, dass digitale Camouflage die traurige Gewissheit eigentlich nur vertieft. Der Vorschlag zu einer gemeinsamen Spritztour bekommt nach dieser Erkenntnis eine bitter-ironische Note, denn es wird sich bestätigen, was beide schon wissen: Sie gehen gemeinsam aus, „um" doch nur „gemeinsam allein zu sein" (Z. 11). Sie haben sich nichts mehr zu sagen. Rückschluss auf Beziehung des lyrischen Ich

Draußen sieht es nicht erfreulicher aus als innen. Vor der Haustür bzw. in dem, was wir Natur zu nennen gewohnt sind, wirkt alles „so clean" (Z. 13), also steril. Es gibt gar keine Natur mehr, werden wir belehrt, denn die sei längst in Benzin konvertiert (vgl. Z. 14) und in die Elektrizität, in den Starkstrom, der unsere Welt speise (vgl. Ausweitung zu Zivilisationskritik

Z. 17 f.). Die Freistellung des Objekts „unsere welt“ (ebd.) lässt stutzen. „**unsere welt**“? Das meint wohl nicht einfach die Gegend, in der wir leben, sondern die ganze (durch uns) verhunzte Erde und sozusagen die ganze Bescherung, die der Mensch angerichtet hat. Die ebenfalls freigestellte Aufforderung „dreh dich mal um“ (Z. 16) könnte in diesem Kontext eine Anspielung auf die Zerstörung von Sodom und Gomorrha sein: Wer sich umdreht, erstarrt.

Die Antwort auf das **Desaster** ist Galgenhumor, ein Lachen der Verzweiflung über die Welt generell („über alles“, Z. 20). An dieser Stelle durchbricht das lyrische Ich die Fiktion und fordert den Leser auf, in das Lachen mit einzustimmen. Es bleibt das sozusagen kontaminierte Strahlen angesichts des globalen Konkurrenzkampfs um Wirtschaftswachstum („heller höher weiter“, Z. 22), der zur **Apokalypse** führt.

Deutung des Titels

Das den Text eröffnende Wort hieß „**online**“ und bezeichnet unser Verbundensein im digitalen Netz. Am Ende bricht dieses Netz zusammen. „**offline**“, der anfangs harmlos und alltäglich klingende Titel, hat im Laufe des Textes eine metaphorische endzeitliche Bedeutungserweiterung erfahren: Das Gedicht prophezeit den Absturz der Menschheit **ins endgültige Off**.

Vergleich

Sprecherhaltung und Weltbild

Lotz

Im Gedicht von Ernst Wilhelm **Lotz** ist ‚**Jugend**‘ das ausdrückliche Thema. Die Aussage: „**Wir sind sehr jung.** Und fiebern noch nach Welt“ (M 1, V. 14) ist der Schlüssel zum Gedicht und die **Begründung** für diesen zweiten Sturm und Drang einer jungen Generation um 1910, die nun nicht gegen den verzopften Feudalismus des 18. Jahrhunderts aufbegehrt, sondern gegen den satt, selbstzufrieden und sozusagen ranzig gewordenen Frieden der Wilhelminischen Ära mitsamt ihrer heuchlerischen Sexualmoral. Der Plural „wir“ in diesem Gedicht ist glaubwürdig: Der eine spricht für viele; viele der um 1890 Geborenen werden sich und ihr Lebensgefühl im Gedicht von Lotz wiedererkannt haben. Wie jung die Expressionisten sind, zeigt sich bei Lotz in dem dringenden **Verlangen nach Zukunft**. Sie wollen endlich „lodern“, erleben, erfahren, sich erproben, hineingreifen dürfen ins „volle Menschenleben“ und eine lebenswerte **Perspektive** haben.

Hieber

Hiebers Gedicht „offline“ dagegen macht mich nicht so sicher, dass sich gegenwärtige Jugend darin wiederfindet bzw. viele von uns so empfinden. Das sich darin artikulierende **Ich** mag jung sein, denn es spricht die **Sprache heutiger Jugend**, **aber** es ist enttäuscht, frustriert und ohne Hoffnung. Obwohl es drängt und fordert und vorschlägt, dies und das zu machen, also durchaus unruhig ist, wirkt es zugleich so müde und sogar ausgebrannt wie einer der zwei Gesellen bei Eichendorff. Wäre der Expressionist in der komfortablen Lage gewesen, mit einer Freundin zusammenleben zu können, wäre ihm schon viel geholfen gewesen. Hier aber scheint die junge Beziehung bereits durchlebt und am Ende zu sein. Der Expressionist setzte alles auf die eine Karte „Zukunft“. **Hieber** dagegen **sieht schwarz**. Sie prophezeit den Weltuntergang. Für ihr „Ich“ gibt es **keine Zukunft mehr**. „Weltuntergang“ ist zwar auch ein prominentes Thema des Expressionismus. Was aber da als Akt der Selbstbefreiung mit boshafter Lust in die Luft gejagt wird, ist lediglich symbolisch die verhasste bürgerliche Gesellschaft, nicht aber die irdische Existenz überhaupt.

Schluss-gedanke: persönliche Stellungnahme zu Hiebers Gedicht

Der erste Teil von *offline* überzeugt als experimentelle und spielerische Auseinandersetzung mit der Partnerschaft im Vokabular digitaler Fotobearbeitung. Der zweite Teil überzeugt nicht. Sowohl das benzingetriebene Auto als auch die Elektrifizierung Europas sind reichliche 100 Jahre alt, zu alt, um darin heute plötzlich den Grund für die totale Vernichtung von Natur und Welt erkennen zu wollen. Fukushima war 2011, und mit Fukushima der deutsche Beschluss zum Ausstieg aus der Atomenergie, sodass mir auch die Anspielung „wir strahlen“ (Z. 21) um einen Wimpernschlag zu spät zu kommen scheint. Es entsteht der Eindruck, dass – eigentlich wenig erwachsen und etwas peinlich – privater Liebeskummer und daraus resultierender Weltschmerz gleich alles, die Welt in Bausch und Bogen, der Vernichtung preisgegeben sehen will.

„DAß DU NUR NICHTS VERGIßT …“

Erlaubte Hilfsmittel
- ein Wörterbuch der deutschen Rechtschreibung
- Textausgaben der Pflichtlektüren ohne Kommentar, ggf. mit Worterläuterungen
- eine Liste der fachspezifischen Operatoren

Aufgabenstellung

1 Fassen Sie den Inhalt des Auszugs aus dem Roman *Kein Frühling* von Peter Kurzeck zusammen. (Material 1) (25 BE)

2 Analysieren Sie den Text (Material 1) hinsichtlich der sprachlich-formalen Gestaltung und der inhaltlichen Aspekte. Arbeiten Sie dabei heraus, inwieweit im Textauszug romantische Motive gespiegelt werden. (45 BE)

3 „Jetzt komme ich mir vor wie in der Nachkriegszeit“. (Material 2)

Beurteilen Sie anhand der beiden vorliegenden Materialien, inwieweit der Autor Kurzeck die Situation und das Selbstverständnis der Schriftsteller kurz nach dem Zweiten Weltkrieg literarisch verarbeitet. (30 BE)

Material 1 Peter Kurzeck: Kein Frühling (1987)

Wie denn die Seelen zählen? Gekommen amtlich im Jahr des Herrn, im Hungerjahr 1946. Im Juli, mit einem Flüchtlingstransport, da war ich drei Jahre alt. Die vorangegangenen vierhundert Tage und Nächte unterwegs in Güterzügen ohne Bestimmung, mit Viehwaggons, auf enteigneten Lastwagen, Soldatenautos, Planwagen, Pferdewagen die dir mit jedem Tag, wenn er geht, immer wieder davonfahren. Der Himmel drüberhin ist ins Fließen geraten, kommt dir entgegen; jeder Schlaf träumt dich heim. Immer bleibst du zurück, fährst dir hundertmal selbst davon und kannst dich nicht aufgeben. Mit Handkarren, zu Fuß, zu Fuß und in Lagern: Schub-, Auffang-, Durchgangs-, Sammel- und Notaufnahmelager durch die wir, die durch uns hindurch sind. Ferne Küsten am Himmel, ganze Kontinente im Aufbruch begriffen. Seit wir uns erinnern, ziehen die Wolken nach Osten. Daß du keine Einzelheit je vergessen dürftest, dein Bündel, dein Eigentum, das schleppst du von nun an mit.

Zuletzt in Gießen/Lahn: aufgefangen, gesammelt, zur Not, in der Not aufgenommen; weiter wohin? Um Zeit, um Brot und um Suppe anstehn, eine Decke um Gottes Willen, so hat jeder Tag sein Gerüst und dient uns zum Überleben. Und ein Jeder, so heißt es, soll nun bald eingetragen werden mit altem Namen und neuer Nummer in eine gültige Liste: das ist er dann fortan selbst. Wenn du die Augen zumachst, gleich fangen die Baracken wie Käfer zu kriechen an, du bist ihre schwankende Last. Die Not gelernt, erst hungern dann sprechen gelernt; jeder Schlaf träumt dich heim. Immer noch hinter dir selbst her, wie denn ankommen? Du hast die Welt nicht verstanden und sie dir jeden Tag mit aller Kraft neu erklären müssen. Damit sie dich nicht verläßt. Und immer wieder zum Anfang zurück. Daß du nur nichts vergißt, es wäre verloren für immer! Allerorten der Flieder, der in diesem Jahr nicht aufhören will zu blühen, während in den Baracken die Menschen wie Fliegen verrecken, eine Redensart, Eintagsfliegen in den Abendstunden, die fast ohne Übergang von matten Morgendämmerungen abgelöst werden, so kurz sind jetzt hier die Nächte. Noch im Schlaf unterwegs, ein allgegenwärtiges dichtes Gemurmel das uns begleitet. So weit sich geschleppt bis zum Tod, Kreidekreuze. Aus jedem Lager wird ein Spital, wird ein Fiebertraum. Rund und rot ging schon wieder die Sonne auf. Wie ein Vorzeichen, eine *andere* Sonne. Mit all den eigenen fremden Stimmen im Kopf: jeder hat sich insgeheim unumgänglich ein langes ernstes Gespräch mit Gott vorgenommen. Demnächst, unbedingt, jeder hat seinen. Auf allen Wegen, auf Schritt und Tritt, hier bist du jetzt daheim, hier bist du registriert. Bloß sterben woanders, nicht in der Finsternis, nicht im Gedränge, nicht in diesem Geruch! Die Leichen mit Kalk bestreut, in eine Liste eingetragen, numeriert, durchgestrichen und verbrannt.

Am Morgen des dritten Tages als Lebende auf fröhlich lärmende Lastwagen verladen, zwölf Kilometer Fahrt. In aller Frühe schon haben die Vögel dich geweckt. Du hast noch heute die Pracht der übermäßig blühenden Wegraine im Gedächtnis, die vergängliche Ewigkeit des zugehörigen Sommerhimmels und wie wir mit plötzlich gebremstem Schwung (gleich umso drängender klopft dein Herz) bergauf in den Burghof einfuhren. Hier sollt ihr der Reihe nach aussteigen, jeder mit seinem Bündel. Da war es immer noch früher Morgen, hellblau die Luft, kühl und leicht. Kommt dir vor, daß mit dem Ausladen, Absteigen und Verlesen der Listen der ganze unermeßliche Tag ist vertrödelt worden. Hat jeder sich *deutlich* neben seinem Namen aufzustellen. Wie es sich trifft: die Einen bleiben gleich hier auf der Burg, Notquartier, Sperrholzverschläge, die Anderen kriegen amtliche Zettel für ein Zimmer im Dorf; man weiß nicht, wer besser (schlimmer) dran ist. Auf jedem Zettel ein runder Stempel; ein Zettel ist noch kein Zimmer. Derweil ist der Tag vergangen, wie ging das denn zu? Vor einer Weile im wäßrig zerfließenden Licht sind schwarzgefleckte Kühe am Burgtor vorbeigeführt worden. In weiter Ferne, gerade das weißt du noch. Vorher hast du nur weiße und braune Kühe gekannt und jetzt ist der Tag vergangen.

Die Burg eine verzweigte Abendruine, ein düsteres Felsgebirge und fängt an zu husten. Die Häuser tun fremd und gaffen mit leeren Fenstern. Schwer lastet bis heute der amtlich vergeudete Tag auf dir. Jetzt kannst du mit deiner einzigen großen Schwester da bei eurem wie erschlagenen Bündel sitzen, die Lippen wie zu für immer. Unter diesem abendhellen Schweigehimmel voll Schwalben im Flug. Wir sind Menschen. Die Mutter hat euch ein Lächeln dagelassen und ist mit dem amtlichen Zettel und mit ihrer eigenen Müdigkeit hinunter ins fremde Dorf, um nach dem zugewiesenen Zimmer zu suchen. Wie in einem Märchen, das Haus hat gewartet, sie wird an die Tür klopfen. Sie bringt es dann mit oder holt euch gleich ab, auch wenn sie nie lernen wird, den hiesigen Dialekt zu verstehen. Bis sie starb nicht ein einziges Wort. Jetzt kannst du dir in seiner unerläßlichen Dauer geduldig jeden einzelnen Schritt von ihr vorstellen, jetzt am Abend liegt der Erdboden so still unter deinen Füßen. Die Schatten die auf euch zu wachsen. Du wirst dich nicht rühren, bis sie zurück ist und du hast in ihrem Gesicht gelesen.

Und daß du schon damals, schon bei der Ankunft dich hoffnungslos fremd gefühlt hättest, in der Verbannung. Und die Gesichter der Häuser, den lieblosen Dialekt, das Fehlen des Lichts, die falschen Farben als Kränkung empfunden; das bleibt. Jetzt liegt das Dorf unerreichbar im Jahr 1947. Staufenberg im Kreis Gießen.

Peter Kurzeck: Kein Frühling. Roman, Frankfurt am Main: Schöffling. 3. Aufl. 2014, S. 39 ff.

Material 2 **Ralph Schock im Gespräch mit Peter Kurzeck: „Wenn ich schreibe, kann mir nichts passieren“ (2011)**

PETER KURZECK: [...] Ich habe mir vorgenommen, mein Zeitalter aufzuschreiben. Jetzt ist es noch wie eine Landkarte, die erst entsteht, oder ein Puzzle. Da und dort sind schon ein paar Flecken zu erkennen, aber es ist mühsam, sich vorzustellen, was aus dem Ganzen einmal wird. [...] Ich habe die nächsten zwei oder drei Bücher schon angefangen, für jedes Hunderte von Manuskriptseiten geschrieben und Hunderte von Seiten mit Notizen vorbereitet. Jetzt komme ich mir vor wie in der Nachkriegszeit, mit acht, als wir kein Geld und keine richtige Wohnung hatten, nur ein Flüchtlingszimmer, einen Gemeinschaftsdachboden und eine Gemeinschaftswaschküche, und aus den Lagern gerade erst heraus und nach Hessen gekommen waren. Wir hatten nur einen geliehenen Küchentisch und eine Küchenlampe mit einer 15-Watt-Birne. Natürlich mußte gespart werden, die wurde nur angemacht, wenn es ganz dunkel war – in der Dämmerung noch lange nicht. Wenn sie aber dann angemacht wurde, gab sie ein schönes trübgoldenes Licht und machte aus dem Raum eine Art Höhle, weil sie die Ecken nicht ausleuchtete. Es war ein Licht wie auf einem Rembrandt. Und ich sehe mich als Acht- oder Zehnjährigen abends am Küchentisch sitzen, unter der geliehenen Lampe am geliehenen Küchentisch, auch die Stühle waren nicht unsere eigenen, und ich habe ein Stück Papier vor mir. Papier war damals etwas Kostbares. Auch heute werde ich beim Schreiben nie den Gedanken los, daß es etwas Kostbares ist und daß man es bevorraten muß, damit man immer welches hat. Und ich sehe mich an diesem Tisch sitzen und mich erst mit Bleistift und dann mit Buntstiften ein Königreich malen, weil wir so arm waren ... Ich bin natürlich ein König, sonst wäre die Armut ja nicht auszuhalten gewesen. Und das ist, glaube ich, so etwas wie die Vorwegnahme dessen, was ich jetzt tue, nämlich Bücher zu schreiben, die mein Zeitalter festhalten sollen.

Ralph Schock: „Wenn ich schreibe, kann mir nichts passieren. Gespräch mit Peter Kurzeck, SINN UND FORM 5/2011, S. 624–633, URL: https: //sinn-und-form.de/index.php? tabelle=leseprobe&titel_id=4404 (abgerufen am 12. 12. 2019).

Hinweise

Peter Kurzeck (*1943 in Tachau, heute Tschechische Republik; † 2013 in Frankfurt am Main) war ein deutscher Schriftsteller. Seine Familie wurde 1946 aus dem Sudetenland vertrieben. Er zog mit seiner Mutter und seiner Schwester nach Staufenberg bei Gießen, wo er auch seine Jugend verbrachte. Nach dem Tod seiner Mutter 1971 lebte er noch bis 1977 in der ehemaligen Flüchtlingswohnung in Staufenberg. Er begann Anfang der neunziger Jahre seine autobiografische Romanfolge *Das alte Jahrhundert* zu verfassen. Er war Träger verschiedener Literaturpreise.

Rechtschreibung und Zeichensetzung beider Texte entsprechen den jeweiligen Textvorlagen.

TIPP **Bearbeitungshinweise**

Dem Themenvorschlag liegen zwei Materialien desselben Autors und folglich nur einer literarischen Epoche zugrunde. Peter Kurzeck, 1943 geboren, veröffentlichte seinen umfangreichen biografischen Roman *Kein Frühling* über die Nachkriegszeit im hessischen Dorf Staufenberg bei Gießen in erster Fassung 1987. Zum Vergleich mit romantischen Motiven (Teilaufgabe 2) und deutscher Literatur nach 1945 (Teilaufgabe 3) müssen Sie auf Ihr eigenes, im Unterricht erworbenes Wissen zurückgreifen.

Der Schwerpunkt des Themas liegt mit 45 BE auf **Teilaufgabe 2**. Eine gründliche **Vorarbeit** von mindestens 60 Minuten mit verschiedenfarbigen Stiften und Randbemerkungen ist unerlässlich und sollte bereits vor der Niederschrift von **Teilaufgabe 1** gemacht werden.

- Klären Sie die **Erzählperspektive**. Achten Sie auf das **Verhältnis zwischen erzähltem Fortgang des Geschehens, Rückblick und Reflexion**. Auf welcher Zeitspanne liegt eventuell der Schwerpunkt?
- Erschließen Sie sich wiederkehrende, also dem Autor wichtige **Motive** und ihre Bedeutung.
- Achten Sie darauf, wie Naturgeschehen einbezogen und – auch mit Blick auf den Titel – ins Verhältnis zum Kerngeschehen gesetzt ist.
- Gibt es so etwas wie Thesen- oder Ergebnissätze?
- Fragen Sie sich, inwiefern Sie den Text eher als **dokumentarisch oder episch-poetisch** und fiktional empfinden. Suchen Sie Begründungen dafür im Klang der Sätze bzw. in ihrer grammatischen Behandlung, in den sprachlichen Bildern und in der Stimmung (im Sound) des Erzählers.
- Lassen Sie sich während der gesamten Bearbeitungszeit bereits evtl. **vergleichbare Motive romantischer Literatur** durch den Kopf gehen.

Notieren sie Ihre Einfälle in Stichworten. Halten Sie Ihre **Inhaltszusammenfassung** (Teilaufgabe 1) zunächst möglichst knapp, sachlich und frei von eigenen Fragen an den Text. Ratsam ist aber, in ihr bereits über die **Gliederung** des Erzählten (zeitliche Strukturierung, Absätze) zu informieren und eine vorläufige Einordnung der Erzählperspektive zu geben.

Lesen Sie für **Teilaufgabe 3** auch den Auszug aus dem **Interview** von 2011 (M 2) aufmerksam und kritisch. Inwiefern kommt sich der Autor 2011 vor wie in der ja längst vergangenen Nachkriegszeit? Mit welcher Berechtigung kann man seinen momentanen Eindruck („Jetzt …") verallgemeinernd auf **Situation und Selbstverständnis der Schriftsteller** (Plural) nach 1945 beziehen? Welche fallen Ihnen ein? Worin sehen Sie Vergleichbares? Im Lösungsvorschlag wird ein Zitat von Günter Eich eingebunden. Natürlich erwartet man von Ihnen nicht die Fähigkeit, aktuell und in begrenzter Schreibzeit solche Konkretisierungen parat zu haben.

Lösungsvorschlag

TEILAUFGABE 1

Der Auszug aus Peter Kurzecks 1987 herausgekommenem Roman *Kein Frühling* erzählt davon, wie nach Kriegsende 1945 von den Tschechen vertriebene Sudetendeutsche nach langen Irrfahrten und verschiedensten Aufenthalten in diversen Auffang-, Durchgangs- und anderen -lagern schließlich im Juli 1946 in Gießen/Hessen ankommen. Dort werden sie registriert. Im Hof der nahe gelegenen Burg Staufen werden ihnen teils provisorische, teils aber auch schon feste Unterkünfte zugewiesen.

Einleitung
Autor, Titel, Gattung, Erscheinungsjahr, Thema

Kurzeck schreibt autobiografisch und aus dem **Rückblick**. Sein Protagonist ist das **Kind**, das er selbst einmal war. Seine Mutter, die größere Schwester und dieses Kind haben 400 Tage – also mehr als ein Jahr – Flucht, Not, Hunger und Ungewissheit hinter sich, bevor sie endlich wieder Ruhe und so etwas wie eine neue Sicherheit finden.

Inhaltszusammenfassung
Erzählerfigur und Grundsituation

Der feste Punkt, von dem aus in den ersten beiden Absätzen rückblickend erzählt wird, ist darum **Gießen** („Gekommen […] im Hungerjahr 1946. Im Juli", Z. 1 f.; „Zuletzt in Gießen/Lahn aufgefangen", Z. 13). Der erste Absatz vermittelt einen noch eher generellen Überblick über die **Wirrnis, Ziellosigkeit und Not der zurückliegenden Monate**, indem sich der Erzähler die zunächst nicht verfügbaren („Mit Handkarren, zu Fuß […]", Z. 8) und dann vermutlich immer nur kurzfristig organisierbaren großen Fortbewegungsmittel (vgl. Z. 3 ff.) und die Funktionen der unterschiedlichen Lager vergegenwärtigt (vgl. Z. 8 ff.), also Namen, Einzelheiten und Dingliches **rekonstruiert** und sich selbst einschärft, keine Einzelheit je vergessen zu dürfen (vgl. Z. 11 f.).

1. Absatz:
Erinnerung an äußere Umstände der Flucht

Im umfangreicheren zweiten Absatz wiederholt sich, wieder vom trigonometrischen Punkt Gießen aus, diese Rekonstruktion des Gewesenen, wobei nun aber besonders von **inneren Vorgängen und seelischen Nöten** die Rede ist, von den Albträumen während des Lagerlebens und der Angst, vielleicht sterben zu müssen wie viele andere in den als unheimlich empfundenen Baracken.

2. Absatz:
psychische Belastung

Statt von zurückliegenden Tagen erzählen die Absätze drei und vier dann ausschließlich **von einem Tag**. An einem Sommermorgen (vgl. Z. 36 ff.) werden die vor drei Tagen in Gießen eingetroffenen Flüchtlinge auf Lastwagen in den nur 12 km entfernten Burghof der **Burg Staufen** gebracht. Ein ganzer Tag vergeht damit, sie alle unter ihrem Namen und der ihnen in Gießen behördlich gegebenen Nummer zu

3. Absatz:
Zuweisung einer Unterkunft

identifizieren und auf Unterkünfte zu verteilen. Die Mutter bekommt für sich und die Kinder einen Berechtigungsschein für ein **Zimmer im Dorf Staufenberg** und macht sich auf den Weg zur genannten Adresse.

4. Absatz: Ängste des Kindes

Als sie aufgebrochen ist, fühlt sich das Kind, obwohl ja die Schwester noch da ist, allein. Von diesen **Ängsten des Ausgesetzt- und Verlassenseins** erzählt der folgende, vierte Absatz (ab Z. 52). Aber die innere Gewissheit, dass die Mutter wiederkommen wird, ist nicht ganz verschwunden. Künftiges hier einblendend, hören wir zudem, dass diese Mutter bis zu ihrem Tod in Staufenberg nie heimisch werden konnte.

5. Absatz: fremde neue Heimat

Im kurzen Schlussabsatz (ab Z. 66) **bilanziert** der Erzähler, auch selbst in Staufenberg das **Gefühl der Fremdheit** und Verbannung nie losgeworden zu sein. Zugleich aber wendet er sich, von 1987 aus zurückblickend, doch auch empathisch und recht wehmütig dem Dorf zu, das es 1947, also vor 40 Jahren, einmal für ihn war.

TEILAUFGABE 2

Analyse des Textes

Erzählsituation

Deutlich spricht der Erzähler von sich selbst: „da war **ich** drei Jahre alt." (Z. 2) Oft spricht er dieses Kind, das er war, wie in einem inneren Dialog auch in den Formen der **2. Person Singular** als „du" an (vgl. Z. 5 ff.). Erzählzeit ist das **Präsens**. Dieses Präsens unterstützt die Vorstellung, dass der Erzähler wie in Zwiesprache mit diesem damaligen Kind sich Vergangenes vergegenwärtigt. Wenn er in den **Plural** wechselt („wir", „uns", Z. 9, 15), ist nicht unbedingt nur die dreiköpfige Familie gemeint, sondern vielleicht auch das **Schicksal der Mitflüchtlinge** um ihn her. Das Erzählen in der ersten und zweiten Person in Verbindung mit genauen Daten (Juli 1946, vgl. Z. 2; 1947, vgl. Z. 69), Zahlen („vierhundert Tage und Nächte unterwegs", Z. 3; „zwölf Kilometer Fahrt", Z. 37) und Ortsangaben (Gießen/Lahn, Staufenberg im Kreis Gießen, vgl. Z. 13, 69) weist den Roman als **authentisch, zeithistorisch korrekt und autobiografisch** aus. In ihm scheint nichts erfunden zu sein, vielmehr hat es sich Kurzeck zur Aufgabe gemacht, Gewesenes festzuhalten und „keine Einzelheit je vergessen" (Z. 11 f.) zu dürfen.

Motiv des Bündels im Kontext der Erinnerungsarbeit

Alles hat er als Vertriebener verloren, darum bleibt ihm allein **die Erinnerung**. Zum Flüchtling gehört schon klischeehaft **das Bündel**, die geringe Habe, die er mitnehmen konnte. Kurzeck gibt aber diesem Bündel eine zusätzliche metaphorische Bedeutung: Es wird zum Sinnbild des nur noch aus Erinnerungen bestehenden **geistigen Eigentums**, das jeder mitzuschleppen hat, zum Symbol eigener Erinnerungsarbeit und **Selbstvergewisserung** (vgl. Z. 11 f.). Auch als sie im Hof von Burg Staufen aussteigen, wird auf das Bündel hingewiesen, das jeder bei sich hat (vgl. Z. 41). Als aber gegen Abend Panik in den Geschwistern aufkommt, weil die Mutter noch nicht zurück ist, die Burgruine ihnen im Abendlicht zum düsteren Felsgebirge wird, das anfängt zu husten (vgl. Z. 52), als die personifizierten Häuser fremd tun und „mit leeren Fenstern [gaffen]" (Z. 53), verschlägt es nicht nur den beiden die Stimme, sondern auch ihr Bündel ist mitbetroffen und wie erschlagen (vgl. Z. 55) neben ihnen.

Entwurzelungs- und Fremdheitserfahrung der Vertriebenen

Mit der Selbstverpflichtung zur Erinnerungsarbeit verbindet sich textbeherrschend das Motiv der **Fremdheit und Orientierungslosigkeit**. Innerlich, in ihrem Gemüt, sind die Vertriebenen noch zu Hause im Osten, während Züge und Wagen sie doch immer weiter nach Westen davonfortführen. „[J]eder Schlaf träumt dich heim" heißt es leitmotivisch (Z. 6 f., 19). In Selbstansprache resümiert der Ich-Erzähler diese Zerrissenheit: Du bleibst zurück und fährst dir selbst davon (vgl. Z. 7), du bist hinter dir selbst her, musst versuchen dich wieder einzuholen, verstehst die Welt nicht und musst sie dir „jeden Tag mit aller Kraft neu erklären" (Z. 20 f.). „[W]ie denn ankommen?" (Z. 20) lautet die rhetorische Frage: Wie soll das gehen, da man doch immer wieder zum Anfang zurück muss, um ja nichts zu vergessen, denn dann wäre es „verloren für immer!" (Z. 22). Als problematisch empfindet er zudem, dass seit Gießen nicht mehr allein der Name bezeugt, wer man ist, sondern die in amtliche Listen eingetragene Nummer. **Alter Name und neue Nummer:** Das sei „er dann fortan selbst" (Z. 17).

Elend, Krankheit, Tod

Die Erinnerung des Kindes umfasst auch tief bedrückendes Geschehen **in den Notunterkünften** während des Trecks, Hunger und Not, aber auch die Zwangsvorstellung, dass etwa die Baracken zu kriechen beginnen wie Käfer, sobald er die Augen zumacht (vgl. Z. 17 f.). Und das Kind hat mitbekommen, wie viele nicht mehr weiterkonnten, erkrankten („Aus jedem Lager wird ein Spital", Z. 28) und unterwegs starben („So weit geschleppt, bis zum **Tod**. Kreidekreuze.", 27 f.). – Dieser letzte Satz, elliptisch und sich noch weiter verkürzend zum bloßen Stichwort oder Einwort-Satz, ist bezeichnend für den Stil des Textabschnitts. Es kann sein, dass der Druck, möglichst viel notieren, festhalten und erinnern zu müssen, diese **protokollartige Verkürzung** verursacht, in der häufig der flektierte Teil des Prädikats wegfällt und nur die **Partizipien** stehen bleiben, kleine Einheiten, auch bloße Nebensätze, mit Punkt voneinander abgetrennt sind: „Damit sie dich nicht verläßt. Und immer wieder zum Anfang zurück." (Z. 21 f.) Sogar das Subjekt fehlt immer wieder (so in Z. 1, 13 u. a.). Nicht epische Breite und kein ruhiger Erzählfluss entsteht, sondern ein, gelegentlich auch Fragezeichen

syntaktische Gestaltung: zwischen Nüchternheit und Expression und Ausrufezeichen nicht scheuender, **expressiver Text**, in dem **Bericht, Reflexion und Emotion** nah beieinanderstehen können (etwa ab Z. 30 ff.).

Stellenwert der Naturbilder

Ein Schlüssel zum Verständnis des Textes liegt in Kurzecks oft **poetischen Naturbildern**. Mehrfach ist vom üppigen Blühen die Rede, vom Flieder (vgl. Z. 22 f.), von der „Pracht der übermäßig blühenden Wegraine" (Z. 38). Bevorzugt sind es aber **Himmels-Impressionen**, die Bedeutung erlangen (Z. 6, 10, 28 f., 39) bis hin zum metrisch schwingenden und klangvollen „abendhellen Schweigehimmel voll Schwalben im Flug" (Z. 56: Alliteration „schw" und Dominanz des „l"). Relativ selten verstärken oder spiegeln solche Naturwahrnehmungen die erlebte Situation. Einmal ist das wohl der Fall, als nach einer schweren Lagernacht die Sonne rot aufgeht „[w]ie ein Vorzeichen", das wohl eher als schlechtes Omen zu lesen ist, denn sie geht auf als „eine *andere* Sonne", eine fremde Sonne also (Z. 28 f.). Als ähnlich unvertraut, als fremd und sogar kränkend erscheinen auch (neben dem „lieblosen Dialekt") das „Fehlen des Lichts" und die „falschen Farben" in der neuen Heimat (S. 68), und sogar die Kühe sehen hier anders aus als daheim (vgl. Z. 49 ff.). Der „Schweigehimmel" (Z. 56), ein eindrücklicher Neologismus, über der kein bisschen als romantisch erfahrenen Burgruine (vgl. Z. 45) scheint das beklommene Warten der Kinder auf die Mutter zu vertiefen. Dieser Himmel ist schön, aber es ist **kein Trost** von ihm zu erwarten; Abendschatten wachsen vielmehr dunkel auf die Kinder zu (vgl. Z. 63 f.). Und so blüht die Natur in diesem Frühjahr und Sommer 1946 denn auch völlig unbekümmert um die Menschen auf der Flucht, sodass ihre Überschwänglichkeit fast **wie ein Hohn** wahrgenommen werden kann. Die markanteste Beobachtung scheint im ersten Absatz zu stehen: „Ferne Küsten am Himmel, ganze Kontinente im Aufbruch begriffen. **Seit wir uns erinnern, ziehen die Wolken nach Osten**." (Z. 10 f.) Der Himmel im Text ist jeweils nicht im Einklang mit den Menschen. Er verweist auf **Ferneres und Fremdes** oder steht sogar in direkter Opposition: Während die Vertriebenen Richtung Westen transportiert werden, ziehen die Wolken seit Menschengedenken in die Gegenrichtung, die damit als die eigentlich richtige Richtung ausgewiesen ist. Man kann auch lesen: Wir sind auf dem verkehrten Weg; Heimat ist nur in diesem Osten, in den die Wolken ziehen.

Untersuchung der Spiegelung romantischer Motive

Aufschlussreich ist zudem der über den ganzen Roman gesetzte **verneinende Titel „Kein Frühling"**. „Frühling" ist landläufig und besonders in der **Romantik** die wohl prominenteste Chiffre für glücklichen und beglückenden Neubeginn, für Jugend, Aufbruch und Verheißung, für Schwung, Lebenslust und vitale Kraft. So etwa zum Ausdruck gebracht in Eichendorffs Gedichten *Frische Fahrt* und

Die zwei Gesellen. Da ziehen die beiden Gesellen beherzt und erwartungsvoll „so jubelnd recht in die hellen,/Klingenden singenden Wellen/Des vollen Frühlings hinaus". Auch der „Taugenichts" will nicht im Alltagstrott eines Müllers alt werden. Auch ihn lockt im Frühling die Sehnsucht in die Ferne und bis ins sagenumwobene Rom. Romantiker sind, getrieben von Sehnsucht oder auch Liebesleid, die **aktiv** in neue Fernen aufbrechenden **Wanderer**. Ihr Status ist geradezu der Zustand des Unterwegsseins. „Wanderer" meint dabei nicht nur die Überwindung von Berg und Tal, sondern auch den Aufbruch ins bisher geistig Ferne, Unbekannte und sogar Rätsel- und Märchenhafte. Und sie entwickeln die Vorstellung von einer beseelten Natur und sogar einer Weltseele (Schelling), mit der sie das Zwiegespräch suchen. Nicht dem Prosaiker und nicht dem Logiker, wohl aber dem Poeten sei es gegeben, mit seinem „Zauberwort" die nur vermeintlich toten Dinge der Natur zum Klingen zu bringen, sodass Einklang zwischen ihr und dem Menschen gelingen kann (vgl. *Wünschelrute* von Eichendorff).

grundsätzliche Unterschiede in der Motivik

Dies alles steht im **Gegensatz** zu den **Vertriebenen** bei Kurzeck, die es nicht in die Ferne zieht, sondern die, passiv, kurzerhand dahin verschoben werden. Die sich nicht nach fernen Küsten sehnen, sondern nach Hause. Und da sich dem Kind an seinem Lebensanfang keine verlockende, sondern eine es verstörende und **beängstigende Perspektive** auftut, ist ihm sein Lebensfrühling gleichsam genommen oder verbittert und verdorben. Anders als in der Romantik spendet der Himmel weder Verheißung noch Trost. Und die Natur grünt und blüht ungerührt vom Schicksal der Entwurzelten – es gibt keinerlei Zusammenklang zwischen Mensch und Natur.

problematische Konstruktion der Erzählerfigur

Ein Einwand ist bei alledem nicht ganz zu unterdrücken. Glaubwürdig ist, dass die Mutter erschöpft, bitter und heimwehkrank ist, nicht aber das Kind. 1945, bei Beginn der Flucht, ist es zwei Jahre alt. Da hat ein Mensch noch kein Erinnerungsvermögen. Ab drei Jahren kann im besten Fall das eine oder andere rudimentär und zusammenhanglos erinnert werden wie zum Beispiel, dass hessische Kühe anders aussehen als die bisher gesehenen und dass in den Barackennächten viel Angst da war. Aber es konnte sicher nicht ‚ferne Küsten' am Himmel assoziieren und erst recht keine „Kontinente im Aufbruch" (Z. 10). Die Gedanken über Ichverlust und Entfremdung, das Ringen darum, sich „die Welt" jeden Tag neu erklären zu müssen, das Hadern mit Gott und die Selbstverpflichtung zur Erinnerungsarbeit sind **Gedanken eines Erwachsenen**, sind die Gedanken Kurzecks; und die Eindrücke, die er in das Kind, das er einmal war, hineindichtet, können nicht seine gewesen sein. Frühling und Aufbruch sind auch nicht eigentlich Metaphern für Kleinkinder, sondern eher für Jugendliche.

TEILAUFGABE 3

Peter Kurzecks Projekt und dessen biografische Ursprünge

Im Gespräch mit dem Redakteur Ralph Schock spricht Peter Kurzeck 2011, zwei Jahre vor seinem Tod, von seinem noch lange nicht abgeschlossenen schriftstellerischen Projekt. Er habe sich vorgenommen, sein Zeitalter aufzuschreiben (vgl. M 2, Z. 1). Auskunft gebend auf die Frage, warum er Schriftsteller wurde, bezieht er sich auf seine Kindheit in Staufenberg. Weil ihm, dem Flüchtlingskind, die **Armut** unerträglich gewesen sei (vgl. M 2, Z. 21 f.), habe er bereits als Acht- oder Zehnjähriger angefangen, sich ein fiktives, anderes Leben zu entwerfen. Für die Mutter und ihre zwei Kinder gab es, wie schon aus M 1 bekannt, nur ein Zimmer, in dem selbst der Küchentisch samt Stühlen und der Lampe darüber nicht ihnen gehörten. Aber er sieht sich wieder an ebendiesem Tisch sitzen und sich mit Stiften auf Papier allmählich sein eigenes Königreich erschaffen. Kunst also als Flucht, Refugium, Kompensation und Strategie der Lebensbewältigung. Dieser Junge am Küchentisch ist für Kurzeck die **Vorwegnahme** seines späteren Tuns als Schriftsteller (vgl. M 2, Z. 22 f.). Der Unterschied: Der Junge fantasiert sich in eine Märchenwelt und grandiose Rolle hinein. Der Erwachsene verlässt, schreibend, geistig zwar auch die unmittelbare Lebenswirklichkeit, wenn er zurückblickend sein Zeitalter aufschreibt (vgl. M 2, Z. 1); seine Haltung dürfte aber dann eher die des Chronisten, Zeithistorikers und kritischen Realisten sein.

Unterschied: Situation der Nachkriegsschriftsteller

Wenn Kurzeck sich, schreibend, „**wie in der Nachkriegszeit**" (Z. 6) vorkommt, zieht er lediglich die Verbindungslinie von seinem gegenwärtigen Tun zurück zu dem malenden kleinen König damals am Küchentisch. Er vergleicht, erklärt sich damit aber nicht zu einem Schriftsteller der Nachkriegszeit. Was die Literaturgeschichte als **Nachkriegsliteratur** oder Literatur der „Stunde null", als „Trümmer- und Kahlschlagliteratur" bezeichnet, schrieben Autoren, die bereits vor und zumeist in den 1920er-Jahren geboren wurden (Wolfgang Borchert, Böll, Grass, Lenz, Schnurre, Enzensberger, Kunert u. a.). Die Familien mancher wurden Opfer des Holocaust wie im Fall des Lyrikers Paul Celan (*Todesfuge*). Manche kehrten aus dem Exil zurück. Die meisten aber – seelisch und körperlich versehrt und geistig ernüchtert – kamen aus dem Krieg. Sie thematisierten die Aufarbeitung ihrer Erfahrungen („Vergangenheitsbewältigung"), oder sie überspielten und verdrängten sie (wie u. a. Grass). Sie rangen um einen Neubeginn. Ihr Blick auf die junge Bundesrepublik ist skeptisch-kritisch. Besonders bekannt wurden die, die zur „Gruppe 47" eingeladen wurden. (In deren Gründungsjahr Kurzeck gerade einmal vier Jahre alt war.)

Ähnlichkeiten mit Kurzecks Erzählung vom Schicksal der Vertriebenen gibt es dennoch. Günter Grass und Siegfried Lenz sind Heimatvertriebene aus dem Osten und banden die Erinnerung an ihre Herkunft in ihre Romane und Erzählungen mit ein. Borcherts Held Beckmann steht „[d]raußen vor der Tür“, als er mit zerschossener Kniescheibe aus dem Krieg ins zerbombte Hamburg heimkehrt. Auf andere Weise **fremd** und **nicht zugehörig** erfährt sich Kurzecks Familie in Hessen. Auch Borcherts Kurzgeschichten handeln von demütigender **Armut** (*Das Brot*) und **traumatisierten Kindern** (*Nachts schlafen die Ratten doch*). **Erinnerung, Aufarbeitung, Selbstvergewisserung** und das Ringen um einen **Neuanfang** hat Kurzecks Held also mit den älteren Kollegen gemeinsam. Der aus der Kriegsgefangenschaft entlassene Soldat in Günter Eichs Gedicht ***Inventur*** vergewissert sich seiner Habe und seiner Identität als Dichter in einer Sprache, die alles Pathos und auch alle Bildhaftigkeit und Metaphorik radikal verabschiedet hat: „Dies ist meine Mütze,/dies ist mein Mantel,/hier mein Rasierzeug/im Beutel aus Leinen.// Konservenbüchse:/Mein Teller, mein Becher,/ich hab in das Weißblech/den Namen geritzt.//[...] Die Bleistiftmine/lieb ich am meisten:/Tags schreibt sie mir Verse,/die nachts ich erdacht.//Dies ist mein Notizbuch,/dies meine Zeltbahn,/dies ist mein Handtuch,/dies ist mein Zwirn.“

Gemeinsamkeit bei Themenwahl

Auch Kurzecks Schreiben ist **subjektive Bestandsaufnahme**. Auch er sagt „ich“. Eichs vorausgegangene NS- und Kriegserfahrung plus Gefangenschaft und sein Wissen über Geschehenes nötigen ihn zu seiner lyrischen Kargheit („Kahlschlagliteratur“). Ob man nach Auschwitz noch einmal eine klangvolle lyrische Sprache finden wird, ist ungewiss. Die Situation des 1946 noch gleichsam schuld- und schicksallosen Kurzeck ist eine andere. Er erzählt 1987 zwar auch in oft knappen, elliptisch verkürzten Sätzen, kann aber seine Erinnerungen – anders als Eich – ganz unbefangen bildhaft ausgestalten.

Fazit

OPTIMIERUNG DURCH TECHNISIERUNG?

Erlaubte Hilfsmittel

- ein Wörterbuch der deutschen Rechtschreibung
- Textausgaben der Pflichtlektüren ohne Kommentar, ggf. mit Worterläuterungen
- eine Liste der fachspezifischen Operatoren

Dieser Vorschlag bezieht sich auf die Pflichtlektüren Juli Zeh: *Corpus Delicti* und Johann Wolfgang von Goethe: *Faust I.*

Aufgabenstellung

1 Fassen Sie den vorliegenden Textauszug zusammen und arbeiten Sie das im Text deutlich werdende Menschenbild heraus. (Material) (30 BE)

2 Setzen Sie die im vorliegenden Textauszug von Alexander Wendt geschilderten Optimierungsversuche am Menschen in Beziehung zu Juli Zehs Roman *Corpus Delicti* und zu Goethes Drama *Faust I.* (40 BE)

3 Der deutsch-amerikanische Autor Tim Leberecht schreibt in der Süddeutschen Zeitung am 14. September 2015:
„Die total technisierte Gesellschaft braucht Romantik. Mit Algorithmen und Apps wollen wir unser Leben verbessern. Doch dieser Optimierungswahn entzaubert unsere Welt".
Tim Leberecht: Die total technisierte Gesellschaft braucht Romantik, SZ 14.09.2015; https://www.sueddeutsche.de/kultur/digitales-zeitalter-die-total-technisierte-gesellschaft-braucht-romantik-1.2645569-0#seite-2

Diskutieren Sie, auch unter Bezugnahme auf den vorliegenden Text von Alexander Wendt, ob Themen und Motive der Epoche der Romantik einen gelungenen Gegenentwurf zur Technisierung der Gegenwart darstellen. (30 BE)

Material **Alexander Wendt: Kristall. Eine Reise in die Drogenwelt des 21. Jahrhunderts (2018)**

Am 24. August 1998 um vier Uhr nachmittags unterzog sich der britische Kybernetikprofessor[1] Kevin Warwick, damals 44 Jahre alt, einer Operation. Der Chirurg Georg Boulous betäubte in der Tilehurst Surgery Klinik von Reading den Unterarm seines Patienten lokal und plazierte einen Siliziumchip unter seiner Haut. Mit dem elektronischen Teil in seinem Körper konnte Warwick von diesem Tag an in seinem Haus Türen öffnen, Licht ein- und ausschalten und die Heizung regulieren, ohne einen Türknopf oder einen Schalter zu berühren. Sein Körper hatte sich eine neue Fähigkeit im Wortsinn einverleibt. Viele, die davon hörten, hielten das Experiment des Wissenschaftlers der Universität Reading für eine Spielerei. Für die Anhänger der transhumanen[2] Bewegung setzte Kevin Warwick damals zum großen Sprung an. Er verwandelte sich an einem Nachmittag zum weltweit ersten Cyborg – zu einer Schnittstelle zwischen Mensch und Maschine. Der Maschinenanteil nahm nur einen winzigen Platz in seinem Körper ein, und er erlaubte ihm auch nichts, was nicht jeder Mensch auch mit seinem Finger am Lichtschalter hätte erledigen können. Aber darum ging es ihm nicht. Er wollte die biologische Grenze seines Körpers übertreten. Das versuchen Menschen seit vielen Jahrhunderten, vor allem benutzen sie dabei natürliche und später synthetische Substanzen[3]. Warwicks Pioniertat bestand darin, einen neuen Weg zu diesem alten Ziel zu nehmen. […]

Seit Generationen versuchen Menschen auf ziemlich unvollkommene Weise, ihre natürlichen Grenzen mit Drogen zu überqueren. Mit einem zusätzlichen Element, nämlich der Technik, könnte es ihnen gelingen, jetzt zum ersten Mal dauerhaft in eine transhumane Welt zu wechseln.

Unter Biohacking verstehen verschiedene Mitglieder der Szene unterschiedliche Dinge. Klassiker wie Kevin Warwick ausschließlich eine Verbesserung durch Kombination von Biologie und Technik. Andere wie der russisch-amerikanische Unternehmer Serge Faguet optimieren sich durch Substanzen, die sie sich […] zu einer fein orchestrierten chemischen Mischung zusammenstellen. Faguet, in Russland geboren und erfolgreicher IT-Unternehmer nach seinem Studienabbruch in Stanford, entschied sich, seine höchstpersönliche Mischung ins Netz zu stellen. Seiner Rezeptsammlung gab er dort die Überschrift: „Ich bin 32 und habe 200 000 Dollar für Biohacking ausgegeben. Bin ruhiger, dünner, extrovertierter, gesünder, glücklicher geworden." Seit dem Beginn seiner Selbstbehandlung, schreibt er, habe er 26 Prozent Körperfett verloren, seinen Testosteronspiegel gesteigert, er schlafe besser, sei ausgeglichen und habe großartigen Sex. Neben Kraftsport, dem Schlucken von Hormonpräparaten und einem fett- und kohlenhydratarmen und entzündungshemmenden Speiseplan (Fisch, Avocados, grüner Tee) gehört zu seinem Programm die Einnahme des Wachhalters Modafinil, des Stimmungsstabilisierers Lithium und des Zufriedenmachers MDMA. Eine dritte Gruppe in der mittlerweile großen Bewegung der Menschenoptimierer nutzt beide Möglichkeiten. Bei ihnen vereinen sich die beiden Kristalle, die chemischen und die aus Silizium.

Es sind mehrere Dinge, die im Transhumanismus zusammenkommen, klassische, auf neue Weise benutzte Drogen, injizierte Substanzen, von denen möglicherweise neue, auf Gentechnik basierte Varianten entstehen, ständige Implantate und drittens – diese Möglichkeit bietet wahrscheinlich mehr als alle anderen zusammen – der Anschluss an die kommende künstliche Intelligenz. […]

Durch das Feilen an den Genen bietet sich zum ersten Mal eine Chance auf eine höchstpersönliche Droge, entworfen für die Bedürfnisse eines einzelnen von sieben Milliarden Menschen. Verknüpfen Avantgardisten der *Transhumans*-Bewegung außerdem noch eine andere sehr individuelle Struktur – nämlich das Gehirn – mit den Fähigkeiten der Informationstechnologie, dann hätte endlich jeder die Chance, aus der Spezies Mensch auszutreten, um seine eigene Schöpfung zu werden. Für ein transhumanes Manifest genügt im Prinzip der Satz: „Die Menschen haben nichts zu verlieren als die Ketten ihrer ererbten DNA.“ […]

Die Französin Emmanuelle Charpentier entwickelte 2012 eine revolutionäre Technik zum Schneiden von Gensequenzen. […] Ihre Genschere hört auf den Namen CRISPR-Cas9 […].

Die Genschere macht es also möglich, den Erbinformationsstrang an einer vorbestimmten Stelle zu kappen und dort ein neues Stück DNA einzubauen. […]

Beim Zertrennen von DNA handelt es sich nur um die Basistechnik. Den Transhumanisten der Genetikabteilung geht es um die aufregende Möglichkeit, ihr eigenes Erbgut umzubauen, indem sie schneiden und im Copy-and-Paste-Verfahren neue Sequenzen einsetzen. Was nichts anderes bedeutet, als Fehler der menschlichen Grundausstattung auszumerzen. Es gibt Menschen, die besonders langlebig sind, mit besonders wenig Schlaf auskommen, die über ein ungewöhnlich gutes Immunsystem verfügen oder sich durch eine überdurchschnittliche Intelligenz auszeichnen. Dafür lassen sich möglicherweise genetische Grundlagen aufspüren. Wenn sie gefunden sind, könnte ein Optimierer sie sich – vielleicht – in den eigenen gewundenen Strang weben.[4] […] Das heißt, nicht alle könnten das tun. Sondern nur *happy few experts* mit passenden Fähigkeiten und hinreichender Risikobereitschaft […]. Der Unternehmer und Selbstoptimierer Serge Faguet spricht in seinem Manifest mit einer gewissen Brutalität aus, wie Körperveränderungen zu neuen Gesellschaftsverhältnissen führen. „Ich glaube, was wir beim Biohacking tun, bedeutet die Spaltung der Menschheit in getrennte Spezies: Die in ihren Möglichkeiten verstärkten Posthumans, die all diese Entscheidungen treffen (und die sehr wahrscheinlich aus den Tech-Communities des Silicon Valley und aus China kommen werden) – und ‚einfache Humane‘, die (vielleicht) gut behandelt werden, aber nicht wirklich bestimmen, was geschieht.“ […]

Auf der Webseite des amerikanischen Unternehmens Okion, das Biohackingbedarf vertreibt, heißt es: „Du möchtest durch moderne Wissenschaft besser leben, und du weißt, dass es Werkzeuge gibt, um dich zu mentalen Spitzenleistungen zu bringen. Du willst deine Arbeitsproduktivität maximieren, motiviert sein, um jeder Anstrengung die mentale Konzentration zu geben, die sie verdient, du möchtest schneller lesen, bessere Konversationen haben und in einer Weise wirken, wie du es niemals zuvor getan hast.“ […]

Wie in der früheren Chemie leben auch heute die Schöpfer von Mensch/Maschine-Schnittstellen und Genschneider im Zeitalter der Unschuld. In den Foren der *Transhumans* tauscht man sich über die neuesten Errungenschaften aus und kaum über die Frage, wohin sie führen. Das spricht nicht unbedingt für moralische Stumpfheit [...]. Ein Kevin Warwick weiß, dass er grundsätzlichen Fragen begegnen wird, oder die Fragen ihm, je nachdem. Sie liegen allerdings noch hinter einer Nebelwand.

Alexander Wendt: Kristall. Eine Reise in die Drogenwelt des 21. Jahrhunderts, Bonn: Tropen 2019, S. 191–207.

Hinweise

Alexander Wendt (*1966), deutscher Journalist und Buchautor

Die Rechtschreibung entspricht der Textvorlage.

Anmerkungen

1 Kybernetik: wissenschaftliche Forschungsrichtung, die verschiedene Systeme auf selbsttätige Regelungs- und Steuerungsmechanismen untersucht
2 transhuman (auch posthuman): Der Transhumanismus ist eine philosophische Denkrichtung, die die Grenzen menschlicher Möglichkeiten durch den Einsatz technischer und anderer Hilfsmittel erweitern will.
3 synthetische Substanzen: künstliche, im Labor hergestellte Stoffe
4 in den eigenen gewundenen Strang weben: gemeint ist hier, in das eigene Erbgut einsetzen

TIPP **Bearbeitungshinweise**

Sie sehen an Formulierung und Fragezeichen der Überschrift, dass es sich bei Vorschlag C im Kern um eine **Problemerörterung** handelt, die sich allerdings mit den Teilaufgaben 2 und 3 epochenübergreifend weitet, wohl mit dem Ziel, Stammtischgerede zu unterbinden bzw. Niveau und argumentative Stichhaltigkeit einzufordern.

Ihr **Basistext und Impulsgeber** ist einer Publikation von 2018 entnommen (zitiert aus der Auflage von 2019). Sie werden also mit sehr aktuellen Informationen zum Thema versorgt. Der Originaltext ist stark gekürzt (vgl. Quellenangabe: aus den Seiten 191–207). Der Buchtitel *Kristall* bezieht sich auf die aus dem kristallinen Halbmetall Silicium gewonnenen Halbleiter bzw. Chips der Computertechnologie. (Auch das Entwicklungszentrum US-amerikanischer Computertechnologie nennt sich nach diesem Kristall „Silicon Valley".) Da M 1 auch in der Kürzung eine klare Struktur aufweist, sollten Sie in Ihrer Vorarbeit diese **Gliederung sprachlich nachvollziehen**, indem Sie für die einzelnen Schritte eigene Überschriften am Blattrand notieren. Kennzeichnen Sie zudem entscheidende **Stichworte bzw. Fachbegriffe**. Markieren Sie besonders, wo und wie der Autor – das Thema vor einen bestimmten Horizont rückend – sich selbst zu Wort meldet und damit bereits die Erörterung anstößt. Er gibt Ihnen gleichsam einen Kompass in die Hand, mit dem Sie sich durch **Teilaufgabe 2** navigieren können.
Durch das Einbeziehen von **zwei literarischen Werken** kommen viele Inhalte hinzu, sodass Sie aufpassen müssen, das an sich großartige Thema nicht darunter zu verschütten. Sie sollen die in M 1 bezeichneten **Optimierungsprojekte** des 21. Jahrhunderts **in Beziehung** zur großen ***Faust*-Dichtung** setzen, in der Goethe, wie Ihnen bekannt ist, seine Zeit mit Stoffen und Gedankenexperimenten vieler Jahrhunderte vor ihm verbunden hat. Sie sollen zudem **Juli Zehs Roman** von 2009 vergleichend heranziehen. Und für **Teilaufgabe 3** wird erwartet, dass Sie Themen und **Motive der Romantik** im Kopf haben. Zu empfehlen ist vor der Niederschrift der Teilaufgaben 2 und 3 ein kleines **Brainstorming** (Notizen auf Konzeptpapier), damit Sie vorweg ungefähr wissen, was auf Sie zukommt, was Ihrer Meinung nach unbedingt erwähnt werden muss, was außerdem noch infrage kommen könnte und wie viel Zeit Sie zur Ausführung Ihrer Gedanken ungefähr veranschlagen müssen. Hüten Sie sich davor, bei Teilaufgabe 2 trotz ihrer Stofffülle zu breit zu werden. Blättern Sie nicht zu lange in den ausliegenden Textausgaben, denn es fehlt die Zeit zu textbezogen genauerer Argumentation. Auch Teilaufgabe 3 mit 30 BE hat, ebenso wie Teilaufgabe 1, ihr Gewicht. Sie dürfen sie also nicht als Appendix unterschätzen. Erläutern Sie zunächst in eigenen Worten das Statement von Leberecht, bevor Sie **abwägen**, inwiefern romantische Themen als Kompensation zur Technisierung unserer Welt gesehen werden können. Der folgende Lösungsvorschlag bringt mehr Wissen und Beispiele ein, als von Ihnen erwartet wird.

Lösungsvorschlag

TEILAUFGABE 1

Einleitung
Autor, Titel, Jahr, Thema

Unter dem Titel *Kristall. Eine Reise in die Drogenwelt des 21. Jahrhunderts* berichtet der Wissenschaftsjournalist und Buchautor Alexander Wendt 2018 von den ersten Forschungserfolgen an der **„Schnittstelle zwischen Mensch und Maschine“** (Z. 11 f.). Zudem informiert er darüber, dass es eine weltweit vernetzte **transhumane Bewegung** gibt (vgl. Z. 9 f.), die sich über die besten Methoden zur **Optimierung des Menschen** austauscht. Wendt veranschaulicht die neuen Ansätze mit **drei exemplarischen Fällen**.

Zusammenfassung des Textes
drei Fallbeispiele für Optimierung des Menschen
1: Cyborg

Fall 1: 1998 ließ sich der britische **Kybernetiker Prof. Kevin Warwick** einen Silicium-Chip unter die Haut seines Unterarms implantieren, der fortan für ihn die Funktion übernahm, Klinken und Lichtschalter zu bedienen und die Heizung zu regulieren. Der Chip leiste zwar nur, was er ebenso gut selbst tun könnte, aber er habe mit dem kleinen technischen Zusatz im Arm bewusst die naturgegebene **Grenze seines Körpers überschritten** und sich damit „zum weltweit ersten **Cyborg**“ (Z. 11) verwandelt, einem Mischwesen also aus *cybernetic* und *organism*.

Wendt erinnert daran, dass die Menschheit seit Jahrhunderten (vgl. Z. 15 f.) – z. B. unter Zuhilfenahme von Drogen – an dieser Grenze laboriere. Aber erst mit unserem heutigen technischen und chemisch-mikrobiologischen Wissen rücke das Ziel als wissenschaftsbasierte konkrete Utopie näher. Unter dem **Begriff „Biohacking“** (Z. 23) verstehe man gegenwärtig beide Wege: einerseits die Optimierung der Biologie des Menschen durch ihre Kombination mit implantierter Technik bis hin zum Anschluss des Gehirns an KI (vgl. Z. 44 f.), oder andererseits die Selbstoptimierung durch Einnahme oder Injektion verschiedenster chemisch-pharmazeutischer Substanzen. Aber auch die Kombination der beiden Richtungen sei denkbar (vgl. Z. 39 f.).

2: Drogenkonsum

Als **Fall 2** berichtet Wendt vom **IT-Unternehmer Serge Faguet** und seiner ausgeklügelten chemischen Rezeptur, mit der er sich in einen neuen Menschen verwandelt habe: Er sei „ruhiger, dünner, extrovertierter, gesünder, glücklicher geworden“ (Z. 31). Faguet kommuniziert über seine persönliche Mixtur im Internet (vgl. Z. 28 f.).

3: Genmanipulation

Fall 3, den Wendt anführt, ist zwar vorerst noch Zukunftsmusik, aber er stellt die optimale und wohl grundsätzliche Verbesserung der biologischen Grundausstattung eines Menschen in Aussicht und knüpft sich an den Namen der **Genetikerin Emmanuelle Charpentier**. Sie entwickelte 2012 **die „Genschere"**, mit der man theoretisch Gensequenzen des eigenen DNA-Stranges ausschneiden, neue bessere Sequenzen in sie einfügen und damit **das eigene Erbgut** eines Tages vielleicht **umbauen** und verbessern lassen kann. Neben der eigenen Risikobereitschaft bleibe noch die Voraussetzung, das für eine bestimmte Eigenschaft zuständige Gen exakt lokalisieren zu können.

Wendt nennt ein Unternehmen, das per Webseite bereits für seinen Vertrieb für „**Biohackingbedarf**" wirbt (vgl. Z. 77 ff.).

Menschenbild der Transhumanisten: elitäres Selbstverständnis und hierarchische Gesellschaft

Die Transhumanisten denken experimentell-zukunftsorientiert und optimistisch. Wendt fügt aber dem Ende seines Berichts zwei Einschränkungen an. Die eine kommt von Faguet selbst und betrifft **das soziale Zusammenleben** bzw. die voraussehbar **krasse Ungleichheit** künftiger menschlicher Gesellschaften. Die durch Algorithmen und chemische oder genetische Manipulation optimierten Hybriden werden die künftigen „happy few" sein: eine **Elite** aus den „Tech-Communities des Silicon Valley und aus China" (Z. 74 f.). Sie allein werden über die Mehrheit der naturbelassenen Humanen entscheiden, deren Geschick folglich ungewiss ist. Faguets Prognose wirkt, als spräche er von uns unveredelten Humans wie von Haustieren oder Untermenschen: Vielleicht werden sie „gut behandelt" werden (Z. 75), zu sagen hätten sie freilich nichts. In Faguets **Menschenbild** wird sich also mit dem technisch, chemisch oder genetisch potenzierten Post- bzw. Transhumanen der alte **Traum vom „Übermenschen"** verwirklicht haben, den einst Friedrich Nietzsche postulierte. Faguet empfindet sich selbst bereits als gelungenes Exemplar dieser überlegenen Spezies.

Ignorieren moralischer Fragen

Wendt dagegen zieht vom Optimismus der fröhlich sich austauschenden Transhumanisten eine historische Analogie ins Zeitalter „der früheren Chemie" (Z. 84) und äußert sich **skeptisch**. Es wird nicht klar, woran genau er denkt, und statt Chemie hätte er auch Physik sagen können. Aber es gilt wohl generell für ihn, dass sich die jeweiligen Pioniere einer Wissenschaft noch „im Zeitalter der Unschuld" (Z. 85) befinden und, begeistert fixiert auf das Entdeck- und Machbare, die **Frage nach den Folgen** ihrer Errungenschaften noch nicht oder nur selten stellen. **Zu Wendts Menschenbild** gehört aber die **moralische Verantwortung** des Menschen für die Folgen seines Tuns. Die frühen Chemiker jedoch konnten ebenso wenig künftige Luftverschmutzung oder Menschenkloning vorausdenken, wie etwa die frühen Physiker die Atombombe. Auch für Kevin Warwick, der, so Wendt, sehr wohl ahnt, dass sein Ansatz nicht unproblematisch ist, liege das daraus einmal Werdende „noch hinter einer Nebelwand" (Z. 89).

TEILAUFGABE 2

Juli Zeh hat in ihrem Science-Fiction-Roman *Corpus Delicti* einen künftigen Staat entworfen, in dem nicht etwa Freiheit oder Gerechtigkeit zum höchsten Prinzip erhoben wurden, sondern die **Gesundheit** seiner Mitglieder. Ein langes gesundes und schmerzfreies Leben jedes Einzelnen sei die beste Voraussetzung für ein glückliches und zufriedenes Gemeinwesen insgesamt. Um dieses Zieles willen verpflichtet der Staat seine Mitglieder zu sportlichen Leistungen und persönlichen Optimierungen, zu gesunder Ernährung und strikter Abstinenz von toxischen Substanzen wie etwa Nikotin und Alkohol. Der Aufenthalt in wild belassener Natur außerhalb des urbanen Zirkels ist verboten, weil von dort eventuell Keime, Bazillen und Viren eingeschleppt werden könnten. Die Staatsform selbst nennt sich nach diesem Verhaltensprogramm: „Die Methode". Der Kopf der „Methode" ist zugleich ihr Oberideologe und Pressechef. Damit aber garantiert werden kann, dass die Bürger sich (zu ihrem Besten) an die Gebote halten, werden sie überwacht. In ihrem Oberarm ist ein **Chip** implantiert, der sie ablesbar macht. Jeder muss monatlich einmal Rechenschaft über seine körperlichen Daten, Leistungen und Fortschritte ablegen. Im Namen der Gesundheit des Gemeinwesens also hat sich ein **Überwachungsstaat** etabliert. Das vermeintlich gute und vernünftige Ziel führt schnurgerade in eine **Gesundheitsdiktatur**. Wer nachlässt oder gar ausschert, eigene Wege zu gehen und eigene Gedanken zu denken wagt, ist illoyal und wird schnell als zersetzendes staatsgefährdendes Subjekt und als Terrorist dauerobserviert, angeklagt und – wie ein Krankheitserreger – isoliert.

Bezug zu *Corpus Delicti*
totalitärer Staat, der gesundheitliche Optimierung des Menschen zum Ziel hat

Überwachung via Chip

Juli Zeh ist in ihrem Roman weder an Kybernetik noch an Genetik interessiert. Sie demonstriert vielmehr, wie Vernunft und Vernünftiges (Gesundheit) als konsequentes politisches Prinzip – ähnlich wie in Orwells Roman *1984* – in eine politische und soziale Schreckensherrschaft führt, die den Menschen seiner Würde und seiner körperlichen und geistigen Freiheit beraubt. Durch die beiden **Begriffe „Optimierung" und „Chip"** lässt sich Wendts Text mit Zehs Roman verbinden. Die Beseitigung gesundheitlicher Defizite und die Langlebigkeit sind auch Ziele des Methodenstaates. **Aber:** Die Zukunftsvision der Optimierung des Menschen, von der Wendt berichtet, liegt **auf dem Weg zum Cyborg**, zur Verbindung von Mensch und Maschine. Dass das im Ansatz möglich ist, belegt das Fallbeispiel 1. Darin übernimmt der intelligente Chip Arbeit **anstelle** des Menschen, während der Chip im Arm der Methodenbürger lediglich Daten speichert. Die Leistung und Leistungsverbesserung aber muss in Zehs Roman der Mensch ohne digitale Unterstützung nach wie vor analog mit eigener Muskelkraft erbringen. Der andere

Parallelen zu Zielen der Transhumanisten …

… und Unterschiede

gravierende Unterschied liegt darin, dass Wendt von Menschen berichtet, die **aus freiem Entschluss im Selbstversuch** den Schritt ins Posthumane tun. Es ist denkbar, dass Biohacking einmal verordnet wird. Vorerst glaubwürdiger ist aber Serge Faguets Prognose, dass wohl immer nur wenige (the „happy few", Z. 68) die Fähigkeiten und die Risikobereitschaft zu diesem Schritt Richtung KI haben werden.

Bezug zu *Faust*

Fausts Streben nach Selbstoptimierung: geistige Dimension

Goethes Riesenwerk *Faust* scheint mir trotz seines historischen Alters den Gedanken und Beweggründen eines Prof. Warwick oder Serge Faguet und der transhumanen Bewegung näherzustehen als die Zeitgenossin Juli Zeh in *Corpus Delicti*. Den **Doktor Faust** drängt es, **Grenzen zu überschreiten**. Den Transhumanisten geht es darum, **die biologische Grenze ihres Körpers** zu überschreiten (vgl. Z. 15). Faust erleben wir am Anfang aber als einen, der an der **Begrenztheit seines Denk- und Erkenntnisvermögens** verzweifelt. Er möchte mehr, alles, den Urgrund und Kern der Dinge begreifen. Obwohl er weiß, wie töricht sein Wunsch ist, würde er neben den „Flügeln des Geistes" aber durchaus gern auch körperliche Flügel haben, um sich mit ihnen erheben und mit der Abendsonne die tief unten liegende Welt von oben aus betrachten zu können. Das bleibt aber reines Gedankenspiel für ihn. Dass man auf dessen reale Umsetzung hinarbeiten könnte, fasst er nicht in den Blick. Als schließlich am Anfang des 20. Jahrhunderts das Flugzeug Wirklichkeit wurde, wäre es wohl doch nicht eben das gewesen, was Faust Erfüllung gebracht, ihm ein „Verweile doch…" entlockt hätte. Auch Optimierung durch Biohacking wäre seine Sache wohl eher nicht gewesen, denn er begehrt nicht, wie er Mephisto ausdrücklich zu verstehen gibt, schneller, reicher, erfolgreicher oder dergleichen zu werden oder effektiver **analysieren** zu können wie eine KI mit ihren Abermillionen von Algorithmen. Vielmehr möchte er innerlich, **mit innerstem Gefühl** und allen **Seelenkräften** das Wesen der Dinge **schauen:** mit allen Sinnen erfahren. Sein Begriff für Optimierung liegt in erfüllter Sehnsucht. Aber sie treibt ihn gerade nicht ins Abstrakte und Virtuelle oder in technischen Fortschritt, sondern zurück in die Natur, denn Goethe entwarf Faust auch als einen Bruder Werthers in der Zeit des Sturm und Drang. Das Silicon Valley und Warwicks Chip hätten Goethe sicherlich sehr interessiert (etwa so, wie er sich sehr für das Projekt des Panamakanals interessierte). Aber zufriedener hätte Faust kein Chip gemacht, weil es letztlich eine philosophisch-religiöse Unruhe ist, die ihn umtreibt. Die wissenschaftlichen und gelehrten theoretischen und logischen (und eben auch analytischen) Disziplinen lässt er ja gerade hinter sich, wendet sich mit **magischer Beschwörung** dem Geist der Erde zu und nimmt

Unterschiede zu Zielen der Transhumanisten

nach vielfachem Scheitern schließlich mit Mephisto vorlieb und seinen schwarzmagisch-teuflischen Tränken (Drogen) und Praktiken.

In Z. 19–22 erinnert Alexander Wendt an „ziemlich unvollkommene" Versuche der Menschen alter Zeit, ihre natürlichen Grenzen zu überqueren. Faust gehört von heute aus gesehen in diese Kategorie – und dann doch wieder nicht. Faguets Optimierung zu nun großartigem Sex (vgl. Z. 34) hätte ihn freilich auch nicht kaltgelassen. Aber während Faguet sich dank chemischer zufriedenmachender Substanzen (vgl. Z. 37) offensichtlich am Ziel seiner Wünsche sieht, bleibt Faust in Goethes Welttheater der immer strebend sich Bemühende, dessen „tiefbewegte Brust" die höchsten Sterne und die tiefste Lust und „alle Näh' und alle Ferne" nicht befriedigen könne. Gott scheint den **Menschen** geradezu **als das immer suchende, unruhige und fragende Geschöpf** konzipiert zu haben, dessen Inbegriff ihm mit Faust offenbar gelungen ist, sodass er – trotz allem, was passieren wird – Gefallen an ihm hat.

Unstillbarkeit des faustischen Strebens als zentraler Unterschied

TEILAUFGABE 3

Der Journalist Tim Leberecht hat bereits vor sechs Jahren in der *Süddeutschen Zeitung* Position in der Frage „Optimierung durch Technisierung" bezogen. Er hält, was entsprechende Forschungen im Silicon Valley, in Genlaboren und anderswo antreibt, schlicht für verrückt, nennt sie: Optimierungs**wahn**.

Überleitung zum Zitat

Seit den Anfängen der Industriellen Revolution im frühen 19. Jahrhundert wird immer neu jede Innovation des technischen Fortschritts kontrovers diskutiert. Tatsache ist aber, dass dieser Fortschritt trotz aller Einwände mit exponentiell steigendem Tempo weitergeht. Das weiß auch Leberecht und hat in gewisser Weise resigniert. Er plädiert nicht etwa für eine Opposition oder einen Boykott, sondern für Schadensbegrenzung: für Romantik zur **Kompensation** von – so muss man wohl verstehen – fortschrittsbesessenen Dehumanisierungstendenzen. Er möchte vom Rätselhaften von Welt und Mensch zumindest einen Restzauber bewahrt wissen, weil ihm vor einer algorithmischen Erklärbarkeit und Kopierbarkeit noch des letzten Seins-Geheimnisses schlicht graut.

Erläuterung von Tim Leberechts Statement

Als Epoche der deutschen Romantik gilt die Zeit von etwa 1790 bis 1830. Ist also Leberechts Rat reaktionär? Sollen wir uns zurückverkriechen in ein Hüttchen im naturbelassenen Märchenwald? Nein. „Romantik" ist nicht nur eine vergangene Epoche. Aus ihr erwuchsen auch zeitübergreifend wiederkehrende ähnliche Strömungen. Die historische Romantik war die erste kulturell-philosophisch-äs-

Romantik als Gegenentwurf zur Technisierung

thetische Bewegung mit eigenem Lebensgefühl, die von der Aufklärung ausging, aber den **Rationalismus** ablehnte, zu dem Vernunft auch neigt. Ihr Gedankengut kehrt in abgeänderter Form in jeder Steilkurve des technischen Fortschritts wieder wie in der Spätromantik gegen Ende des 19. Jahrhunderts, in den Lebens- und Reformbewegungen Anfang des 20. Jahrhunderts, bei den 68er Hippies, in der Gründungsphase der Partei „Die Grünen". Und jetzt also abermals an der Schwelle in ein IT-erzeugtes transhumanes Zeitalter?

literarische Beispiele für die Problematik eines Optimierungswahns

In allen diesen Bewegungen ist seit der Zeit des Sturm und Drang **Rousseaus „Zurück zur Natur"** nie verklungen. So flieht bereits Faust hinaus in die ihm annähernd göttliche „lebendige Natur". Und für die Romantiker war die Natur erst recht „beseelt", statt nur Objekt zu sein. Schelling nahm eine „Weltseele" an. Ihr fühlte sich der beseelte Mensch verbunden. Etwas davon schwingt immer noch mit, wenn es die Menschen aus der Stadt hinaus aufs Land zieht. Das ist nicht einfach Idyllik. Romantiker wenden sich gegen die Verkünstelung, Technisierung, Mechanisierung und Verdinglichung der Natur und des Menschen. So verhöhnt E. T. A. Hoffman in der Geschichte von „**Klein Zaches**" 1818 das Regierungsprogramm des rational durchorganisierten modernen Staates, dessen Ziel freilich nicht erreicht ist, bevor nicht die Wälder umgehauen, die Flüsse begradigt und Chausseen angelegt sind, jeder gegen die Kuhpocken geimpft ist und Leute von gefährlicher Gesinnung aus dem Staat verbannt sind. – Das liest sich wie eine Vorwegnahme der „Methode" in *Corpus Delicti* und lässt erkennen, dass auch Juli Zeh mit ihrem rebellischen Sympathieträger Moritz Holl letztlich eine Romantikerin ist oder zumindest ähnlich empfindet wie Tim Leberecht.

Merkmale der Romantik

Ob nun **Romantik** „ein gelungener Gegenentwurf" zu den von Wendt vorgestellten Optimierungstendenzen ist, lässt sich nicht sagen, denn sie ist nie etwas Fertiges. Wohl aber ist sie eine **Denkalternative** und ein **Korrektiv**. Zur Romantik gehören: der Traum, das Spiel, Geist und Fantasie; die Ahnung, das Fragment (statt eines geschlossenen Systems); das nicht Auslotbare in Musik und Kunst; das Unterwegssein (im Sinne eines Taugenichts ebenso wie dem eines Faust) mitsamt dem Blick in Strudel und Abgründe; Stille, Sammlung, Begeisterungsfähigkeit, Erschütterbarkeit; das Oxymoron, das Paradox, die Metapher, die Ironie – und das Grundgefühl der Verbundenheit mit der Kreatur und allem, was lebt samt der Kraft zur Poetisierung der Welt: zur Kultur.

Das **zu Perfekte** gerade ist der Romantik verdächtig. Homunkulus, das perfekte Menschlein aus Wagners Labor, stürzt bald über dem Meer ab (*Faust II*). Im Sandmann entpuppt sich das Perfekte als kalte Maschine, die nur Unglück bringt. Als unlebendig verspottet wird auch **der Philister:** der allzu brave, pragmatische und berechnende Biedermann und Kleinkrämer, der wiederkehrt in der Figur des Bürokraten, des **Technokraten** und des auf Linie getrimmten **Bonzen**. Ist die entsprechende Figur heute der IT-Fachmann und **Nerd**? Oder ist der Nerd das Genie unserer Zeit? Wird es bald der **Cyborg** sein?

Fazit: Romantik als notwendiges Gegengewicht

So schreibend merke ich, wohl übereinstimmend mit Leberecht, dass Romantik an sich und losgelöst von jeder Epoche **eine Geisteshaltung** ist und fast so etwas wie ein zu bewahrendes Menschenrecht. Ich wünsche mir sehr, das auch nachfolgende Generationen – wie analytisch oder algorithmisch hochgerüstet auch immer – noch berührbar sind von etwa solchen Versen wie in Eichendorffs kleinem Gedicht *Der Abend* von 1828: „Schweigt des Menschen laute Lust:/ Rauscht die Erde wie in Träumen/Wunderbar mit allen Bäumen,/Was dem Herzen kaum bewußt,/Alte Zeiten, linde Trauer,/ und es schweifen leise Schauer/Wetterleuchtend durch die Brust.“

GENDER UND SPRACHE

Erlaubte Hilfsmittel
- ein Wörterbuch der deutschen Rechtschreibung
- Textausgaben der Pflichtlektüren ohne Kommentar, ggf. mit Worterläuterungen
- eine Liste der fachspezifischen Operatoren

Aufgabenstellung

Unvermindert wird in der Gesellschaft darüber diskutiert, ob in öffentlichen Bereichen, z. B. in der Schule, Dokumente und Texte geschlechterneutral formuliert werden sollen. Deshalb greift eine überregionale Zeitung dieses Thema auf und bittet vor allem junge Leserinnen und Leser um einen Beitrag zu folgender Frage: „Sollen in Deutschland alle Schulen eine genderneutrale Sprache verwenden?"

Verfassen Sie einen Kommentar als Beitrag zur Debatte über diese Frage.

Nutzen Sie dazu die folgenden Materialien (M 1–M 8) und beziehen Sie eigene Erfahrungen und unterrichtliches Wissen über den Zusammenhang von Sprache, Denken und Handeln ein. Formulieren Sie eine geeignete Überschrift. (100 BE)

Material 1 GenderKompetenzZentrum: Was ist Gender? (2006)

Gender hat sich als Fachbegriff für „Geschlecht“ auch im deutschsprachigen Raum etabliert. Für die Übernahme des englischen Wortes spricht, dass im Deutschen mit dem Begriff Geschlecht von den meisten Menschen vor allem das biologische Geschlecht assoziiert wird, also das, was im Englischen als „sex“ bezeichnet wird. Mit dem deutschen Wort „Geschlecht“ ist also bislang das Risiko verbunden, die Bedeutung von Geschlecht als ein historisch veränderbares, soziales und kulturelles Verhältnis aus dem Blick zu verlieren. […]

GenderKompetenzZentrum der Humboldt-Universität zu Berlin (2006): Was ist Gender? URL: http://www.genderkompetenz.info/w/files/gkompzpdf/gkompz_was_ist_gender.pdf (abgerufen am 25. 03. 2020).

Material 2 Anna-Lena Scholz und Thomas Kerstan: Es heißt Stu- denten! dierende! (2016)

Nur fünf Buchstaben änderte unser Redakteur in einem Text unserer Autorin. Daraus entwickelte sich ein Streit: Über Sprache, Gender und die Macht an den Unis.

Lieber Thomas,
vielen Dank für Deine gute Redigatur[1] meines Artikels! Ich bin mit allen Korrekturen einverstanden – fast jedenfalls. Du hast aus den „Studierenden“ in meinem Text die „Studenten“ gemacht. Das generische Maskulinum verschluckt die Studentinnen, mit denen ich bei meiner Recherche gesprochen habe! Einverstanden, dass wir die geschlechtsneutralen „Studierenden“ in meinem Artikel stehen lassen?

Herzliche Grüße Anna-Lena

Liebe Anna-Lena,
Du kannst gern bei den Studierenden bleiben, ich will Dir als Autorin da keine Vorschriften machen. Ich aber mag das Wort „Studierende“ nicht und werde weiter von „Studenten“ schreiben, wenn ich junge Menschen beiderlei Geschlechts meine, die studieren. Das Wort ist kurz und hat sich bewährt. „Studierende“ klingt für mich hingegen gestelzt und bürokratisch. Rund die Hälfte der Studenten ist weiblich; ich sehe nicht die Gefahr, dass ein Wort sie verschlucken könnte.

Herzliche Grüße zurück, Thomas

Lieber Thomas,
Du bist ja selbst Journalist und weißt, wie mächtig Sprache sein kann. Sie bildet die Welt nicht spiegelbildlich ab, sondern prägt und formt unsere Realität. Übrigens haben sprachwissenschaftliche und psychologische Studien nachgewiesen, wie groß der Einfluss geschlechtergerechter Sprache ist: Wenn wir von Politikern, Lesern, Studenten sprechen, dann aktiviert das in unserem Gedächtnis nur männliche Personengruppen. […]

Schöne Grüße Anna-Lena

Liebe Anna-Lena,
stimmt, Sprache kann sehr mächtig sein. Sie muss aber auch gut gepflegt werden, damit sie ein scharfes Schwert bleibt und nicht zu Brei wird. Das Herumdoktern an ihr, um sie vermeintlich gerechter oder weniger diskriminierend zu machen, tut ihr in den meisten Fällen nicht gut. […]
Herzlichen Gruß Thomas

Von: Anna-Lena Scholz
Die Sprache ein „scharfes Schwert"? Meine Güte, wen möchtest Du damit bekämpfen??

Von: Thomas Kerstan
Die Retortenwörter! Sie nerven mich, weil sie hässlich klingen und Fremdkörper in unserer Sprache sind. Das merkst Du sehr gut daran, dass sie sich nicht für Gedichte oder Lieder eignen. Beim Abwägen zwischen „geschlechtergerechter" Sprache und guter Sprache entscheide ich mich für die gute Sprache.

Von: Anna-Lena Scholz
Ehrlich gesagt – wenn die sprachliche Brillanz und argumentative Kraft eines Zeitungsartikels am seidenen Faden des generischen Maskulinums hängt, dann taugt er nicht viel. Ich will mehr Mut zur Kreativität! Mal von Studierenden, mal von Studenten, mal von Studentinnen reden. Oder so lange an der Formulierung basteln, bis man auf ein geschlechtlich codiertes Wort verzichten kann. Die Neuerfindung „Profx" ist auch eine tolle Idee! Für mich ist „gute Sprache" eine politisch reflektierte und bewegliche Sprache, die unseren emanzipatorischen Freiheitsgewinnen Ausdruck verleiht.

Feministisch grüßt:
Anna-Lena

PS: Ich gehe nicht von nur zwei Geschlechtern aus! […]

Anna-Lena Scholz und Thomas Kerstan (16.06.2016): Es heißt Stu- denten! dierende!, URL: http://www.zeit.de/2016/24/sprache-gender-studenten-streit-studierende (abgerufen am 25. 03. 2020).

Anmerkung
1 Redigatur: Prüfung und Bearbeitung im Vorfeld eines Abdrucks

Material 3 Tatjana Thamerus: Brauchen wir eine genderneutrale Sprache? (2015)

[…] Deutschland mag sich nicht gern geschlechtsneutral ausdrücken. Warum eigentlich? […]

Menschen, die sich wie Inter- oder Transsexuelle[1] keinem eindeutigen Geschlecht zuordnen können, sind aus der deutschen Sprache ausgeschlossen. Auch viele Frauen fühlen sich vom Deutschen ignoriert. Genderneutrale Sprache würde das Problem lösen, eine Sprache, in der alle Geschlechter vorkommen.

Sprache sei entscheidend für die Sichtbarkeit und die Akzeptanz von Trans- und Intersexuellen, erklärt Andreas Kraß, Mitglied im Berliner Zentrum für Transdisziplinäre

Geschlechterstudien: „Wir können nur mit der Sprache kommunizieren. Und mit der genderneutralen Sprache können wir der menschlichen Vielfalt Rechnung tragen.“

England zum Beispiel hat im Sommer die neutrale Anrede Mx. (gesprochen Mix oder Max) in das Oxford English Dictionary aufgenommen. Außerdem wird im englischsprachigen Raum they als geschlechtsneutraler Ersatz für she oder he diskutiert. Und in Schweden wurde im Frühjahr das Pronomen hen offiziell eingeführt – als neutrale Alternative zu han („er“) und hon („sie“).

In Teilen ist die genderneutrale Sprache schon in Deutschland angekommen: So sind Unis schon länger dazu übergegangen, von Studierenden zu sprechen. Und nicht mehr von Studenten. Und Lann Hornscheidt, Mitglied des Zentrums für transdisziplinäre Geschlechterstudien der Humboldt-Universität Berlin, schlug vor, die geschlechtlichen Wortendungen durch ein X zu ersetzen – also Professx statt Professor/in.

Und auch die Grünen haben [...] ihre Partei zum Gender-Star verpflichtet. Neben dem Gender Gap (Leser_innen) und dem Binnen-I (LeserInnen) versucht das Sternchen (Leser*innen) all jene Menschen einzubeziehen, die sich nicht in das binäre Mann/Frau-System einordnen wollen.

„Sprache übersetzt sich in Denken und damit auch in politisches Handeln. Wenn in der Sprache nur Männer benannt werden, schließen wir damit Frauen, aber auch Trans- und Intersexuelle aus“, erklärt Gesine Agena, Mitglied im Bundesvorstand der Grünen. „Wir wollen mit dem Gender-Star eine Sichtbarkeit für alle schaffen.“

Schon seit Jahrzehnten setzt sich die Frauenbewegung dafür ein, im Deutschen alle sichtbar zu machen und gleichberechtigt zu behandeln. Die feministische Sprachkritik geht davon aus, dass Frauen derzeit benachteiligt werden und Männer eine Vormachtstellung einnehmen.

Dies führte zu heftigen Diskussionen, aber auch zu Veränderungen: So gibt es in vielen Firmen mittlerweile Leitfäden zur geschlechtergerechten Sprache.

Trotzdem gibt es noch einiges zu tun. Das findet zumindest Nike Roos, gelernte Journalistin und Unternehmerin: „In Deutschland haben wir gerade erst angefangen, so etwas Ähnliches wie eine gendergerechte Sprache zu etablieren. Noch nicht einmal die Frauen sind gleichberechtigt. Oft wird nur die männliche Form genannt.“

Ludwig Eichinger, Direktor des Instituts für Deutsche Sprache in Mannheim, glaubt nicht an ein geschlechtsneutrales Deutsch: Es würde zu stark in das System der Sprache eingreifen, sagt er. „Im Gegensatz zum Englischen ist das grammatikalische Geschlecht im Deutschen stark verankert.“ [...]

Thamerus, Tatjana: Brauchen wir eine genderneutrale Sprache?, aus bento, vom 18. 12. 2015.

Hinweis: Tatjana Thamerus (* 1991) ist Journalistin.

Anmerkung

1 Intersexuelle: Bezeichnung für Menschen, die genetisch oder anatomisch und hormonell nicht eindeutig dem weiblichen oder männlichen Geschlecht zugeordnet werden können; Transsexuelle: Bezeichnung für Menschen, die sich mit ihrem bei der Geburt festgelegten Geschlecht nicht identifizieren können

Material 4 Ingrid Thurner: Der Gender-Krampf verhunzt die deutsche Sprache (2013)

[…] Die simplen Zeiten, in denen eines unumstößlich feststand, nämlich dass es zwei Geschlechter gibt, sind mittlerweile vorbei. So wurde nach Stilmitteln gesucht, die der Vielfalt an Identitäten jenseits von Mann und Frau sprachlich Ausdruck verschaffen. Lösungsvorschläge stammen aus der amerikanischen Queer-Theorie, die davon ausgeht, dass geschlechtliche und sexuelle Identität erst in soziokulturellen Prozessen geformt wird.

Der Gendergap_Unterstrich wird nach der Queer-Theorie jenen gerecht, die sich weder dem Männlichen noch dem Weiblichen zuordnen wollen oder können. Die sprachfeministische Erneuerung hatte noch andere Ideen: Statt des Gendergap_Unterstrichs könnte es auch ein Gender*Stern sein, eine Art Joker für alle verfügbaren Geschlechtsidentitäten. […]

Heutzutage wird die Sprachgerechtigkeit den Frauen von den Männern als Geschenk dargebracht, ist aber bloß ein Ablenkungsmanöver. Diesen Eindruck hat man an den Universitäten: Ihr Frauen bekommt die Binnenversalien[1], und wir bescheiden uns mit den Ordinariaten[2].

Von den Universitäten marschierte die feministische Kampfrhetorik flugs in die Politik. Wer sich Wahlen stellen muss, schwatzt in Verdoppelungen. Bürgerinnen und Bürger. Da redet man mehr und muss weniger sagen. […]

Ein Nutzen der allgegenwärtigen Beidbenennung ist vorerst nicht erkennbar. Drei Jahrzehnte sprachlicher Gleichbehandlung auf vielen gesellschaftlichen Ebenen haben bloß unschöne Texte, aber keine gesellschaftliche Gleichstellung gebracht. […]

URL: https://www.welt.de/debatte/kommentare/article/13305194/Der-Gender-Krampf-verhunzt-die-deutsche-Sprache.html (abgerufen am 25. 03. 2020).

Hinweis
Ingrid Thurner (*1954) ist Ethnologin, Publizistin und Lehrbeauftragte am Institut für Kultur- und Sozialanthropologie der Universität Wien.

Anmerkungen
1 Binnenversalie: Großbuchstabe innerhalb eines Worts, zum Beispiel: BahnCard
2 Ordinariat: Amt einer Professorin oder eines Professors an einer wissenschaftlichen Hochschule

Material 5 Grafik: Das dritte Geschlecht (2017)

Das Bundesverfassungsgericht hat entschieden, dass im Geburtenregister künftig ein dritter Geschlechtseintrag für intersexuelle Menschen möglich sein muss.

Material 6 Kerstin Hensel: Gender-Debatte. Verzeihung, ein Maskulinum! (2015)

[…] Ich lebe unter Menschen, die unterschiedlicher nicht sein können: unter Atheisten, Christen, Juden, Moslems; unter Hell-, Dunkel-, Dick- und Dünnhäutigen; Glückskindern, Pechvögeln, Nerds; unter Hochbepreisten, Punks, Freaks, Säufern, Saubermännern, Kämpfern, Komplexgeladenen, An- und Abgestellten; unter Schwulen, Lesben, Hermen[1] und Heten[2].

Wir wissen: All das, was uns vereint und unterscheidet, macht das Leben aus – das Schöne, Vertraute, auch das Schräge, Bizarre. Wir gehen selbstbewusst und freizügig mit uns um, wehren uns gegen Dummheit, Ungerechtigkeit, Rückständigkeit, lachen über vieles. Wir sagen selbstverständlich Ich und Wir, Mann und Frau. Auch Mann und Mann oder Frau und Frau.

Nun stellt sich ein Amazonenheer vor uns auf, das sich den Namen GENDER auf die Harnische geschrieben hat. Das Problem ist nicht der Gedanke, sondern die radikale Ideologie, mit der dieses Heer ein Gleichheitskonzept auf alles stülpt, was seinen Reiz, sein Leben aus Unterschieden bezieht. Die Gendermainstreamenden[3] haben einen Beistandspakt geschlossen mit Political Correctness, Sprachsäuberern sowie deren Wächtern, mit Religionsmissionaren, Anti-Aufklärern aller Couleur, militanten Veganern und sonstigen Entsagungsfanatikern.

Pardon, jetzt sind mir generische Maskulina herausgerutscht! Und nein, ich gelobe keine Besserung! Die größte Entsagergemeinschaft, scheint mir, ist die der Humorlosen. Über Geschlechterrollen wird in Mitteleuropa seit mehr als 100 Jahren diskutiert. Der Feminismus hat sein Hauptwerk getan. Das ist gut so. Die Befreiung der Frau aus den Knebeln des Machismo ist im Großen und Ganzen gelungen, auch wenn noch viel zu tun ist. Die gesellschaftliche Toleranz von sogenannten nicht-heteronormativen Geschlechtermodellen ist hierzulande vergleichsweise hoch. Mit Verlaub: Gab es für Homo- und Transsexuelle jemals so viel Verständnis?

Aber was müssen ich und andere, mit dem Leben durchaus Vertraute, sich sagen lassen? Beispiel: Literatur, die sich ironisch-satirisch mit dem Thema auseinandersetzt, sei unzumutbar, weil Gender eine durch und durch ernste Sache sei. [...]

Ich bin nicht gegen die Forderung gleicher Rechte von Frauen und Männern. Im Gegenteil. Sie ist noch immer notwendig, vor allem, wenn man in andere Teile der Welt sieht. Es ist Ideologie und Hysterie, die mich abstoßen beziehungsweise lachen lassen. Die Gender-Debatte spaltet inzwischen die Gesellschaft, anstatt Empathie, echte Toleranz und wirkliches Sprachbewusstsein anzustreben.

Hensel Kerstin (30. 07. 2015): Gender-Debatte. Verzeihung, ein Maskulinum!, URL: http://www.deutschlandradiokultur.de/gender-debatte-verzeihung-ein-maskulinum.1005.de.html?dram:article_id=326805 (abgerufen am 25. 03. 2020).

Hinweis
Kerstin Hensel (*1961) ist Autorin von Romanen, Gedichten, Theaterstücken, Essays.

Anmerkungen

1 Hermen: (kurz für „Hermaphroditen") Bezeichnung für doppelgeschlechtliche Individuen, also Individuen mit sowohl männlicher als auch weiblicher Geschlechtsausprägung
2 Heten: (kurz für „Heterosexuelle") Bezeichnung für Menschen, die sich emotional und sexuell überwiegend von Menschen des anderen Geschlechts angezogen fühlen
3 Gendermainstreamende: Menschen, die die Strategie des Gender-Mainstreaming verfolgen, d. h. die Förderung der Gleichstellung der Geschlechter

Material 7 Anatol Stefanowitch: Geschlechtergerechte Sprache und Lebensentscheidungen (2015)

[...] Es ist nun eine interessante Frage, ob die Tatsache, dass wir bei einem generischen Maskulinum zunächst an Männer denken, nur im Versuchslabor messbar ist, oder ob sie auch eine Rolle in der echten Welt spielt. Und zur Beantwortung genau dieser Frage trägt eine Studie meiner FU[1]-Kollegin Bettina Hannover und ihres ehemaligen Doktoranden Dries Vervecken bei, die vor einigen Monaten erschienen ist und nun dank einer Pressemeldung der Deutschen Gesellschaft für Psychologie öffentliche Aufmerksamkeit erhält.

In dieser Studie legten die Autor/innen Schulkindern im Alter von 6–12 Jahren dreizehn Berufsbezeichnungen vor, die entweder stereotyp männlich waren (Astronaut/in,

Lastwagenfahrer/in, Geschäftsmann/-frau, Erfinder/in, Bürgermeister/in, Maurer/in, Feuerwehrmann/-frau und Automechaniker/in), oder die stereotyp weiblich waren (Blumenverkäufer/in, Babysitter/in, Zahnarzthelfer/in, Raumpfleger/in und Kosmetiker/in). Jeder dieser Berufe wurde den Kindern vorgelesen und kurz definiert, wobei eine Gruppe Paarformen zu hören bekam (z. B. „Feuerwehrfrauen und Feuerwehrmänner sind Personen, die Feuer löschen"), und eine Gruppe das „generische" Maskulinum (z. B. „Feuerwehrmänner sind Personen, die Feuer löschen"). Zu jedem Beruf mussten die Kinder vier Fragen beantworten:

1. Wie wichtig ist es, ___ zu sein?
2. Wie schwer ist es, den Beruf ___ auszuüben?
3. Wie schwer ist es, den Beruf ___ zu erlernen? Und
4. Was glaubst du, wie viel Geld ___ verdienen?

Aus den Antworten ergaben sich durch eine Faktorenanalyse zwei Faktoren: Status (Frage 1 und 4) und Zugänglichkeit (Frage 2 und 3).

Bei den stereotyp männlichen Berufen wurden beide Faktoren durch die Art der Präsentation (Paarformel oder „generisches Maskulinum") beeinflusst: Im generischen Maskulinum schrieben die Kinder den Berufen erstens einen höheren Status zu und hielten sie zweitens für schwerer zugänglich, als wenn sie in der Paarform präsentiert wurden. Bei den stereotyp weiblichen Berufen gab es keinen solchen Effekt.

So weit bestätigt das Experiment aus linguistischer Perspektive auf eine sehr interessante Weise den semantischen Effekt des generischen Maskulinums – dies wird offensichtlich als „männlich" interpretiert, woraus sich die stereotype Zuschreibung eines höheren Status und eines höheren Schwierigkeitsgrades ergibt. Eine Wechselwirkung zwischen Grammatik und gesellschaftlichen Stereotypen (dass der Effekt nur bei stereotyp männlichen Berufen statistisch signifikant wird) lässt sich auch in anderen Studien beobachten.

Besonders interessant wird die Studie aber dadurch, dass die Autor/innen die Kinder zusätzlich fragten, ob sie sich selbst den jeweiligen Beruf zutrauten. Auch hier zeigte sich ein Effekt der jeweiligen sprachlichen Bedingung dergestalt, dass sich Kinder beiderlei Geschlechts einen Beruf eher zutrauen, wenn er in der Paarformel präsentiert wird, als wenn er im „generischen" Maskulinum präsentiert wird. Außerdem zeigte sich, dass sich Jungen stereotyp männliche Berufe unabhängig von der Art der Präsentation eher zutrauen als Mädchen.

Die Autor/innen zeigen dann, dass dieser Effekt durch den vermeintlichen Schwierigkeitsgrad des Berufs hervorgerufen wird (der seinerseits durch die Art der Präsentation bedingt ist).

Kurz zusammengefasst: Wird ein Beruf im „generischen" Maskulinum präsentiert, wird er von den Kindern als schwerer zugänglich wahrgenommen, was ihre Einschätzung, den Beruf selbst ausüben zu können, negativ beeinflusst. Bei den Jungen wird diese negative Einschätzung dadurch ein Stück weit ausgeglichen, dass die gesellschaftliche Stereotypisierung dieser Berufe als „männlich" es ihnen nahelegt, dass sie diese Berufe trotzdem ausüben können.

Mit anderen Worten: Die Art, in der wir über stereotyp männliche Berufe reden, hat vor allem einen Einfluss darauf, ob Mädchen sich diesen Beruf zutrauen. Die konsequente Verwendung von Paarformeln kann dazu führen, dass sie den Beruf als zugänglicher bewerten und ihn für sich selbst als realistische Berufswahl einschätzen. […]

Stefanowitsch, Anatol (09. 06. 2015): Geschlechtergerechte Sprache und Lebensentscheidungen, URL: http://www.sprachlog.de/2015/06/09/geschlechtergerechte-sprache-und-lebensentscheidungen (abgerufen am 25. 03. 2020).

Hinweis

Anatol Stefanowitsch (*1970) ist Professor für Sprachwissenschaft an der FU Berlin.

Anmerkung

1 FU: Freie Universität Berlin

Material 8 Umfrage des Meinungsforschungsinstituts Civey für t-online.de zur Nutzung geschlechtsneutraler Sprachformulierungen (2019)

Ist die Nutzung geschlechtsneutraler Sprachformulierungen Ihrer Meinung nach eine sinnvolle Maßnahme zur Gleichstellung aller Geschlechter?

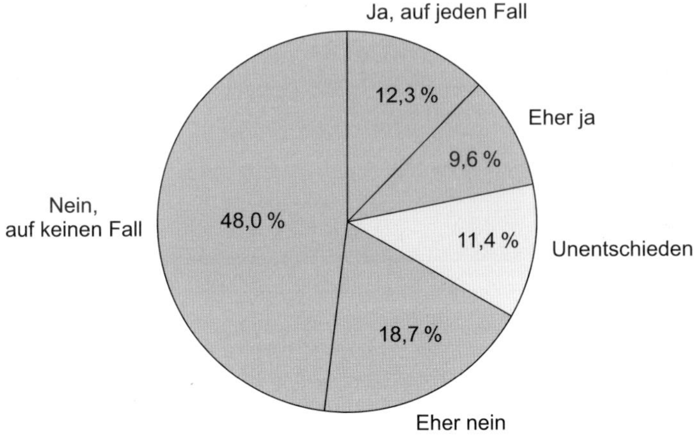

eig. Darstellung in Anlehnung an: Umfrage des Meinungsforschungsinstituts Civey für t-online.de zur Nutzung geschlechtsneutraler Sprachformulierungen (25. 01. 2019)

Hinweis

Sofern nicht anders angegeben, entsprechen Rechtschreibung und Zeichensetzung in allen Materialien der jeweiligen Textquelle.

TIPP **Bearbeitungshinweise**

Die Aufgabe hebt sich durch ihre Komplexität von anderen Aufgabenformaten ab. Denn Ihr Text ist nicht durch die übliche Dreiteilung der Aufgabenstellung vorstrukturiert, sondern Sie müssen ihn selbst **gliedern**. Dabei können Sie sich in Ihrem **Kommentar** grob an der Struktur einer klassischen Erörterung orientieren – wenngleich der Aufbau des Kommentars viel weniger schematisch ist. Da Sie das Thema in mehrere Richtungen abwägen und im Vorfeld entscheiden sollten, welche Argumentationsgänge Sie gut ausführen können, müssen Sie sich für die **Vorarbeit** genügend Zeit nehmen – ohne die Uhr aus dem Blick zu verlieren.

Markieren Sie zunächst in der Aufgabenstellung, was Sie diskutieren müssen: Sollen in Deutschland alle Schulen eine genderneutrale Sprache verwenden? Diese Aufgabe ist mit einigen Überlegungen verbunden: Sie müssen zunächst klären, was mit dieser Frage eigentlich gemeint ist. Sieht das Modalverb „sollen" eine Verpflichtung oder eine Empfehlung vor? Was ist mit „Schulen" gemeint: die Schulgemeinde oder nur Lehrkräfte? Damit Sie sich nicht verzetteln, überlegen Sie sich, wozu Ihnen viel Relevantes einfällt, und **grenzen Sie das Thema ein**. Sie können Ihre Überlegungen dazu in Ihrem Kommentar erklären. Diese Vorgehensweise kennen Sie vielleicht von Debattierwettbewerben an Ihrer Schule.

Auch sollten Sie sich vorher bereits für eine **Position** entscheiden, damit Sie beim Schreiben immer im Blick haben, worauf Sie hinauswollen. Argumente und Ideen für Ihren Kommentar finden Sie während der Vorarbeit am leichtesten, wenn Sie **These und Antithese** zu dem von Ihnen eingegrenzten Problem formulieren: Gehen Sie z. B. von einer Verpflichtung zu genderneutraler Sprache aus, sammeln Sie auf der einen Seite (z. B. in einer zweispaltigen Tabelle) Argumente zur These „Lehrende und Lernende sollen zu einer genderneutralen Sprache verpflichtet werden", auf der anderen Seite notieren Sie Aspekte zur **Gegenthese**. Achten Sie darauf, dass Sie die **Materialien** „ausschlachten", sich aber nur auf relevante Aspekte beziehen. Notieren Sie sich immer die Materialnummer dazu. Greifen Sie auch auf konkrete Beispiele und Argumente aus Ihren **Erfahrungen** und auf Ihre eigenen **Kenntnisse** zurück. Man sollte zudem merken, dass Sie sich im Unterricht mit dem Thema „Genderneutrale Sprache" befasst haben.

Erstellen Sie eine **Gliederung**, an der Sie sich beim Schreiben orientieren können. Wichtig ist dabei, dass Sie einen eigenen Gedankengang entwickeln und sich an geeigneter Stelle immer wieder auf Informationen aus dem Material beziehen. Es darf aber nicht so aussehen, als gäben Sie nur die Materialien wieder.

Denken Sie beim Schreiben an den **Adressatenbezug**! Sie dürfen aus Ihrer **Schülerperspektive** schreiben – denn Sie wurden ja explizit als junge Lesende dazu aufgefordert; aber Sie schreiben für eine überregionale Zeitung, Ihr Kommentar erreicht also einen weiteren Leserkreis als Ihre Mitschüler*innen. Und hier gilt ganz speziell: Entscheiden Sie, ob und wie Sie gendergerechte Sprache auch in Ihrem Kommentar anwenden. Hier beispielsweise wurde der Vorschlag aus Material 2 aufgegriffen, keine Form bevorzugt einzusetzen.

Lösungsvorschlag

Sterne, Lücken, Doppelpunkte – wie macht man alle sichtbar? Chancen und Gefahren einer verordneten Gendersprache an Schulen

Neugier weckende Überschrift

Liebe AbiturientX, liebe LehrX, liebe HelfX, liebe SekretärX! Ich freue mich, dass wir uns heute zur Abiturfeier versammelt haben, um die SchülX zu ehren, die in diesem Jahr von ihren PrüfX die Allgemeine Hochschulreife bescheinigt bekommen haben.

provokanter **Einstieg**

So könnte in Zukunft eine korrekte, gendergerechte Abiturrede beginnen, die niemanden ausgrenzt. Das Beispiel greift einen Vorschlag von Lann Hornscheid, Mitglied des Zentrums für transdisziplinäre Geschlechterstudien der Humboldt-Universität in Berlin, auf, nach dem die **geschlechtlichen Wortendungen durch ein X** ersetzt werden sollen. Doch die Sprachkonstruktion klingt nicht nur **gestelzt** und **sperrig**; sondern sie geht sprichwörtlich nicht gut über die Lippen. Aber es gibt auch mildere Formen der gendersensiblen Sprache, die die Aussprache erleichtern und damit auch die Hürde herabsetzen: etwa das **Binnen-I** (LehrerInnen), den **Gendergap-Unterstrich** (Schüler_innen), den **Gender-Star** (Helfer*innen) oder den eine Sprechpause implizierenden **Binnen-Doppelpunkt** (Abiturient:innen) – oder einfach die neutrale **Partizip-Form** (Lehrende).

Formen genderneutralen Sprechens

Bezug zu M 3

Glaubt man einer Studie zum Einfluss von gendergerechter Sprache auf Lebensentscheidungen junger Menschen, wirkt sich eine solche **genderneutrale Sprache** positiv auf **gendergerechtes Handeln und Denken** aus, das an allen demokratischen Institutionen nach Kräften gefördert werden sollte. Und nirgendwo scheint es sinnvoller zu sein, dieses Ziel zu verfolgen, als **an unseren Schulen**. Warum also nicht gleich alle **Schulen in Deutschland verpflichten, eine gendergerechte Sprache zu verwenden**?

Hinführung zur Fragestellung

Bezug zu M 7

Und ist es nicht auch wichtig, sich aus der eigenen Komfortzone herauszubewegen, sich zu zwingen, eigene Gewohnheiten zu verändern und damit dem Begriff „Gender" als „**historisch veränderbares, soziales und kulturelles** Verhältnis" gerecht zu werden?

Begriff „Gender"

Bezug zu M 1

Vorteile hätte die Verpflichtung zur gendergerechten Sprache: Denn wo könnte die gesellschaftliche Wirkung größer sein als an dem Lernort, an dem sich **alle jungen Menschen** mindestens neun Jahre lang aufhalten? Je früher sie sich positive, nicht diskriminierende Sprachgewohnheiten aneignen, desto besser! Wenn Lernende von Anfang an **konsequent** mit gendergerechter Sprache konfrontiert werden, klingen auch die Konstruktionen nicht mehr holprig.

Pro-Argumente
große Wirkung durch Prägung und Permanenz

Lehrende sind sprachliche Vorbilder, und Kinder **übernehmen automatisch Sprachgewohnheiten** von erwachsenen Bezugspersonen. Wenn (neue) Sprachgewohnheiten „von unten hochwachsen“, erledigt sich die Diskussion um die Sperrigkeit der Konstruktionen im Erwachsenenalter von selbst.

Zudem ist Schule dazu verpflichtet, Kinder und Jugendliche zu toleranten Menschen heranzuziehen. Das auch auf sprachlicher Ebene zu tun und damit die Macht der **Sprache** zu nutzen, hieße eine Art Wechselwirkung anzustoßen: Sprache muss so konstruiert werden, dass sie die **Vielfalt sichtbar macht**, meint zum Beispiel Andreas Kraß, Mitglied im Berliner Zentrum für Transdisziplinäre Geschlechterstudien. Im Gegenzug „**prägt und formt**“ sie unser **gesellschaftliches Zusammenleben**. Davon sind viele Befürworter*innen einer gendergerechten Sprache, wie die Autorin Anna-Lena Scholz, überzeugt. Wenn aus Bequemlichkeit weiterhin lediglich das „generische Maskulinum“ benutzt werde, „aktivier[e] das in unserem Gedächtnis nur männliche Personengruppen“, so die Autorin. Und nicht nur Frauen, sondern auch „Menschen, die sich wie Inter- oder Transsexuelle keinem eindeutigen Geschlecht zuordnen können, sind aus der deutschen Sprache **einfach ausgeschlossen**“, meint die Journalistin Tatjana Thamerus. Auch für Andreas Kraß ist die Sprache unverzichtbar, um **Trans- und Intersexuelle sichtbar zu machen** und ihre gesellschaftliche Akzeptanz zu fördern.

Erziehung zu Toleranz und Respekt

Bezug zu M 3

Bezug zu M 2

Bezug zu M 3

Man müsste an den Schulen noch nicht einmal bei null anfangen: Einerseits benutzen viele Lehrende bereits gendergerechte Sprache in **Arbeitsblättern** oder auch in der **gesprochenen Sprache**. Andererseits kann man zudem an Tendenzen einiger deutscher Universitäten anknüpfen, die sich bereits einer gendergerechten Sprache verpflichtet haben: An vielen Hochschulen gibt es schon **Kommunikationsleitfäden** für gendergerechte Sprache; und im Internet findet man eine Vielzahl von Anleitungen, eine Seminararbeit zu gendern.

Bezug auf Bestehendes

Andere europäische Länder wie Schweden oder England sind da schon viel weiter als wir: In **England** wurde bereits die „neutrale Anrede Mx. […] in das Oxford English Dictionary aufgenommen“ – der englische „Duden“ hat seine Eintragungen also schon angepasst.

Schritthalten mit europäischen Ländern

Bezug zu M 3

Diese Schritte haben eine Vorbildwirkung. Auch das oft schwerfällig wirkende Bundesverfassungsgericht hat entschieden, dass in Zukunft im Geburtenregister ein **dritter Eintrag für intersexuelle Menschen** möglich sein muss; staatliche Institutionen müssen also auf die **Veränderungen in der gesellschaftlichen Realität** eingehen und aktiv daran arbeiten, **überkommene Rollenbilder und Rollenverhalten aufzulösen**.

Anknüpfen an BVerfG-Urteil

Bezug zu M 5

Und dass Sprache das Bewusstsein und das Denken tatsächlich prägt und formt, besagt nicht nur die Sapir-Whorf-Hypothese. Verschiedene Studien belegen diesen Einfluss – zum Beispiel auch die oben bereits erwähnte **Studie an 6- bis 12-Jährigen:** Feuerwehrfrau und Kosmetiker – Kinder, denen stereotyp männliche oder weibliche Berufe auch in der entsprechenden männlichen oder weiblichen Form vorgestellt wurden, **bewerteten die Berufe anders** als Kinder, denen diese Berufe in einer genderneutralen Sprache vorgelesen wurden: In der Testgruppe ohne genderneutrale Sprache wurde den stereotyp männlichen Berufen **ein höheres Gehalt** zugeordnet, und den Zugang zu einem stereotyp männlichen Beruf schätzten die Kinder als **viel schwieriger** ein. Sehr eindrücklich zeigt diese Studie, welche **Rollenbilder** sich bereits bei Kindern **in diesem Alter festgesetzt** haben und wie sie durch **Sprache zementiert** oder eben **aufgebrochen** werden können.

Sprache formt und prägt das Bewusstsein

Bezug zu M 7

Immerhin: In Behörden und Medien wird bereits seit Jahrzehnten die Doppelnennung (also: Schülerinnen und Schüler) praktiziert. Wie hat sich das jahrelange Bemühen um eine gendergerechte Sprache ausgewirkt? Das **Resümee** einer Analyse der gesellschaftlichen Wirklichkeit fällt **noch immer kläglich** aus: Frauen sind noch lange nicht gleichberechtigt, Männer sitzen weiterhin eher in Führungspositionen als Frauen und traditionelle Rollenbilder scheinen bereits vor dem Grundschulalter so gefestigt, dass die Schule sie kaum zu korrigieren vermag. Die **gesellschaftliche und soziale Wirkung** ist also noch **weit entfernt vom Idealzustand**. Ein Indiz dafür, dass Sprache allein Rollen- und Weltbilder nicht umzustürzen vermag.

Kontra-Argumente
bisher geringe gesellschaftliche Wirkung

Bezug zu M 4

Was heißt es denn genau, wenn Schulen in Deutschland eine gendergerechte Sprache verwenden sollen? Zur „Schule“ gehören: alle **Schulbehörden**, die **Schulverwaltung**, das **Lehrpersonal** und natürlich auch die **Lernenden**. Schule spiegelt gesellschaftliche Strukturen; laut einer Umfrage des Meinungsforschungsinstituts Civey zweifelten 2019 ungefähr zwei Drittel der Bevölkerung an der **Sinnhaftigkeit** der gendergerechten Sprache zur Gleichstellung aller Geschlechter. Die Wahrscheinlichkeit ist also relativ hoch, dass die **Akzeptanz** auch bei einigen Lehrern eher **gering** ausfällt. Die Forderung nach einer Verwendung von gendergerechter Sprache an Schulen erscheint somit weit weg von der Realität.

fehlende Akzeptanz

Bezug zu M 8

Und auch das darf man nicht aus dem Blick verlieren: Was bedeutet die verpflichtende gendergerechte Sprache für den Unterrichtsstoff? Dürfen nur mehr Texte gelesen werden, die sich einer gendergerechten Sprache bedienen? Sollen in Zukunft **literarische Texte** für den Unterricht danach ausgewählt werden, ob sie dem Gradmesser

Probleme bei praktischer Umsetzung

Bezug zu M 2

der **Gendersensibilität** standhalten? Man kann sich dabei kaum ein **Gedicht mit Gender-Star** oder Gender-X vorstellen.

Wie will man die Verwendung an Schulen bei so wenig Rückhalt in der Bevölkerung durchsetzen? **Erzwingen**? Kaum möglich. Ein regelrecht verordneter Eingriff in die deutsche Sprache kann nicht gesund sein – nein, er wäre sogar unzulässig; eine **Sprachpolizei undenkbar** in einem demokratischen Staat und in einer Institution, die sich auch der Demokratieerziehung verpflichtet hat.

Auch bei uns Schülern ist das Thema heiß umstritten. Auf der einen Seite würden viele meiner Mitschüler mit der Vorgabe, sich gendersensibel auszudrücken, nicht mitgehen – schon allein, weil wir auch Sprache untereinander **so unkompliziert wie möglich** halten möchten. Wir **kürzen** unsere Sprache eher, als dass wir sie noch komplizierter machen. Wir wollen uns **ungezwungen** unterhalten und nicht darüber nachdenken müssen, politisch korrekte Formulierungen zu konstruieren. Das Lebendige der Sprache, unsere **Schlagfertigkeit**, geht dabei einfach verloren.

Jugend ökonomisiert Sprache

Nicht zu unterschätzen ist außerdem die Wirkung der Sprache in den vor allem für Jugendliche omnipräsenten sozialen Medien. Die hier oft **fehlende Verwendung einer gendergerechten Sprache** wirkt viel dominanter und attraktiver auf Jugendliche als die ständigen Ermahnungen unserer Lehrerinnen, korrekt zu gendern.

Macht der Social Media

Auf der anderen Seite strafen einige meiner Mitschülerinnen einen mit Liebesentzug, wenn man sich nicht ständig gendergerecht ausdrückt. Manche Unterrichtsdiskussionen verlieren an Dynamik, wenn um **genderneutrale Kommunikation gerungen** wird. Die **Humorlosigkeit** und **Verkrampftheit** kann einem die Freude an jeder Diskussion nehmen – was am Ende dazu führt, dass man **aus Trotz** wieder zum generischen Maskulinum zurückkehrt. Was im Unterricht im Kleinen deutlich wird, kann – wenn eine gendergerechte Sprache tatsächlich angeordnet wird – in einer ganzen Institution auch **zur Spaltung führen** und damit eher **kontraproduktiv** werden. Die Skepsis in der Bevölkerung ist ein Hinweis darauf, dass Menschen mit Abneigung auf das mitunter sehr **emotional-radikale** und **ideologisch aufgeheizte Einfordern** einer gendersensiblen Sprache reagieren.

gesellschaftliche Spaltung durch Reformdruck

Bezug zu M 6

Dennoch wollen wir auch in der Schule Vielfalt in Sprache abbilden und niemanden diskriminieren! Dass es aber allein **so viele verschiedene Vorschläge** zur Umsetzung gibt, macht deutlich, dass es **fast unmöglich** ist, im Deutschen eine gendersensible Sprache zu konstruieren, die **leichtfüßig** daherkommt, **praktikabel umsetzbar** ist und noch dazu **niemanden ausgrenzt:** Sowohl beim Binnen-I und

verwirrende Vielfalt der Vorschläge

-Doppelpunkt, aber auch beim Gender-Sternchen **dominiert plötzlich das Weibliche**, das **dritte Geschlecht** ist sprachlich überhaupt **nicht zu hören** – so sehr man auch betont, dass gerade der Asterisk alle Geschlechter meint. Bei der Verdopplung Lehrerinnen und Lehrer taucht das dritte Geschlecht gar nicht erst auf. Nur die Sprachkonstruktion in unserer Abirede erfüllt die Anforderungen an Gerechtigkeit – und ist gleichzeitig eben fast unaussprechlich. Ein Dilemma – zumal alle Formen für **Lernschwache** oder **Einwanderer** die **Sprachbarrieren** noch einmal erhöhen.

Die Probleme beim Anpassen der Sprache beweisen, dass das **grammatische Geschlecht** „im Deutschen **[viel stärker] verankert**" ist als z. B. im Englischen, wie Ludwig Eichinger, Direktor des Instituts für Deutsche Sprache in Mannheim, sagt. Dadurch ist der Eingriff natürlich auch gravierender.

Eingriff in die Sprache zu groß

Bezug zu M 3

Wollen wir also gendergerechte Sprache an deutschen Schulen umsetzen, dann nicht ohne eine sehr **behutsame Vorbereitung** und das Wissen um den schmalen Weg, auf dem man sich angesichts einer gespaltenen Öffentlichkeit begibt. Heißt: **Erneute Diskriminierung vermeiden** und gleichzeitig die **SkeptikX ins Boot holen**.

Fazit

behutsames Vorgehen

Ist das möglich? Ja!

Eine Möglichkeit wäre z. B., die **sprachliche Kreativität** anzuregen, wie es die Autorin Anna-Lena Scholz vorschlägt und wie es auch in diesem Kommentar versucht wurde: **Jede Form ist erlaubt**, damit ein Text oder gesprochene Sprache so gestaltet werden kann, dass keine Konstruktion und damit kein Geschlecht bevorzugt wird. Auch Formen, die gar kein Geschlecht ansprechen (z. B. die Lehrkraft), fördern somit die Sprachkreativität.

Kreativität anregen

Bezug zu M 2

Wenn man davon ausgeht, dass Lehrer sprachliche Vorbilder sind, kann die Veränderung auch zunächst **beim Lehrpersonal anknüpfen** und zunächst ungezwungen mit **Empfehlungen** gearbeitet werden. So dürfte auch das generische Maskulinum verwendet werden, ohne dass man dafür abgestraft wird; im Gegenteil – wenn man **etwas mehr Humor** zulässt, gewinnt die Debatte an Leichtigkeit und die gendergerechte Sprache Befürworter. Eine Umgewöhnung kann dann schrittweise erfolgen. **Praktikable Leitfäden** ohne moralischen Zeigefinger können bei der Umsetzung helfen.

schrittweise Umsetzung

Allerdings funktioniert ein Umdenken zu **mehr Toleranz** nicht nur über Sprachpflege. Gerade die Schule kann die Einstellung von Kindern und Jugendlichen durch zusätzliche Maßnahmen positiv beeinflussen: eine Queer-AG, **Akzeptanz von sexueller und gesellschaftlicher Vielfalt**, Auseinandersetzung mit traditionellen

kognitive Auseinandersetzung mit sexueller Vielfalt

Rollenbildern. Nur durch ein solches unterrichtliches „Begleitprogramm“ können auch der Wandel sprachlicher Gewohnheiten und ein **Umdenken** erfolgen. Das Gender-Sternchen allein wird die Welt nicht besser machen – aber es kann uns daran erinnern, dass es an uns allen liegt, Vielfalt und Gleichberechtigung zu leben.

Hessen Deutsch ▪ Abiturprüfung 2022

Leistungskurs ▪ Vorschlag A

LITERATUR UND POLITIK

Erlaubte Hilfsmittel

- ein Wörterbuch der deutschen Rechtschreibung
- Textausgaben der Pflichtlektüren ohne Kommentarzeichen, ggf. mit Worterläuterungen
- eine Liste der fachspezifischen Operatoren

Aufgabenstellung

An Ihrer Schule finden für die Oberstufe Projekttage zum Thema „Engagement hat viele Gesichter" statt. Sie widmen sich mit Ihrem Deutschkurs dabei der Frage, ob Schriftstellerinnen und Schriftsteller in ihren literarischen Texten politisches Engagement zeigen sollten.

Verfassen Sie für das Begleitheft der Projekttage einen Essay, in dem Sie zu der strittigen Frage Stellung nehmen.

Nutzen Sie für Ihre Argumentation die vorliegenden Materialien 1 bis 5 sowie Ihre Kenntnisse und Lektüreerfahrungen, gegebenenfalls auch zu Autorinnen und Autoren vergangener Epochen. Formulieren Sie eine geeignete Überschrift. (100 BE)

Material 1 Sophia Bender, Karin Spies, Linda Vogt: Engagement oder Autonomie – Begriffsbestimmungen (2009)

Engagement oder Autonomie – diese Abgrenzung findet sich häufig, wenn der Rahmen von Literatur und ihre Aufgaben abgesteckt werden sollen. Im literarischen Diskurs bietet diese Kategorisierung immer wieder Zündstoff für angeregte Debatten. Antagonistisch[1] stehen sich die Begriffe gegenüber, und damit die gegensätzlichen Meinungen über Kunst: Engagierte oder autonome Literatur, Tendenzdichtung[2] oder l'art pour l'art[3], entweder Parteilichkeit oder reine Kunst. Wo hat sich der Künstler niederzulassen: in der Tagespolitik, im Elfenbeinturm? [...]

Autonomie meint im Bereich der Kunst grundlegend die Unabhängigkeit und Freiheit von außerkünstlerischen Zweckbestimmungen, sowohl in ihrer Produktion als auch im daraus entstehenden Werk.

Grundlage für diese Kunstauffassung war eine Veränderung des Blickwinkels auf Literatur Mitte des 18. Jahrhunderts, durch die Prinzipien wie Originalität und Genie als bestimmende Kategorien in den literarischen Diskurs Eingang fanden und zum ausschlaggebenden Faktor in deren Produktion avancierten. Die Forderung, Kunst vom reinen Nützlichkeitsdenken des Bürgertums frei zu machen [...], orientiert sich an Kants Begriffsbestimmung des Schönen als interessenlosen Wohlgefallen. [...] Im Rekurs auf Kant vereinnahmte Schiller das Konzept für sein Programm zur ästhetischen Erziehung, in der sich am Werk die große Idee zur Selbstbestimmung für den Rezipienten offenbaren sollte.[4]

Den Gegenbegriff der engagierten Literatur prägte Sartre[5]. Allgemein bezieht sich der Begriff auf literarische Texte von politischem oder sozialem Gehalt, die explizit gesellschaftliche Veränderungen als Ziel und Wirkung anvisieren, und meint also eine Literatur, die in erster Linie für politische Veränderung eintritt. [...]

Für die engagierte Literatur ist es aber essentiell, dass sie die außerliterarischen Themen im Gegensatz zur bloßen Tendenzdichtung mit den Mitteln der Literatur vorträgt und verficht. Das ästhetische Moment und die künstlerische Gestaltung sind also nicht vollständig ausgeklammert, sondern spielen eine entscheidende Rolle. [...]

Sophia Bender, Karin Spies, Linda Vogt (2009): Engagement oder Autonomie – Begriffsbestimmungen, Ethik der Textkulturen Erlangen/Friedrich-Alexander-Universität Erlangen-Nürnberg, http://www.eingreifendes-denken.phil.uni-erlangen.de/aufgaben.html (abgerufen am 11. 03. 2021).

Anmerkungen

1 antagonistisch – gegensätzlich, widerstreitend
2 Tendenzdichtung – literarische Texte, bei denen die Vermittlung weltanschaulicher (z. B. politisch-sozialer) Positionen im Zentrum steht, die ästhetische Gestaltung dagegen in den Hintergrund rückt
3 L'art pour l'art (frz.) – sinngemäß: die Kunst um der Kunst willen
4 Nach Friedrich Schiller (1759–1805) soll der Mensch durch die Autonomie der Literatur zu Freiheit und Selbstbestimmung geführt werden. Autonome Literatur zeichnet aus, dass sie sich nicht an politische oder ökonomische Zwecke bindet.
5 Der französische Philosoph und Schriftsteller Jean-Paul Sartre (1905–1980) forderte eine engagierte Form von Literatur und kritisierte zugleich eine Literatur, die nur um ästhetische Fragen kreist.

Material 2 **Interview von Stephan Bader mit Jonas Lüscher: Schriftsteller a. D.[1] (2018)**

Seine Bücher gelten als „politisch" – jetzt ist Jonas Lüscher einen Schritt weitergegangen: er ruft zu einer europaweiten Demonstration gegen Nationalismus und Populismus auf. […]

Ihre Werke gelten ohnehin als „politisch". Warum haben Sie für Ihren Protest nicht die Literatur gewählt? Kann Literatur doch zu wenig bewirken, oder sogar: nichts?

[…] [P]olitische Romane zu schreiben, ist auch eine Art des Handelns. Aber natürlich viel weniger konkret als der gute alte Aktivismus, gemeinsam auf die Strasse zu gehen, der eben auch manchmal notwendig ist. Beides schliesst sich ja auch keineswegs aus – ich glaube absolut daran, dass man als Schriftsteller mit dem Schreiben etwas beiträgt.

Vor allem Ihr Erstling „Frühling der Barbaren"[2] wird oft an Schulen besprochen, junge Menschen lesen ihn in einem prägenden Alter, er wird offenbar für geeignet gehalten, Schülern die richtigen Fragen zu einem komplexen gesellschaftlichen Phänomen an die Hand zu geben. Ist es das, was Sie mit „etwas beitragen" meinen?

Zum Beispiel. Ich bin auch häufig zu Lesungen an Schulen, und die Begegnungen dort zeigen mir, dass man mit Literatur durchaus etwas erreichen, bewirken kann. Man muss das aber auch relativieren. Wenn man in Deutschland 40 000 Exemplare eines Romans verkauft, gehört man schon zu den sehr Glücklichen. Ein „Tatort" erreicht 10 Millionen Leute.

[…] Worin liegt denn die Stärke von Geschichten, wenn es darum geht, ein kritisches Weltverständnis zu vermitteln und „etwas zu bewegen"? Was kann Literatur, das wissenschaftliche Texte, Aktivistenaufrufe, Parteienslogans oder „Arena"-Debatten nicht können?

Da gibt es diverse Stärken, angefangen bei der altbekannten „Éducation sentimentale"[3], dass man also den Kreis der Solidarität vergrössern kann. Wenn wir ein Buch, sagen wir, über Schwule lesen, wird uns im besten Fall klar, dass der, den wir vorher als einen der anderen gesehen haben, eigentlich einer von uns ist, weil er auf dieselbe Art und Weise Demütigung erfährt, leidet oder liebt. Dass einem also das Fremde näherrückt. Ein berühmtes Beispiel ist *Onkel Toms Hütte*[4], das zur Abschaffung der Sklaverei Wesentliches beigetragen hat. Oder *Germinal*[5] von Émile Zola, das für die Arbeiterbewegung eminent wichtig war, weil das Leiden der Arbeiter plötzlich im Bürgertum ankam, verstanden wurde. Gerade wissenschaftliche oder philosophische Texte funktionieren anders, sie laufen auf Eindeutigkeit hinaus: Man will ein möglichst scharfes Argument haben oder eine Theorie, unter deren Dach möglichst viele Einzelfälle passen. Die Ambivalenz muss da eher ausgeblendet werden. In der Literatur kann man genau damit operieren: Ich brauche nie Eindeutigkeit, ich brauche nie Präzision – ich kann eben das Ambivalente, das Uneindeutige in vollem Umfang zulassen. So kommt auch der Einzelfall zu seinem Recht. […]

Stephan Bader: Schriftsteller a. D. Interview von Stephan Bader mit Jonas Lüscher, in: Literarischer Monat. Das Schweizer Literaturmagazin 34 (2018), URL: https://literarischermonat.ch/schriftsteller-a-d/ (abgerufen am 11. 03. 2021).

Anmerkungen

1 a. D. – außer Dienst
2 In der 2013 erschienenen Novelle *Frühling der Barbaren* zeichnet Lüscher anhand einer Hochzeitsgesellschaft in einem tunesischen Wellnessresort ein bitterböses Bild einer von Globalisierung und Kapitalismus geprägten Gegenwart.
3 Éducation sentimentale (frz.) – Erziehung des Herzens bzw. des Gefühls
4 Der Roman *Onkel Toms Hütte* von Harriet Beecher Stowe, der im Jahre 1852 erschien, erzählt vom Leben und Leiden der afroamerikanischen Sklaven im Amerika der 40er-Jahre des 19. Jahrhunderts.
5 Der 1885 veröffentlichte Roman *Germinal* von Émile Zola (1840–1902) beschreibt die unmenschlichen Verhältnisse in französischen Bergwerken des 19. Jahrhunderts.

Hinweis

Jonas Lüscher (*1976) ist Schriftsteller.

Material 3 Politische Literatur. Gegen die herrschende Klasse (2015)

Die Literatur mischt sich ein, wird wieder politisch und wehrt sich gegen die kleinen Lösungen des Pragmatismus. Ein Gespräch mit Jenny Erpenbeck, Ulrich Peltzer und Ilija Trojanow.

Interview: Ijoma Mangold

Die Zeit: Die Literaturkritik verlangt ja gern, dass die Literatur politischer wird …

Ilija Trojanow: … bis jemand einen politischen Roman schreibt, und dann heißt es sofort: Ah, dogmatisch, überladen, Thesenroman[1] und so weiter!

Ulrich Peltzer: Es gibt das Bedürfnis der Literaturkritik und der Öffentlichkeit nach Welterklärung beziehungsweise nach Auffächerung von Erfahrungen, die man sonst nur aus den Medien kennt. An die Literatur wird eine Aufgabe delegiert, die möglicherweise nicht unbedingt eine genuin literarische Funktion ist.

Die Zeit: Hat die Literatur eine besondere Welterklärungskompetenz?

Jenny Erpenbeck: Ich würde sagen: Weltanschauungskompetenz. Und zwar Weltanschauung im buchstäblichen Sinn des Anschauens der Welt. Wenn man schreibt, schaut man lange auf die Dinge, länger als andere Leute sich die Zeit nehmen können.

Die Zeit: Der Prototyp des politischen Schriftstellers war Émile Zola, der sich direkt in die Dreyfus-Affäre[2] einmischte mit den berühmten Worten: „Ich klage an!“ Zola war interventionistisch.

Ulrich Peltzer: Das wäre die nächste Frage: Hat die Literatur eine interventionistische Aufgabe?

Ilija Trojanow: Im Diskurs werden diese zwei Aspekte oft vermischt: Der Schriftsteller als gehörter Bürger mit gewichtiger Stimme und als Künstler.

DIE ZEIT: Und ich würde sagen: Es gab 1990 eine Zäsur. Bis dahin gehörte es zum Berufsbild des Schriftstellers, interventionistisch zu sein, Manifeste zu unterschreiben, im Wahlkampf mitzumischen. Und daran entstand dann ein Überdruss, an dem, was man seinerzeit „Gesinnungsästhetik“[3] genannt hat, und die Schriftsteller haben daraus die Konsequenz gezogen, auf dieser Bühne nicht mehr aufzutreten.

JENNY ERPENBECK: Für mich ist es nicht so, dass ich sage: „Ich möchte ein politisches Buch schreiben“ oder „Ich möchte ein historisches Buch schreiben“. Ich habe eigentlich immer beim Mikrokosmos angefangen und bin beim Makrokosmos angekommen, ohne dass ich mich dafür entschieden hätte. Ich finde, es ist vollkommen müßig, was von außen von Schriftstellern „verlangt“ wird! Das ist eine Sekundärdiskussion. Man schreibt über die Dinge, die einen beschäftigen, die einem widerfahren. Manche Autoren neigen mehr dazu, im Privaten das Politische zu sehen, andere sind politischen Bewegungen mehr ausgesetzt, wieder andere ziehen sich ganz ins Private zurück. [...]

DIE ZEIT: Ihr neuer Roman[4], Frau Erpenbeck, könnte kaum näher dran sein an der aktuellen politischen Lage. Die Flüchtlingsfrage, von der Ihr Roman handelt, ist das zentrale politische Thema dieser Tage. Was bedeutet das für Ihr Schreiben?

JENNY ERPENBECK: Das bedeutet für das Schreiben, dass man für die Recherche mit Menschen sprechen kann und nicht Autobiografien lesen muss, dass man viel weniger in Archiven sitzt, sondern sich mehr draußen auf der Straße bewegt – aber in 50 Jahren ist unsere Gegenwart auch Vergangenheit. In meiner Familiengeschichte ist das Thema Flucht immer präsent gewesen, und ich kann mich deshalb vielleicht zu gut in die Lage von Menschen versetzen, die einen radikalen Schnitt in ihrem Leben erfahren. Ich wollte wissen, was das für Menschen waren, bevor sie Flüchtlinge geworden sind, denn „Flüchtling“ ist kein Beruf. Mich haben der Alltag und die Normalität, die es vor der Flucht gab, interessiert. Und was heißt es, wenn nach der Flucht dann nichts anderes an die Stelle dessen tritt, was verloren gegangen ist. So viele Menschen sterben bei den Überfahrten auf der Flucht. Und die, die hier ankommen, sind oft nur zufällig die, die überlebt haben, sind genau solche Menschen wie die, deren Tod wir in den Nachrichten täglich zur Kenntnis nehmen. Sind Menschen, die aus ganz verschiedenen Gründen fliehen mussten und aus ganz verschiedenen Ländern kommen. Sobald man mit Einzelnen spricht, versteht man: Das Politische spiegelt sich in einem ganz konkreten Leben wider.

DIE ZEIT: Wenn man Ihren Roman liest, wird man stark in die Identifikation mit den Figuren gezogen. Gleichzeitig geht von Ihrem Buch auch ein politisches Statement aus. Simpel gesprochen: Gegen Dublin II beziehungsweise Dublin III[5], gegen ein Grenzregime, das sich vor den Flüchtlingsströmen abriegelt. Kann man Sie festnageln auf die Forderung: Macht die Grenzen auf?

JENNY ERPENBECK: Ja, zum Beispiel. Warum nicht? [...]

ILIJA TROJANOW: Mal angenommen, die Leser gehen aus dem Roman heraus mit der Vorstellung, alle Grenzen zu öffnen, dann ist ja nichts Schlechtes daran. Denn das ist ja eine der Urfunktionen von Literatur, Gegenentwürfe zu präsentieren. Eine Realität zu imaginieren, die sich unterscheidet von der vermeintlichen Evidenz der herrschenden

Verhältnisse. Die Frage ist nur, ob die Erzähltechniken, die reflexiven Ebenen und die zwingend erzählten Biografien die Leser überzeugen von diesem Entwurf. [...]

Ijoma Mangold: Politische Literatur: Gegen die herrschende Klasse. Interview von Ijoma Mangold mit Jenny Erpenbeck, Ilija Trojanow und Ulrich Peltzer, DIE ZEIT 41/2015 (08.10.2015), https://www.zeit.de/2015/41/literatur-politik-gesellschaft-ilija-trojanow?utm_referrer=https%3A%2F%2Fwww.google.com%2F).

Anmerkungen

1 Thesenroman – Roman, dessen Inhalt von einer wissenschaftlichen, religiösen oder ideologischen These bestimmt wird; die dargestellte Geschichte und auftretende Figuren spielen eine untergeordnete Rolle
2 Dreyfus-Affäre – der französische Schriftsteller Émile Zola (1840–1902) ergriff in diesem Justizskandal zugunsten des unrechtmäßig verurteilten Alfred Dreyfus Partei
3 Gesinnungsästhetik – abwertende Bezeichnung für eine Form von Kunst bzw. Literatur, die sich politischen oder moralischen Zielen, evtl. auch auf Kosten der ästhetischen Gestaltung, verpflichtet fühlt
4 In dem Roman *Gehen, ging, gegangen* (2015) erzählt Jenny Erpenbeck vom Schicksal afrikanischer Flüchtlinge in Berlin.
5 Die Bezeichnungen „Dublin II“ und „Dublin III“ beziehen sich auf Verordnungen der Europäischen Union zur Regelung der Durchführung von Asylverfahren.

Hinweis

Jenny Erpenbeck, geboren 1967 in Ost-Berlin, ist Schriftstellerin. Ulrich Peltzer, geboren 1956 in Krefeld, und Ilija Trojanow, geboren 1965 in Sofia (Bulgarien), sind Schriftsteller.

Material 4 Harald Martenstein: Über engagierte Literatur (2015)

Sie fragen nach der engagierten Literatur? Ob es die wieder in stärkerem Maße geben sollte? Da frage ich zurück: Wozu soll das gut sein? Was soll das bewirken? Vorbilder, nach denen andere Menschen sich in größerer Zahl eventuell richten, arbeiten heutzutage fürs Fernsehen, fürs Kino oder im Musikbusiness. Wer engagierte Literatur schreibt, ist ein eitler Fratz, der sich überschätzt. Der will sich vor den Spiegel stellen, sich selbstverliebt übers Haar streichen und sagen: „Schaut her, ein engagierter Autor. *Je suis Sartre*.“[1] [...]

Um mich engagieren zu können, müsste ich mir meiner eigenen Meinung sicher sein und Antworten besitzen, kurz, ich müsste das Gegenteil eines interessanten Autors sein. Ich schreibe einen Roman, wenn ich eine Frage habe, auf die ich keine Antwort weiß. Deshalb erzähle ich eine Geschichte, um dabei selbst klüger zu werden, um zu suchen und nicht, um anderen etwas beizubringen. Ich bin nicht Jesus, *I am only the piano player*. Wenn ein Buch uneindeutig ist, wenn es mehrere Sichtweisen zulässt, wenn es mich an meinen wackligen Ansichten zweifeln lässt, wenn ich über die Guten wütend werde und um die Bösen weine, wenn ich mich im Kopf eines Menschen befinde, der ein bisschen anders tickt als ich, dann ist es für mich ein gutes Buch. [...]

Harald Martenstein: Über engagierte Literatur, DIE ZEIT 42/2015 (15.10.2015), https://www.zeit.de/zeit-magazin/2015/42/harald-martenstein-literatur-engagement.

Anmerkung

1 Je suis Sartre (frz.) – Ich bin Sartre.

Hinweis: Harald Martenstein (*1953) ist ein deutscher Schriftsteller und Journalist.

Material 5 Peter Stamm: Mein Kerngeschäft besteht aus Nichtstun (2015)

[…] Pragmatiker mögen sagen, auch ein Buch sei Teil der Welt, unterhalte, beglücke, belehre die Menschen. So leicht lassen wir uns nicht täuschen. Der Produktcharakter des Buches ist für den Verlag, für den Handel, sogar für den Autor als wirtschaftliches Subjekt von Bedeutung, aber kein ernsthafter Autor denkt während des Schreibens daran. So sehr die Leserinnen und Leser unsere Texte lieben mögen – es bleibt, Literatur hat keinen Zweck, keine Funktion im Räderwerk der Welt. […] Wie aber gehen wir mit dem Wissen um unsere Bedeutungslosigkeit um? Die einen flüchten sich in die Selbststilisierung, werden zu Schriftsteller-Darstellern, zu Schwierigen, Unnahbaren, Zerknirschten; zu Aussenseitern halt, von denen ohnehin niemand etwas erwartet und deren Leiden ihre Unproduktivität rechtfertigen soll. Andere schreiben so dicke Bücher, dass man gar nicht anders kann, als ihren Fleiss und ihre Ausdauer zu bewundern. […]. Eine dritte Taktik ist das Auftrumpfen mit ausserliterarischen Leistungen. […]. Aber Hand aufs Herz: Wann haben Sie zum letzten Mal einen wirklich erhellenden, politischen Essay[1] von einem Schriftsteller oder einer Schriftstellerin gelesen? Ich meine einen, der uns nicht einfach mit schönen Worten das erzählt, was sowieso alle anständigen Menschen denken. […]

Weshalb auch sollten ausgerechnet Schriftsteller, die sich einen guten Teil ihrer Zeit in fiktiven Welten bewegen, dazu berufen sein, die Realität zu analysieren? Es gibt eine Wahrheit in der Literatur, die tiefer geht als jede Essayistik. Sie entsteht dann, wenn der Text – wie Lichtenberg[2] einmal sinngemäss sagte – klüger ist als sein Autor. Schriftsteller sind keine Intellektuellen per se, sie sind Künstler, Gaukler, Zauberer, wie Thomas Mann von seinen Kindern genannt wurde. Politisch sind sie – wenn sie sich nicht im Mainstream treiben lassen – nur zu oft naiv. Wer will sich noch an die politischen Äusserungen von Ezra Pound, Knut Hamsun, dem alten Günter Grass, Gottfried Benn und von vielen anderen erinnern? So verdiente Autoren wie Gerhart Hauptmann, Robert Musil, Thomas Mann und selbst Stefan Zweig begrüssten freudig den Ausbruch des Ersten Weltkrieges, auch wenn manche sich später nicht mehr daran erinnern mochten. […] Es darf nicht sein, dass wir versuchen, das Geschrei der SVP-Plakate[3] mit noch lauterem Geschrei zu übertönen. Literatur ist das Gegenteil von Polemik. Literatur befreit die Sprache, Polemik missbraucht und beschädigt sie. […]

Peter Stamm: Mein Kerngeschäft besteht aus Nichtstun. Eröffnungsrede des Bücherfestivals „Zürich liest", in: TagesAnzeiger vom 22.10.2015. © 2015 Peter Stamm.

Anmerkungen

1 In dem Text grenzt Stamm das Schreiben literarischer Texte, das er als eigentliches Tätigkeitsfeld des Schriftstellers begreift, vom Verfassen politischer Essays ab.

2 Georg Christoph Lichtenberg (1742–1799) war u. a. Schriftsteller. Auch die im Fortgang des Textes angeführten Thomas Mann (1875–1955), Ezra Pound (1885–1972), Knut Hamsun (1859–1952), Günter Grass (1927–2015), Gottfried Benn (1886–1956), Gerhart Hauptmann (1862–1946), Robert Musil (1880–1942) und Stefan Zweig (1881–1942) waren Schriftsteller.

3 Bei der SVP (Schweizer Volkspartei) handelt es sich um eine nationalkonservative, rechtspopulistische Partei in der Schweiz.

Hinweis: Peter Stamm (*1963) ist Schriftsteller.

Die Rechtschreibung aller Materialien entspricht der jeweiligen Textvorlage.

TIPP **Bearbeitungshinweise**

Die Aufgabe hebt sich durch ihre **Komplexität** von anderen Aufgabenformaten ab. Denn Ihr Text ist nicht durch die übliche Dreiteilung der Aufgabenstellung vorstrukturiert, sondern Sie müssen ihn ganz allein gliedern. Zwar können Sie sich in Ihrem Essay grob an der Struktur einer klassischen Erörterung orientieren – aber von Ihnen wird auch verlangt, dass Sie **sich von der strengen Gliederung einer Erörterung lösen:** Der Aufbau eines Essays ist eher **assoziativ**, muss aber trotzdem einem **roten Faden** folgen.

Dadurch, dass Sie das Thema aus mehreren Perspektiven beleuchten, einige Argumente bringen sollen und Sie im Vorfeld entscheiden müssen, welche Argumente Sie gut ausführen können, ist es wichtig, dass Sie sich für die **Vorarbeit genügend Zeit** nehmen – aber ohne die Uhr aus dem Blick zu verlieren: Sie haben insgesamt 300 Minuten Zeit.

Markieren Sie sich zunächst **in der Aufgabenstellung**, was Sie diskutieren müssen: Sie sollen der Frage nachgehen, ob Schriftstellerinnen und Schriftsteller in ihren literarischen Texten politisches Engagement zeigen sollten. Das Modalverb „sollten" deutet dabei eher auf eine **Empfehlung** als auf eine Verpflichtung hin.

Berücksichtigen Sie auch, welche **Adressaten** Ihr Text anspricht, welcher **situative Kontext** und **kommunikative Rahmen** vorgegeben ist: Stellen Sie sich vor, dass Sie mit Ihrem Deutschkurs während der Projekttage „Engagement hat viele Gesichter" mehrere Tage der Argumentationsfrage nachgegangen sind. Bauen Sie also viel **eigenes Wissen und Leseerfahrung** (eigene oder durch Schullektüren gesammelte) mit ein. Sie schreiben für das Begleitheft Ihrer Projekttage: Ihr Beitrag sollte also nicht zu ausufernd werden und für Ihre Mitschülerinnen und Mitschüler interessant sein; aber auch Eltern und Lehrkräfte werden Ihren Text bestimmt lesen.

Für die Vorarbeit des Essays ist es auch wichtig, dass Sie sich bereits **für eine Position entscheiden**, damit Sie beim Schreiben immer im Blick haben, worauf Sie hinauswollen. Argumente und Ideen für Ihren Essay finden Sie während der Vorarbeit am einfachsten, wenn Sie in einer zweispaltigen **Tabelle These und Antithese** formulieren und sich sorgfältig Notizen machen. Neben Ihren **eigenen Argumenten und Beispielen** hilft Ihnen das **Materialdossier** von fünf Texten, Ihre Argumentation mit Erläuterungen, Positionen und Beispielen zu erweitern. Achten Sie darauf, dass Sie die Materialien „ausschlachten", sich aber nur auf relevante Aspekte beziehen und Positionen nicht einfach distanzlos übernehmen. Es sollte immer Ihre eigene Gedankenführung bleiben. Notieren Sie sich stets die **Materialnummer** zu Ihren Notizen, damit Sie sich später schnell orientieren können.

Denken Sie beim Schreiben auch an die **rhetorische Gestaltung**. Bauen Sie – ähnlich wie in einer Rede – geschickt, aber ohne den Text damit künstlich zu überfrachten, Stilmittel ein. Hier eignen sich z. B. rhetorische Fragen, parallele Satzstrukturen, Ellipsen oder Anaphern.

Lösungsvorschlag

Engagiertes Schreiben: Pflicht oder Kür?

Überschrift

Klimakatastrophe – Flüchtlingskrise – Krieg – Rechtsextreme im Parlament – Staatliche Kontrolle des Individuums … Wo man hinsieht: **Krisen und Katastrophen**. Am besten lässt man den Fernseher aus, meldet sich aus den sozialen Netzwerken ab und wendet sich nur den schönen Dingen des Lebens zu. Alles fühlt sich dann so leicht an: Statt der regional kultivierten Tomaten die spanischen zu kaufen, spart Geld, und normale Baumwolle fühlt sich auch nicht schlechter an als nachhaltig produzierte Bio-Baumwolle; wenn ich keine Nachrichten lese, rückt das Problem des erstarkenden Rechtsextremismus in weite Ferne, ebenso wie das Schicksal der Flüchtlingsfamilie, deren Kinder eigentlich ganz fröhlich unter meinem Fenster auf dem Spielplatz spielen. Den Reflex, sich von den Problemen dieser Welt abzuwenden, kennt sicher jeder: Es ist besser für die eigene „mental health".

Interesse weckender Einstieg

Aber: Sich bequem zurückzulehnen, das gefällt unserer Generation nicht. Jeder hat eine Verantwortung, ja eine **Verpflichtung, sich für eine bessere Welt einzusetzen**. Dazu braucht es zwei Dinge: tiefe Betroffenheit und ein nachhaltiges Bewusstsein für die realen Probleme unserer Zeit. An der Schule haben wir das Glück, über den Unterricht oder über Projekttage zu problembewussteren Menschen werden zu können. Aber das reicht nicht: Die gesamte Bevölkerung muss erreicht werden, um etwas zu bewirken. Im Klartext: Jedes Medium sollte sich verpflichten, sein Potenzial für eine bessere Welt auszuschöpfen: Social Media, Zeitungen, Zeitschriften, Fernsehen, Sachbücher, aber auch die Literatur.

Hinführung zum Aufgabenkontext: Projekttage

Moment. **Auch die Literatur?** Also Geschichten schreiben für eine bessere Welt? Weniger *Harry Potter* und mehr *Carbon Diaries*, der Roman von Saci Lloyd, der die katastrophenhaften Auswirkungen des Klimawandels in düster-dystopischer Form greifbar macht? Weniger Wirklichkeitsflucht und Abtauchen in fantastische Geschichten und dafür mehr Realismus?

Überleitung zur Fragestellung

Sollen sich Schriftstellerinnen und Schriftsteller in ihren Büchern für gesellschaftlich relevante Themen engagieren, eine Aufgabe übernehmen, die „nicht unbedingt eine genuin literarische Funktion ist", wie der Autor Ulrich Peltzer zu bedenken gibt? Das hat sich unser Deutschkurs während der Projekttage „Engagement hat viele Gesichter" gefragt.

Bezug zu M 3

Bezug zum situativen Rahmen

Die bekannte Autorin **Juli Zeh** wünscht es sich. Sie fordert, dass sich Intellektuelle, also auch Schriftstellerinnen und Schriftsteller, **viel häufiger einmischen** sollten, um den Blick auf die Politik und das Soziale nicht nur Politikern und Journalisten zu überlassen. Sie selbst setzt diese Maxime in ihren spannenden Romanen konsequent um: In ***Corpus Delicti*** zeichnet sie die düstere Zukunftsvision einer Gesundheitsdiktatur, in der der Staat das Gesundheitsverhalten seiner Bürgerinnen und Bürger kontrolliert und Fehlverhalten hart sanktioniert. Diese apokalyptische Dystopie lässt uns darüber nachdenken, inwiefern der Staat in die Privatsphäre eines jeden eingreifen darf – und schon stehen wir der Speicherung unserer Gesundheitsdaten viel **kritischer** gegenüber.

Pro-Argumentation

Wissen aus dem Unterricht: Pflichtlektüre

Pro-Argument

Juli Zeh ist nicht die einzige Autorin, die sich gegenwärtig einer engagierten Literatur verpflichtet. Der schweizerisch-deutsche Schriftsteller **Jonas Lüscher** unterzieht in seiner 2013 veröffentlichten Novelle *Frühling der Barbaren* den Kapitalismus und die Globalisierung einer bitterbösen Kritik. Er ist überzeugt, gerade Schülerinnen und Schülern mit seiner Geschichte von Touristen in einem tunesischen Wellnesshotel ein „kritisches Weltverständnis" näherbringen zu können. Bestätigt sieht er sich durch zahlreiche Gespräche an Schulen. Und er hat recht: **Gerade wir jungen Leserinnen und Leser sind empfänglich für diese Art der Darstellung von Problemen**, die durch gut erzählte Geschichten greifbarer werden als durch sachlichen Politikunterricht. Bücher wie *The Hate U Give* von Angie Thomas vermitteln uns einen beklemmenden Eindruck vom amerikanischen Rassismus, sie klären auf, rütteln wach, machen traurig oder wütend: Diese Wut oder Trauer braucht man vielleicht, um sich zu engagieren.

Bezug zu M 2

Pro-Argument

eigene Leseerfahrung

Aber ist das nicht nur ein Tropfen auf dem heißen Stein? Ist die **Wirkung von literarischen Texten** nicht **viel zu gering** und daher die Forderung unnütz, dass sich viel mehr Autoren mithilfe ihrer Werke engagieren sollten? Greta Thunberg folgen mehr als 3,5 Millionen Menschen allein auf Instagram; die Verkaufszahlen von Juli Zehs erfolgreichem Roman *Corpus Delicti* bewegen sich dagegen bisher „nur" im sechsstelligen Bereich. **Politische Veränderungen werden von anderen Medien angestoßen**, meint auch der Kolumnist und Autor Harald Martenstein 2015 im ZEITmagazin.

Überleitung zur Kontra-Seite

eigenes Wissen

Kontra-Argument

Bezug zu M 4

Außerdem **kann** nicht jeder Schriftsteller, **nicht jede Schriftstellerin engagierte Literatur verfassen**. „Wer engagierte Literatur schreibt, ist ein eitler Fratz, der sich überschätzt", wettert Harald Martenstein. Als Engagierter müsse man Lösungen parat haben. Wie die Politiker. Man müsse sich sicher sein. Dagegen Martenstein: „Ich

Kontra-Argument

Bezug zu M 4

bin nicht Jesus", vielmehr „schreibe [er] einen Roman, wenn [er] eine Frage habe, auf die [er] keine Antwort weiß".

Aber leider gibt es genau solche Romane, deren **Engagement in die falsche Richtung** läuft: Nicht selten sind sie erfolgreich und fordern vehement nicht umsetzbare Lösungen oder rufen zu falschem Aktivismus auf. Und ist fiktional vermitteltes Engagement nicht gerade viel gefährlicher als sachlich-nüchterner Journalismus, der sich reinen Fakten und der Wahrheit verpflichtet? Wenn ein Schriftsteller politische Zusammenhänge subjektiv gefärbt darstellt, es mit der Wahrheit nicht so genau nimmt und nicht richtig recherchiert oder sich grundsätzlich auf seine künstlerische Freiheit beruft, kann das verheerende Auswirkungen haben. Denn **auch diese Geschichten können bei den Rezipienten Betroffenheit auslösen und ihr Engagement nachhaltig beeinflussen**. Bücher wie *Die letzten Kinder von Schewenborn* oder *Die Wolke* von Gudrun Pausewang, die verwaiste Kinder apokalyptische Szenarien nach einem atomaren Super-GAU erleben lassen, rütteln zwar auf, spielen aber auch mit der Angst von jungen Menschen, die in unserer Elterngeneration oft heute noch weiterlebt.

Kontra-Argument

Beispiele: eigene Leseerfahrungen, Wissen aus dem Unterricht, Gespräche mit Eltern

Sich schreibend zu engagieren, öffnet darüber hinaus für unbegabte Schreibende Tür und Tor: Die literarischen Texte laufen Gefahr, als **bloße Tendenz- oder Thesendichtung** daherzukommen, bei der es vor allem um die Vermittlung von Ideologien geht und die ästhetische Gestaltung vernachlässigt wird. Wie soll auch ein Kunstwerk gelingen, wenn die politische Botschaft im Hinterkopf werkelt? Wenn der Schreibende darauf achtet, das Engagement nur literarisch zu verpacken? So hat man auch den epischen Dramen von Bertolt Brecht vorgeworfen, dem Publikum mit dem didaktischen Holzhammer die immer gleiche politische Botschaft einzuhämmern: „Kapitalismus ist böse!" Politisches Engagement droht, die Literatur dazu herabzuwürdigen, nur einen Zweck zu erfüllen: sich auf die Realität zu beziehen, sie zu bewerten.

Kontra-Argument
Bezug zu M 1

Das könne Literatur aber grundsätzlich nicht, davon ist der Autor Peter Stamm überzeugt und stellt sich damit in die Tradition der Klassiker Goethe und Schiller. Schriftsteller seien **Künstler**, Gaukler und **der Realität nicht verpflichtet**. Sie befreiten die Sprache aus ihrer Funktionalität. Politisches Engagement in Literatur – undenkbar! Polemik und Politik würden sie missbrauchen.

Kontra-Argument
Bezug zu M 5 und M 1

Es scheint also besser zu sein, man lässt allen Schriftstellerinnen und Schriftstellern die Freiheit, autonome Literatur zu verfassen: **L'art pour l'art** – unabhängig von einem bestimmten Zweck, unabhängig

vorläufiges Urteil
Bezug zu M 1

von jeglicher Nützlichkeit. Also bloß keine Politisierung, da diese doch zu viele Gefahren birgt?

„Engagierte Literatur" hat den Anspruch, **nicht in der Tendenzdichtung** verhaftet zu bleiben, sondern gesellschaftlich relevante Themen „mit den Mitteln der Literatur" vorzutragen und zu verfechten. Professionell recherchierte Geschichten und Einzelschicksale im Sinne der „Éducation sentimentale", der **Herzensbildung**, die aufrütteln und unseren Blick auf vorher für uns Unsichtbares lenken, unseren Horizont erweitern, das wollen wir! Wenn Probleme mit der Macht der Sprache nachhaltig fühlbar gemacht werden, kann das der Impuls für Engagement sein. Schicksale, die in Erinnerung bleiben.

Entkräften von Kontra-Argumenten

Erläuterung: Bezug zu M 1

Bezug zu M 2

Und gegen schlechte Recherchen und verzerrte Perspektiven haben wir ein gut funktionierendes **Korrektiv:** die **Literaturkritik**. Wer kauft schon gerne einen Roman, dem unterstellt wird, die öffentliche Meinungsbildung mit Unwahrheiten zu beeinflussen?

Entkräften von Kontra-Argumenten

Dass man durch Literatur weniger Leute erreicht als über soziale Medien oder das Fernsehen, sollte kein Hinderungsgrund sein, engagierte Literatur zu verfassen – sondern die Erfolge sollten Autoren bestärken, es anderen nachzutun: Juli Zeh erreicht vielleicht nicht so viele Leute wie Greta Thunberg auf ihrem Instagram-Account. Aber **jeder und jede Einzelne**, der erreicht wird, **zählt**. Jeder Einzelne kann dazu beitragen, unsere Welt besser und humaner zu machen.

Die Autorin **Jenny Erpenbeck** schreibt Schriftstellern eine „**Weltanschauungskompetenz**" im wörtlichen Sinne zu: Politik komme auf natürliche Weise in die Literatur. Durch ihren Roman *Gehen, ging, gegangen* prägen sich Einzelschicksale von Geflüchteten sicher noch besser ein als über Posts in den sozialen Medien. Die Schriftstellerin **Amanda Lasker-Berlin** geht sogar noch einen Schritt weiter: Sie erklärte uns eindrücklich, dass für sie Literatur nur politisch sein kann, da ihre Figuren sich in Kontexten, Konstrukten und Wirklichkeiten bewegten, die sie prägen. Das, was sie tun, wirke sich auf ihr Umfeld aus und das Umfeld auf sie, sodass sie einen sozialen Raum prägen, ihn also politisch mitgestalten. In ihrem Roman *Elijas Lied* erscheinen den Rezipienten die rechtsextremen Gedanken der Figur Loth plötzlich so nah, dass man nur Wut und Ablehnung – und damit echtes Engagement – entwickeln kann.

Bezug zu M 3

Wissen aus Gespräch mit Autorin

Diese Idee ist nicht neu: Der politisch engagierte und steckbrieflich gesuchte **Georg Büchner** hat in dem wahrscheinlich ersten deutschsprachigen sozialen Drama, dem Fragment ***Woyzeck***, schon 1836 das erschütternde Schicksal seines Protagonisten sprachgewaltig in Szene gesetzt: Der soziale Underdog, getreten, gestoßen, gedemütigt, geknechtet und zuletzt von seiner Partnerin verlassen, wird zum

Wissen aus dem Unterricht: Pflichtlektüre

Mörder – sicherlich hat Woyzecks Schicksal bisher mehr als 3,5 Millionen Leserinnen und Leser tief betroffen gemacht und für soziale Missstände sensibilisiert.

Literatur vermag also noch **mehr als andere Medien:** Kein Medium kann so tiefe Einblicke in die Gedankenwelt von Figuren geben, damit die sozialen und politischen Zwänge nachvollziehbar machen, unter denen sie leiden, und so die Leserschaft aufrütteln. Deshalb sollte zwar kein Zwang bestehen, als Schriftsteller engagierte Literatur zu verfassen. Aber wer es kann, der sollte seine Sprachgewalt unbedingt nutzen – für eine bessere Welt. Fazit

TABUS UND TABUBRÜCHE

Erlaubte Hilfsmittel
- ein Wörterbuch der deutschen Rechtschreibung
- Textausgaben der Pflichtlektüren ohne Kommentarzeichen, ggf. mit Worterläuterungen
- eine Liste der fachspezifischen Operatoren

Dieser Vorschlag bezieht sich auf die Pflichtlektüre Thomas Mann: *Mario und der Zauberer.*

Aufgabenstellung

1 Stellen Sie anhand des Auszugs aus E.T.A. Hoffmanns Erzählung *Der Magnetiseur – Eine Familienbegebenheit* die Beziehung zwischen Maria und dem Arzt Alban dar und analysieren Sie die sprachlich-formale Gestaltung des Textes sowie epochenspezifische Besonderheiten. (Material) (35 BE)

2 Vergleichen Sie den Arzt Alban (Material) mit der Figur Cipolla aus Thomas Manns Novelle *Mario und der Zauberer* hinsichtlich ihres Auftretens und ihrer Wirkung auf andere Figuren. (35 BE)

3 In ihrem 1967 erschienenen Werk *Die Unfähigkeit zu trauern. Grundlagen kollektiven Verhaltens* äußern sich die beiden Psychoanalytiker Alexander und Margarete Mitscherlich über die Bedeutung von Tabus:
„Von einem Tabu geht ein faktisches Verbot aus: ‚Du sollst nicht …‘ Aber das Verbot ist darüber hinaus mit einer *Denkhemmung* verknüpft. Die zentrale Definition eines Tabus lautet: Wo immer man nicht mehr weiter zu fragen wagt oder nicht einmal auf den Gedanken kommt, es zu tun, hat man es mit einem Tabu zu tun. Die Gefühle, mit denen man ihm begegnet, können also gar nicht anders als zwiespältig sein. Seit Adam und Eva lockt es insgeheim die Lust, es zu übertreten, hervor."
Alexander und Margarete Mitscherlich: Die Unfähigkeit zu trauern, München 15. Aufl. 1988, S. 111.

Diskutieren Sie, ausgehend von diesem Zitat, die Rolle von Tabus und Tabubrüchen in literarischen Werken vor dem Hintergrund von Aufgabe 1 und 2 sowie Ihrer Leseerfahrungen im Deutschunterricht der Qualifikationsphase. (30 BE)

Material **E.T.A. Hoffmann: Der Magnetiseur – Eine Familienbegebenheit (1814)**

Maria, die Tochter eines Barons, lernt den Arzt Alban durch ihren Bruder Ottmar kennen, der den von ihm verehrten Freund in die Familie einführt. Nach dem ersten Besuch Albans wird Maria von einer rätselhaften Krankheit heimgesucht, die der Arzt aufgrund seiner besonderen Fähigkeiten heilen soll. In einem Brief berichtet Maria ihrer Freundin Adelgunde über den Krankheitsverlauf und Albans Heilkunst.

Nun muß ich Dir aber etwas Besonderes sagen – nämlich, was mein Genesen betrifft, das habe ich einem herrlichen Mann zu danken, den Ottmar schon früher ins Haus gebracht, und der in der Residenz[1] unter all den großen und geschickten Ärzten der einzige sein soll, der das Geheimnis besitzt, eine solche sonderbare Krankheit wie die meinige schnell und sicher zu heilen. – Das Besondere ist aber, daß in meinen Träumen und Erscheinungen immer ein schöner ernster Mann im Spiele war, der unerachtet seiner Jugend mir wahrhafte Ehrfurcht einflößte, und der bald auf diese, bald auf jene Weise, aber immer in langen Talaren gekleidet, mit einer diamantnen Krone auf dem Haupte, mir wie der romantische König in der märchenhaften Geisterwelt erschien und allen bösen Zauber löste. Ich mußte ihm lieb und innig verwandt sein, denn er nahm sich meiner besonders an, und ich war ihm dafür mit meinem Leben verpflichtet. [...] Ach, liebe Adelgunde, wie erschrak ich nun, als ich auf den ersten Blick in Alban jenen romantischen König aus meinen Träumen erkannte. – Alban ist nämlich eben der seltene Arzt, den Ottmar schon vor langer Zeit einmal als seinen Herzensfreund aus der Residenz mitbrachte; indessen war er mir damals bei dem kurzen Besuch so gleichgültig geblieben, daß ich mich nachher nicht einmal seines Äußeren zu entsinnen wußte. – Alsdann aber, als er wiederkam, zu meiner Heilung berufen, wußte ich mir selbst von der innern Empfindung, die mich durchdrang, nicht Rechenschaft zu geben. – So wie Alban überhaupt in seiner Bildung, in seinem ganzen Betragen eine gewisse Würde, ich möchte sagen, etwas Gebietendes hat, das ihn über seine Umgebung erhebt, so war es mir gleich, als er seinen ernsten durchdringenden Blick auf mich richtete: ich müßte alles unbedingt tun, was er gebieten würde, und als ob er meine Genesung nur recht lebhaft wollen dürfe, um mich ganz herzustellen. Ottmar sagte: ich solle durch den sogenannten Magnetismus[2] geheilt werden, und Alban werde durch gewisse Mittel mich in einen exaltierten[3] Zustand setzen, in dem ich schlafend und in diesem Schlaf erwachend, selbst meine Krankheit genau einsehen und die Art meiner Kur bestimmen werde. Du glaubst nicht, liebe Adelgunde, welch ein eignes Gefühl von Angst – Furcht, ja Grausen und Entsetzen mich durchbebte, wenn ich an den bewußtlosen und doch höher lebenden Zustand dachte, und doch war es mir nur zu klar, daß ich mich vergebens dagegen sträuben würde, was Alban beschlossen. – Jene Mittel sind angewendet worden, und ich habe, meiner Scheu, meiner Furcht zum Trotz, nur wohltätige Folgen gespürt. – Meine Farbe, meine Munterkeit ist wiedergekehrt, und statt der entsetzlichen Spannung, in der mir oft das Gleichgültigste zur Qual wurde, befinde ich mich in einem ziemlich ruhigen Zustande. Jene närrischen Traumbilder sind verschwunden, und der Schlaf erquickt mich, indem selbst das tolle Zeug, was mir oft darin vorkommt, statt mich zu quälen, mich belebt und erheitert. – [...]. [Z]uweilen muß ich plötzlich an Alban denken, er steht vor mir, und ich versinke nach und nach in einen träumerischen Zustand, dessen letzter Gedanke, in dem mein Bewußtsein untergeht, mir fremde Ideen bringt, welche mit besonderem, ich möchte sagen, golden glühendem Leben mich durchstrahlen, und ich weiß, daß Alban diese göttlichen Ideen in mir denkt, denn er ist dann selbst in meinem Sein wie der höhere belebende Funke, und entfernt er sich, was nur geistig geschehen kann, da die körperliche Entfernung gleichgültig ist, so ist alles erstorben. Nur in diesem mit Ihm und in Ihm Sein kann ich wahrhaftig leben, und es müßte, wäre es ihm möglich, sich mir geistig ganz zu entziehen, mein Selbst in toter Öde erstarren; ja, indem ich dieses schreibe, fühle ich nur zu sehr, daß nur Er es ist, der mir den Ausdruck gibt, mein Sein in ihm wenigstens anzudeuten. – Ich weiß nicht, Adelgundchen, ob ich Dir nicht fremdartig oder vielleicht als eine phantastische Schwärmerin erscheine, ob Du mich überhaupt verstehst, und es war mir, als ob eben jetzt leise und wehmütig der Name: Hypolit[4], über Deine Lippen gleite. – Glaube mir, daß Hypolit nie inniger von mir geliebt wurde, ich nenne ihn oft im frommen Gebet um sein Heil. – Die heiligen Engel mögen ihn schirmen vor jedem feindlichen Streich, der ihm in wilder Feldschlacht droht. Aber, seitdem Alban mein Herr und Meister ist, dünkt es mich, nur durch Ihn könne ich meinen Hypolit stärker und inniger lieben, und als habe ich die Macht, mich wie sein Schutzgeist zu ihm zu schwingen und ihn mit meinem Gebet wie mit einem Seraphsfittich[5] zu umhüllen, so daß der Mord ihn vergebens, listig spähend, umschleicht. Alban, der hohe, herrliche Mann, führt mich als die durch das höhere Leben geweihte Braut in seine Arme; aber nicht ohne seinen Meister darf das Kind sich in die Stürme der Welt wagen. – Erst seit wenigen Tagen erkenne ich ganz Albans wahrhaftige Größe. – Aber glaubst du wohl, liebe Adelgunde, daß, als ich noch kränker und über alle Maßen reizbar war, sich oft niedrige Zweifel gegen meinen Herrn und Meister in meiner Brust erhoben? – Da hielt ich es denn für gesündigt gegen Liebe und Treue, wenn selbst im Gebet für meinen Hypolit Albans Gestalt in meinem Innern aufstieg, zürnend und drohend, daß ich ohne ihn mich hinauswagen wolle aus dem Kreise, den er mir beschrieben, wie ein böses Kind, das, des Vaters Warnung vergessend, hinauslaufe aus dem friedlichen Garten in den Wald, wo feindliche Tiere blutgierig hinter den grünen anmutigen Büschen lauern. Ach, Adelgunde! – diese Zweifel quälten mich schrecklich. Lache mich recht aus, wenn ich Dir sage, daß ich sogar auf den Gedanken geriet: Alban wolle mich künstlich umstricken und unter dem Schein des heiligen Wunders irdische Liebe in meinem Innern entzünden. – Ach, Hypolit! – Neulich saßen wir, der Vater, der Bruder, der alte Bickert[6] und ich traulich abends beisammen; Alban war, wie es seine Gewohnheit ist, noch auf weitem Spaziergange begriffen. Es war die Rede von Träumen, und der Vater sowie Bickert wußten davon allerlei Wunderbares und Ergötzliches zu sagen. Da nahm auch Ottmar das Wort und erzählte, wie nach Albans Rat und unter seiner Leitung es einem seiner Freunde gelungen sei, eines Mädchens innige Liebe dadurch zu gewinnen, daß er ohne ihr Wissen, wenn sie schlief, in ihrer Nähe war und ihre innersten Gedanken durch magnetische Mittel auf sich leitete. Dazu kam, daß der Vater und auch mein alter treuer Bickert sich, wie sie noch nie in meiner Gegenwart getan, bestimmt und hart gegen den Magnetismus und auch in gewisser Art gegen Alban erklärten – alle Zweifel gegen den Meister erwachten mit doppelter Stärke in meiner Seele – wie wenn er sich geheimer höllischer Mittel bediente, mich zu seiner Sklavin zu fesseln; wie wenn er dann geböte, ich solle, nur ihn in Sinn und Gedanken tragend, Hypolit lassen? Ein nie gekanntes Gefühl ergriff mich mit tötender Angst; ich sah Alban in seinem Zimmer mit unbekannten Instrumenten und häßlichen Pflanzen und Tieren und Steinen und blinkenden Metallen umgeben, wie er in krampfhafter Bewegung seltsame Kreise mit den Armen und Händen beschrieb. Sein Gesicht, sonst so ruhig und ernst, war zur grausigen Larve[7] verzogen, und aus seinen glutroten Augen schlängelten sich in ekelhafter Schnelle blanke, glatte Basiliske[8], wie ich sie sonst in den Lilienkelchen zu erblicken wähnte. Da war es, als gleite ein eiskalter Strom über meinen Rücken hin, ich erwachte aus meinem ohnmachtähnlichen Zustande; Alban stand vor mir – aber, du heiliger Gott! nicht er war's, nein! jene entsetzliche Larve, die meine Einbildung geschaffen! – Wie habe ich am andern Morgen mich vor mir selbst geschämt!

Ernst Theodor Amadeus Hoffmann: Poetische Werke, Bd. 1, Berlin/New York 1993, S. 193–197.

Hinweise

Die Rechtschreibung entspricht der Textvorlage.

Anmerkungen

1 Residenz – Wohnsitz eines weltlichen oder kirchlichen Oberhauptes
2 Magnetismus – hier: Fähigkeit mancher Menschen, hypnotisierende Heilkräfte auszustrahlen
3 exaltiert – aufgeregt, übersteigert
4 Hypolit – Verlobter Marias und Bruder Adelgundes
5 Seraphsfittich – Engelsflügel
6 Bickert – Maler, langjähriger Hausfreund der Familie
7 Larve – Gesichtsmaske; auch leeres, nichtssagendes Gesicht
8 Basilisk – mythisches schlangen- oder echsenartiges Ungeheuer

TIPP **Bearbeitungshinweise**

Das gegebene Material, **Marias Brief**, mag Ihnen auf den ersten Blick kompliziert und schwer verständlich erscheinen. Lassen Sie sich auf den Text ein und erinnern Sie sich, dass in Deutschland seit der Zeit des Sturm und Drang und der Empfindsamkeit (um 1770) eine intensive **Freundschafts- und Briefkultur** mit entsprechenden Herzensergießungen gepflegt wurde. Denken Sie auch an die Briefe in Hoffmanns *Sandmann* und das diese Novelle und die gesamte Epoche bewegende Thema, inwiefern es Kräfte gebe, das innere Leben von Menschen magisch-irrational zu beeinflussen.

Teilaufgabe 1 verlangt keine klassische Inhaltswiedergabe, sondern eine **Analyse der Beziehungskonstellation**. Die Erschließung des romantischen Textes, der das Unwirkliche mit dem Wirklichen verschränkt, ist besonders im zweiten Teil, der Untersuchung von Sprache und Form, ein ordentliches Stück Arbeit, das Sie am besten mit mehreren farbigen Stiften angehen. Arbeiten Sie mit Randnotizen, mit denen Sie die relevanten Aussagen der jeweiligen Passage auf den Punkt bringen. Zeigen Sie in Ihrer Bearbeitung, wie schwer es fällt, in Marias Ausführungen Realität und Traum auseinanderzuhalten. Indem Sie den Konjunktiv der **indirekten Rede** verwenden, machen Sie deutlich, dass Sie Marias Sicht wiedergeben. Sie können **Sprache und Form** in einem eigenen Abschnitt behandeln oder aber – wie im folgenden Lösungsvorschlag – deren Analyse im Rahmen der Darstellung der Beziehung von Alban und Maria einfließen lassen. Mit einem solchen integrierten Vorgehen vermeiden Sie es, sich zu wiederholen. Fassen Sie sich bei der Textstelle, die im Material an *Mario und der Zauberer* erinnert, hier möglichst kurz. In einem eigenen Abschnitt können Sie die wesentlichen **romantischen Merkmale** von Hoffmanns Text sammeln.

Teilaufgabe 2: Es ist sinnvoll, Thomas Manns Text noch einmal kurz durchzublättern, um sich für den Vergleich relevanter Aussagen und Ausdrücke zu vergewissern. Legen Sie auf einem Konzeptblatt eine Tabelle an, in der Sie die beiden Figuren Alban und Cipolla einander gegenüberstellen. Dabei können Sie diesen Vergleich nach geeigneten Unteraspekten strukturieren, z. B. äußere Merkmale, Selbstinszenierung, Umgang mit anderen, Wirkung auf andere.

Teilaufgabe 3: Bevor Sie in die Diskussion einsteigen, sollten Sie das Mitscherlich-Zitat in eigenen Worten wiedergeben und erläutern. Wenn Sie dann den Bezug zu den Texten von Hoffmann und Mann herstellen, sollten Sie abwägend und differenziert mit dem Begriff des Tabus umgehen. Nicht jedes Verbot oder was einfach Brauch, Sitte, Konvention oder ein No-Go ist, ist auch gleich ein Tabu. Auch das gesellschaftlich als skandalös Empfundene ist nicht automatisch synonym mit Tabubruch. Vermeiden Sie es unbedingt, den Inhalt der behandelten literarischen Werke nachzuerzählen, sondern beziehen Sie diese immer gezielt auf den Aspekt des Tabubruchs.

Verwendete Textausgabe: Thomas Mann: *Tonio Kröger / Mario und der Zauberer*. Fischer 1999.

Lösungsvorschlag

TEILAUFGABE 1

Einleitung
Autor, Titel, Gattung, Jahr, Thema

In dem Auszug aus E. T. A. Hoffmanns 1814 veröffentlichter Erzählung *Der Magnetiseur – Eine Familienbegebenheit* sucht eine junge kranke Frau bei einem geheimnisvollen Arzt Heilung, wird von diesem aber in eine immer tiefere Hörigkeit gezwungen.

Beziehung zwischen Maria und Alban
erste Begegnung und Wiedersehen

Maria, die Tochter eines Barons, schüttet ihrer Freundin Adelgunde, der Schwester ihres Verlobten Hypolit, per **Brief** ihr verwirrtes und **aufgewühltes Herz** aus. Sie sei von einer rätselhaften Nervenkrankheit genesen. Ihr Bruder Ottmar habe zu ihrer Heilung den von ihm verehrten Freund und hochgeschätzten Arzt und **Magnetiseur Alban** bestellt, den er schon früher einmal in die Familie eingeladen hatte. Damals habe Alban auf sie keinerlei Eindruck gemacht; aber jetzt ist ihr, als träte er als Verkörperung des ihr längst in ihren Träumen erschienenen wunderbaren Märchen- und Geisterkönigs in ihr wirkliches Leben.

Marias Wahrnehmung von Alban

Sie sagt es sogar bestimmt und ohne Konjunktiv: „[…] wie erschrak ich […], als ich […] in Alban jenen […] König aus meinen Träumen erkannte.“ (Z. 12 f.) Maria nennt Alban einen „herrlichen Mann“ (Z. 2). Er ist noch jung, aber sein ganzes Betragen flößt ihr „Ehrfurcht“ (Z. 7) ein. In ihren Träumen konnte seine Erscheinung „allen bösen Zauber“ lösen (Z. 10). Und so hat er, stets würdevoll in lange Talare gekleidet, auch jetzt für sie die **Züge eines guten Zauberers und priesterlichen Königs**.

Marias Unterwerfung und Einwilligung in die Behandlung

Maria erliegt gleich dem ersten „ernsten durchdringenden Blick“ (Z. 21), mit dem Alban sie anschaut. Auf der Stelle **unterwirft sie sich** ihm als ihrem Gebieter, dem sie „unbedingt“ (Z. 22) gehorchen müsse und dem sie sich für immer verpflichtet fühlt. Ottmar bestärkt sie darin, sich von Alban in einen **Wachschlaf** versetzen zu lassen, um wieder gesund zu werden. Sie liefert sich dieser Prozedur mit Grausen aus und weiß doch zugleich, dass ihr Wille Alban gegenüber ohnehin nichts vermocht hätte. Die Kur scheint gelungen, denn sie fühlt sich nun wieder heiter und ruhig (vgl. Z. 32 ff.). Aber **Albans Einwirken auf ihre Psyche** und ihr Bewusstsein dauert fort und steigert sich bis zu dem Gefühl, dass seine Gedanken sie mit „golden glühendem Leben […] durchstrahlen“ (Z. 39 f.) und ihr wie einer in Mysterien Eingeweihten höhere Dimensionen des Seins erschließen. Ihre **Liebe zu Hypolit** sei durch Albans Macht über sie nicht gefährdet, versichert sie Adelgunde. Im Gegenteil könne sie unter seinem Einfluss den Freund in der Schlacht mit ihren Gebeten kräftiger als je beschirmen, und Alban werde sie, nachdem sie durch seine Schule gegangen ist, als gleichsam veredelte Braut in Hypolits Arme führen.

Maria räumt zwar ein, dass Adelgunde vielleicht für verrückt halten könnte (vgl. Z. 47 f.), was sie hier mitzuteilen hat. Tatsächlich aber bezeugt ihre Selbstdiagnose nichts Geringeres als ihre **Selbstaufgabe**, da sie ihre Abhängigkeit von Alban kategorisch mit der Formel der Unio mystica, der **mystischen Vereinigung**, erklärt: „Nur in diesem mit Ihm und in Ihm Sein" könne sie wahrhaft leben. Wenn er sich geistig entzöge, müsste ihr „Selbst in toter Öde erstarren" (Z. 43 ff.).

Marias Selbstverlust

Maria verschweigt der Freundin aber auch nicht, dass es eine Kehrseite der Medaille gibt. Immer wieder nennt sie **Alban** ihren Herrn und Meister. Aber sie vergleicht ihn auch mit einem **Vater**, der ihr droht wie einem bösen Kind, das es wagt, den geschützten Bereich zu überschreiten, den er für sie geschaffen hat – und **kontrollieren kann** (vgl. Z. 61 ff.). Maria berichtet von **Zweifeln**, also von eigenen Gedanken. Sie fühlte sich schuldig („sündig", vgl. Z. 62), als Alban sich sogar in ihren Gebeten vor das Bild des geliebten Hypolit schob. Ihr kam sogar der Verdacht, dass er es in der Maske des geistigen Heilers darauf abgesehen haben könnte, sie Hypolit auszuspannen. Zwar relativiert sie das wieder, nennt ihre Zweifel „niedri[g]" (Z. 61) und führt sie auf ihre nun überwundene frühere Reizbarkeit zurück, aber sie kann sie auch nicht zum Schweigen bringen. Sie erahnt sogar die Analogie zwischen ihrer Geschichte und der, die Ottmar über Albans Künste zum Besten gibt, als die Familie und Freund Bickert abends beisammensitzen. Einem Freund und Fachkollegen, der seine Freundin zurückgewinnen wollte, habe Alban geraten, nachts, während sie schlief, in ihrer Nähe zu sein und durch Magnetismus heimlich ihre innersten Gedanken auf sich zu leiten. Hat auch Alban bereits damals, als Ottmars Gast im Haus, sie, Maria, auf diese Weise „zu seiner Sklavin" (Z. 81) gemacht und für sich gleichsam vorpräpariert? Woher sonst sollte sie ihn bereits aus ihren Träumen kennen?

Albans psychische Macht und Marias Zweifel

Dass sich als Kommentar auf Ottmars Geschichte der Vater und Bickert gegen Alban aussprechen, schürt auch in Maria neue Vorbehalte. Sie verhehlt der Freundin nicht, dass sie in einem sonderbaren Zustand Alban plötzlich **als teuflischen Alchemisten** und Magier mit entsetzlich zur Larve verstellten Zügen in einer Art Laboratorium habe hantieren sehen. Sie tut zwar diese Wahrnehmung als Einbildung ab, unterdrückt aber nicht, dass auch bei ihrem Erwachen Alban nicht ernst und schön, sondern mit eben jener **Teufelsfratze** vor ihr gestanden habe.

Wahrnehmung Albans als Teufel

Die junge **Maria**, **als** eigene **Persönlichkeit** noch **nicht gefestigt**, kann wohl leichter als ein Erwachsener zur Beute eines unlauteren Arztes werden. Hinzu kommt, dass Alban nicht Schulmedizin anwendet, sondern okkultes, also geheimes Wissen. **Die Romantik**

Epochenbezug: Faszination der Romantik für Unterbewusstes

war sehr interessiert an der Erforschung der „**Nachtseiten des Lebens**" unterhalb der Schwelle der Ratio: am menschlichen Unterbewusstsein, aus dem Träume und Fantasien aufsteigen oder auch Traumata (wie bei Nathanael) und an möglichen tiefinneren Verbindungen mit Kräften der Natur und des Kosmos. Entsprechende Experimente mit magnetischen, mineralischen, elektrischen und hypnotischen Methoden erregten viel Aufmerksamkeit und führten zur Diskussion, ob da heilende oder doch vielleicht eher dämonische Kräfte freigesetzt würden, ob seriöse Praktiken oder Scharlatanerie und Hokuspokus am Werk sei.

Marias Versuche, rational nicht Fassbares zu verbalisieren

Für Maria kommt hinzu, dass sie ihrer Freundin **von neuen**, sie überwältigenden **inneren Empfindungen** und Vorgängen berichten möchte, für die sie bisher noch gar **keine Sprache hat**. Schon über die Ähnlichkeit des realen Alban mit dem geträumten „romantische[n] König" (Z. 9) aus Märchen- und Geisterwelt „wußte" sie sich „selbst […] nicht Rechenschaft zu geben" (Z. 17 f.). Sie kann es also nicht sprachlich fassen, weil es ihr letztlich unbegreiflich ist. (Als sie es durchschaut, versagt ihr Bewusstsein: Sie fällt in Ohnmacht.) Besonders während Albans „Kur" überschneiden sich ihr Traum und Wachzustand mit träumerischen Phasen und dem Wegsinken ihres Bewusstseins in hypnotischen Schlaf. Dass sich die Sphären so überschneiden oder ineinander übergehen, erzeugt eine Unschärfe, die es noch schwieriger macht, zu ermitteln, was eigentlich real ist. In einer sich mit vielen Erwägungen, Bildern, Metaphern, Konjunktiven und Vergleichen („wie", Z. 9, 41, 64; „so war es mir gleich […]: ich müßte", Z. 21 f.; „als ob", Z. 49; „wie wenn …", Z. 80 ff.; „[d]a war es, als …", Z. 89 u. a.) **vorantastenden Ausdrucksweise vermittelt sie sprachlich annähernd**, was ihr psychisch widerfährt. Der **Brief** transportiert als **Medium der Selbstoffenbarung** nicht nur ihre Erregung, sondern spiegelt auch ihr Bemühen wider, bei der mehrfach direkt angesprochenen Adressatin Verständnis zu finden und schreibend Klarheit für sich selbst zu gewinnen.

Schwanken zwischen Überhöhung und Dämonisierung Albans

Marias innere Überforderung und Zerrissenheit führt dazu, dass sie **zwischen Extremen und Verabsolutierungen** schwankt. Ihre zahlreichen Epitheta und Metonymien (Benennungen) für Alban zeigen das an: Einerseits überhöht und verklärt sie ihn, diesen „herrlichen" (Z. 2) Mann, fast bis ins **Göttliche**. Schon im Traum erschien er ihr als wunderbarer **Erlöser** (vgl. Z. 8 ff.). Von ihm hypnotisiert oder auch nur in Gedanken daran („ich versinke nach und nach in einen träumerischen Zustand", Z. 37 f.), ist sie wie verzückt und von seiner Strahlkraft durchdrungen, um dann in religiöser Ekstase eins mit ihm zu sein (vgl. Z. 39 ff.). Das „Gold" des Märchens ist hier metaphorisch und vergleichend verbunden mit der Lichtmetaphorik des göttlichen Funkens und Feuers („mit […] golden glühendem Leben […] wie der höhere belebende Funke“, Z. 39 ff.). Ihre Vorstellungswelt ist erfüllt von einem kategorischen Entweder-Oder, das Zwischentöne nicht kennt und sich in hyperbolischen Formulierungen spiegelt. Entweder Beseligung oder, wenn er, Alban, sich geistig entzöge, Erstarrung in toter Öde (vgl. Z. 45).

Signal ihrer Verabsolutierungen zwischen Alles und Nichts sind Adverbien wie „nur“ (Z. 43, 46), „unbedingt“ in Verbindung mit „alles“ (Z. 22) und die häufig verwendeten Modalverben „müssen“ und „dürfen“. Dass Maria während dieser Vorgänge **ihre Selbstbestimmung**, ihr „Selbst“ (Z. 45), restlos **preisgegeben** hat, scheint sie hier noch nicht zu beunruhigen. Erst im letzten Teil des Briefauszugs kommen auch ihre **Zweifel** zur Sprache und steigern sich (vgl. Z. 80) bis zum Verdacht, dass Alban, der zunächst fast Vergöttlichte, sich tatsächlich „**höllischer Mittel**“ (Z. 81) bedienen könnte, um sie zu besitzen. Die **Erlöser-Metaphorik** schwingt also nun ins **Wortfeld der Hölle** (vgl. Z. 87 f.). Maria „sieht“ Alban in seinem Zimmer teuflisch entstellt, ähnlich wie Nathanael Coppelius sah. Ist das eine Wahrnehmung oder ein Albtraum? Die Folgen des „Gesehenen“ zumindest erschüttern Maria bis ins Mark (vgl. Z. 89). Hat sie hier Albans wahre Natur erkannt? **Hoffmann** lässt das gezielt im Vagen, verstärkt im Leser aber zugleich ihren Verdacht, weil sie, auch nachdem sie wieder aus ihrem „ohnmachtähnlichen Zustan[d]“ (Z. 90) erwacht ist, Alban mit der „entsetzliche[n] Larve“ (Z. 91) vor sich sieht. Es ist genau diese doppelgängerische **Ambivalenz**, dieses **romantische Vexierspiel**, das Hoffmann dem Leser mit seiner vertrackten **Erzähltechnik** zumutet. Der Traum ist kein sicheres Gelände; die Wirklichkeit aber auch nicht mehr.

Selbstzensur und Verlust der Autonomie

Zugleich deckt sich in dieser Schlussepisode das psychisch Schrecklichste auf, was Maria widerfahren konnte bzw. was Alban ihr angetan hat. Ihre Zweifel haben zugenommen und „quälen“ sie, aber sie will sie nicht zulassen. **Sie traut sich selber nicht** mehr, weder ihren Gefühlen, noch ihren Gedanken, Sinneseindrücken und Schlussfolgerungen. Alban hält sie in einem Bannkreis gefangen (vgl. Z. 57 ff.). Wenn sie Schritte zu ihrer Befreiung daraus unternimmt, **maßregelt sie sich selbst**. Sie übt **Selbstzensur**, indem sie ihre Zweifel kleinredet, sie zu bloßen Einbildungen erklärt, sich für sie schämt (vgl. Z. 92), **sich** also **selbst entmündigt** und einem fremden Willen unterstellt.

TEILAUFGABE 2

Vergleich von Alban und Cipolla

sozialer Status

Auf den ersten Blick scheinen Alban, Titelfigur bei Hoffmann (M), und die Figur des Cipolla in Thomas Manns Novelle *Mario und der Zauberer* kaum etwas miteinander zu tun zu haben; erst allmählich entpuppt sich deren Verwandtschaft. **Alban** tritt **als** hoch **angesehener Arzt** auf und scheint nicht von sich aus aktiv zu werden. Er **wird** in den privaten Kreis einer Familie **gerufen**, um dort die sonderbar erkrankte junge Maria zu kurieren. **Cipolla** dagegen **agiert** als Entertainer öffentlich und **auf eigene Faust**. Auf Plakaten lässt er sich als „fahrender Virtuose" und „**Zauberkünstler**" (S. 86) ankündigen. Das zusammenströmende Publikum, Einheimische und internationale Badegäste des kleinen italienischen Küstenortes Torre di Venere, erhofft sich einen unterhaltsamen Abend.

Äußeres

Alban ist **jung**. Maria erlebt ihn als ernsten, **schönen**, hoheitsvollen und von Ehrfurcht einflößender Würde umgebenen Mann. Cipolla dagegen ist **alt** und körperlich **verwachsen**. Der deutsche Badegast und Ich-Erzähler bei Thomas Mann, der mit seiner Frau und zwei noch kleinen Kindern gekommen ist und Cipollas Vorstellung im Saal miterlebt, registriert dessen hässliche „splittrige Zähne" (S. 125) und gelbliche Hände.

Selbstinszenierung

Allerdings fällt auf, dass Alban ebenso wie Cipolla sich schon rein äußerlich mit ihrer **Kleidung** die **Aura des Besonderen** geben. Alban trägt lange, priesterlich wirkende Talare. Cipolla behauptet mit Siegelring und Schärpe, atlasgefütterter Pelerine u. a. den Rang eines Cavaliere. Er scheint ein Gaukler und geschickter, zudem hoch eloquenter Taschenspieler zu sein, der aber keinerlei Scherz über seine Person duldet und mit einer gewissen stolzen Selbstgefälligkeit unbedingte Achtung für sich fordert. Er unterstreicht seinen Anspruch mit einer Reitpeitsche, die ein silberner Krallenknauf ziert. Er rühmt sich seiner guten Presse und seines vornehmen Publikums in Rom. Sogar der Bruder des Duce habe dort seine Aufführung besucht. Mit solchen Bemerkungen verknüpft er nationalistische Belehrungen über Größe und Ruhm des Vaterlandes, dessen Beleidigung er sich scharf verbittet.

Wirkung auf andere

Der **Ich-Erzähler** beobachtet mit zwiespältigen Gefühlen, mit Faszination und wachsendem Unbehagen, wie sich der Abend entwickelt. Anders als Maria, die, als sie schreibt, schon in Albans Bann ist, **kann** er das Geschehen **analysieren**. Allmählich begreift er, dass Cipolla „unter falscher Flagge" (S. 96) segelt. Ähnlich wie Alban Maria sofort beherrscht, indem er ihr durchdringend in die Augen schaut, unterwirft auch Cipolla die sich aus dem Publikum gegriffenen Probanden vor allem mit der **Kraft seines Blickes** seinem

Willen. Der Erzähler bemerkt seine „stechenden Augen“. Als ein Herr aus Rom ankündigt, seinem Willen widerstehen zu wollen, sieht er, wie intensiv Cipolla seinen Blick in den Nacken dieses Gegners „bohrt“. Die Peitsche, Symbol herrischer Autorität, lässt er nur zusätzlich sausen, um die bereits verhext sich Windenden oder in Trance Tanzenden in Bewegung zu halten. Offen erklärt er dem Publikum, dass er sein Leben „[a]llein mit den Kräften seiner Seele und seines Geistes“ (S. 94) meistere. Es geht ihm um die Demonstration von **Herrschaft durch Willenskraft**. Er doziert, dass es zwar Freiheit und den Willen gebe, dass aber ein Wille, der sich pur auf die Behauptung der eigenen Freiheit richte, ins Leere stoßen müsse. Sein Wille hingegen richte sich – statt nur zu negieren – darauf, sich Gehorsam zu erzwingen. Laut Cipolla bedingen sich die Fähigkeiten zu befehlen und zu gehorchen einander wechselseitig „wie Volk und Führer“. Ein Führer müsse folglich beides können. Diese Eignung stellt er unter Beweis: Er „gehorcht“ dem Gemeinschaftswillen des Publikums, indem er sich anstrengt, einen im Saal versteckten Gegenstand an der Hand eines Führers intuitiv aufzufinden. Längst hat da der Erzähler Cipollas **Kraft der magnetischen Übertragung** und den ins Unheimliche und Okkulte spielenden Charakter seines Treibens erkannt, um schließlich zusammenzufassen: „Dieser selbstbewusste Verwachsene war **der stärkste Hypnotiseur**, der mir in meinem Leben vorgekommen.“ (S. 112)

Gemeinsamkeit: zwei Hypnotiseure

Alban und Cipolla sind also beide Magnetiseure bzw. Hypnotiseure, die dämonische Züge haben und sich auf irrationale Weise Menschen hörig machen können, indem sie deren Eigenwillen brechen. Der eine tarnt sich als Arzt, der andere als Zauberer und Unterhalter. Beide sind mitsamt ihrer Künste **Scharlatane**; Alban ist ein Betrüger.

Unterschiede: romantische Dämonie vs. psychologische Charakterstudie

Die – auch epochentypischen – Unterschiede: Maria schreibt gefühlsbetont und im Bann von Alban. Sie verfügt also nicht über den Realismus und die **Distanz** des Mann'schen Erzähler-Beobachters. Ein anderer Unterschied: Bei Mann (1930) deutet sich die Zwienatur des Cavaliere in seiner äußeren Missgestalt an. Cipolla selbst **begründet psychologisch nachvollziehbar**, dass er mit seiner Kunst diese seine leibliche Schwäche von früh auf zu **kompensieren** lernte. Plausibel wird darum sein (kompensatorischer) Wille zur Macht. Er genießt bis hin zum Hohn und zur blanken Gehässigkeit seine Triumphe über die Gesunden und Starken. Alban ist böse. Er „raubt“ Maria durch seine hypnotische Kraft für sich, missbraucht sie seelisch und droht, sie ihrem Verlobten zu entfremden. Das Böse in ihm wird aber weder real manifest noch psychologisch herleitbar, sondern es erscheint (1814) nach Art der Romantik in der diffusen **Sphäre des Traums** in Gestalt seines fratzenhaft teuflischen **Doppelgängers**.

Vermutlich **unterscheiden sich die Schlüsse:** Es ist mehr als fraglich, ob es Maria gelingen wird, sich aus den psychischen Fängen des Arztes zu befreien und wie geplant Hipolyt zu heiraten. Vielmehr ist zu erwarten, dass die „Familienbegebenheit" in einer Tragödie endet.

Fortgang der Handlung

Manns Novelle dagegen geht für das Empfinden der Anwesenden eher „gut" aus. Das einerseits belustigte, andererseits Zug um Zug schwerer gedemütigte Publikum steht in der Person des Sympathieträgers Mario gegen seinen Zuchtmeister auf. Indem Mario Cipolla erschießt, gewinnt er seine und aller Ehre zurück. Da kann – obwohl doch eben ein Mord geschah – auch der Erzähler „nicht umhin", das Ende anders als „befreiend" zu empfinden (vgl. S. 127).

politische Deutung von *Mario und der Zauberer*

Anders als die romantische Erzählung hat Thomas Manns Novelle auch eine **politische Dimension:** Sie lässt sich als politische Parabel lesen. Der Erzähler registriert beunruhigt Zeichen des *Fascismo Italiano* (der auch Hitler „inspirierte"). Sie ziehen sich durch den gesamten Text von der Fremdenfeindlichkeit bzw. Bevorzugung der eigenen Landsleute im Grandhotel über patriotische Reden und die neue Prüderie am Strand. Sie kulminieren in Cipollas Abendvorstellung: in dessen Ermahnungen, sich des Vaterlands würdig zu erweisen, seiner Entschuldigung dafür, dass er im Großen Krieg nicht mit der Waffe dienen konnte, in seiner Duce-Verehrung. Vor allem aber sind **seine Themen und seine Methoden alarmierend:** Er propagiert nicht nur die Zusammengehörigkeit von „Volk und Führer", sondern agiert wie ein über Land fahrendes Double des Duce, der streng, zornig, autoritär und redebegabt sich die Massen zu blinder Gefolgschaftstreue unterwirft. Am Einzelfall weist er nach, um wie viel gelöster und geradezu glücklich der werde, der sich, statt dagegen zu sein, einfach fallenlasse, seine Freiheit aufgebe und Teil des Ganzen werde (sich in den Kreis der steppenden Hampelmänner einreiht). Der Hypnotiseur Cipolla wird bei Thomas Mann zum **Gleichnis** für die **jedem Individualismus feindliche Suggestivkraft faschistischer Ideologien**, Sekten und Verschwörungstheorien, deren Follower dann zum Beispiel blindwütend das Capitol stürmen. – Es ist allerdings nicht ausgeschlossen, dass auch Hoffmann das, was seiner Hauptfigur Maria widerfährt, als Analogie für politische Phänomene mitdachte, denn er selbst hatte erkannt, wie sehr er und ganz Europa zeitweilig dem Charisma Napoleons erlegen waren.

TEILAUFGABE 3

Diskussion
Wiedergabe und Erläuterung des Mitscherlich-Zitats

Das vorliegende Zitat aus dem bekanntesten Werk des Psychoanalytiker-Paares **Mitscherlich** von 1967 gilt dem **Tabu**. Es erklärt die Wirkung eines Tabus und liefert anschließend eine Definition. Vom Tabu gehe ein Verbot aus, verknüpft mit einer **Denkhemmung**. Wo auch immer man **nicht weiter zu fragen wage** oder nicht einmal auf den Gedanken komme, zu fragen, handle es sich um ein Tabu. Andererseits aber verlocke ein Verbot, es zu übertreten. Zu diesem Schritt allerdings gehöre **Mut** („zu fragen wagt"). Zur Illustration dieses Sachverhalts erwähnen die Autoren den Paradiesmythos („Adam und Eva"). Im Altertum war es stets die höchste göttliche Autorität, die etwas tabuisierte, mit einem Tabu, einem **Bannfluch** belegte, sodass das Tabu die Aura des Kultischen, Magischen, Religiösen hatte, vor dem Menschen mit Furcht und Schauder zurückwichen (und sich heute noch erschrocken bekreuzigen als Gegenzauber). Zuwiderhandeln ist meist tödlich. „Gott sprach, du kannst mein Antlitz nicht sehen, denn wer es sieht, wird sterben." So stirbt in Schillers Ballade der Jüngling zu Saïs, der es wagt, dort den Schleier der Isis zu heben. In Tempeln durften nur geweihte Personen bis in den innersten Raum vordringen, in dem das Bildnis der Gottheit stand.

Deutungsarten des Tabus

Seit der Moderne deutet man das Tabu vor allem psychopathologisch als innerpsychische Verdrängung von traumatisierenden Erfahrungen wie etwa Krieg, Gewalt, Inzest und Missbrauch, über die man nicht sprechen kann und an die niemand rühren darf. Und doch bleibt auch hier etwas Magisches, wie es auch den Figuren des Alban und Cipolla anhaftet.

Tabubruch in *Der Magnetiseur*

Ebenso wie die Mitscherlichs spielt auch **E.T.A. Hoffmann** metaphorisch auf den Archetyp, den **Paradiesmythos** an. Maria berichtet, Alban, ihre quasigöttliche Autorität, ihr Herr und Meister und „Vater" habe ihr, dem Kind, **einen „friedlichen Garten**" (Z. 65) zugewiesen und damit einen Bannkreis um sie gezogen; außerhalb lauerten tödliche Gefahren. An sich will sie auch gar nicht aus diesem „Garten" ausbrechen; sie empfindet keine „Verlockung" (s. Mitscherlich). Wenn ihr aber eigene Gedanken und Zweifel kommen, so erscheint Alban ihr drohend und zürnend und suggeriert ihr das Bewusstsein, „gesündigt" (Z. 62) zu haben. Er hat sie, genau wie die Mitscherlichs es beschreiben, mit einer „**Denkhemmung**" belegt, sodass sie, dennoch zweifelnd, sich **schuldig** fühlt, zum „**böse[n] Kind**" wird (Z. 64 f.) und sich der ihr verbotenen Gedanken und Wahrnehmungen **schämt** (vgl. Z. 92). Das alles hat Hoffmann über 100 bis 150 Jahre vor Freud und den Mitscherlichs bereits psychologisch beobachtet und schriftlich fixiert.

Thomas Mann kannte sich mit Freud aus. Sein Erzähler beobachtet genau die psychologischen und hypnotischen Kniffe, mit denen **Cipolla** ein ganzes Publikum in Schach hält und den Willen der Widerspenstigen zu brechen und sich gefügig zu machen versteht. Und doch kann sich auch dieser wache und kritische Zeitgenosse dem Bann Cipollas nicht ganz entziehen und vielfach auch nicht verstehen, wie genau der den Saal beherrscht. Ja, er ist ein starker Hypnotiseur; aber auch ihm, diesem Verführer der Massen, haftet noch das Flair des magisch-dämonischen Hexenmeisters an. Nicht sicher bin ich mir allerdings, ob auch hier der Begriff des Tabus greift. Die Probanden können nicht mehr denken, sondern nur noch ohnmächtig dem fremden Willen gehorchen. Sie sind hypnotisiert. Aber wo ist das Tabu? Nicht sie selbst verbieten sich, zu denken oder an bestimmte Dinge zu rühren, sondern ein starker Wille versetzt sie kurzzeitig in Trance. Am ehesten hat Cipolla **seine eigene Person tabuisiert**, indem er alle Lacher, alles Zweifeln an ihr aufs schärfste ahndet. Die Person des Führers hat sakrosankt und unantastbar zu sein; dafür sorgt Cipolla ebenso wie es die realen politischen „Führer" im Europa der Zeit um 1930 taten.

Tabubruch in *Mario und der Zauberer*?

Aus der Masse der Schwachen, Unsicheren, Gefügigen, der Manipulier- und Beherrschbaren, die sich z. T. lieber unterwerfen als selber für sich geradezustehen, ragt seit dem 16. Jahrhundert eine Figur hervor, die **das Wagnis nicht scheut**, die Grenzen zu überschreiten. Die nicht Sicherheit sucht, sondern erkennend vordringen möchte zum Kern der Dinge. Es ist der große **Tabubrecher Faust**. Er hat die Kühnheit, in den tabuisierten Kreis des Magischen einzutreten, damit zu experimentieren und den gewaltigen Erdgeist zu beschwören. Er hat keinerlei Furcht, zu tabuisierten Bereichen des Bösen Kontakt aufzunehmen, die Hexenküche zu besuchen und sich mit Mephisto zu verbünden. Er erstarrt nicht etwa in Furcht vor ihm, sondern Mephisto und Faust pflegen ein ironisches Verhältnis miteinander. Faust verkündet, er „fürchte [s]ich weder vor Hölle noch Teufel" (V. 369). Er begehrt, dass nichts ihm fremd bleibe und dringt vor bis in die schauerlichen Abgründe der Mütter, die andere Sterbliche fürchten (für sie tabu sind) etc. Faust ist die Ausnahme, die zugleich Tendenzen der Moderne vorwegnimmt bis hin zum unbegrenzten Laborieren der Menschen mit den Kräften der Natur (Uran, Silikon: Atomkraft bis KI). Fraglich, was man heute noch respektiert und ob es heute überhaupt noch Tabus im außerpsychischen Sinne gibt.

Tabubrecher Faust

Eine gleichsam säkularisierte Manipulation der Massen durch Tabuisierung führen Autoren wie **Huxley** (*Brave New World*), **Orwell** (*1984*) und nun **Juli Zeh** (*Corpus Delicti*) in ihren Staatsutopien bzw. -dystopien vor. An die Stelle von Gottheiten treten Autokraten.

Tabubrüche in Dystopien (u. a. *Corpus Delicti*)

Jedes Mal handelt es sich um **Überwachungsstaaten**. Die internalisierte „Denkhemmung" (Mitscherlich) wird zum **Denkverbot** und (bei Huxley) zur Verunmöglichung des Denkens, indem man z. B. die Sprache als Medium des Denkens, Sich-Austauschens und eventueller Kritik in Wortschatz und Grammatik auf ein binomisches „Ja-Nein, Gut, Doppelplusgut und Doppelplusungut" etc. verstümmelt. Bücher sind nur noch der Führungselite zugänglich, Geschichte wird gefälscht, Religion und Kunst sind verboten (Orwell), die staatlich ausgegebene Droge Soma sorgt dafür, dass die Bürger infantilisiert und glücklich vor sich hindösen (Huxley). – In **Juli Zehs** *Corpus Delicti* ist um die „**Gesundheitsdiktatur**" namens „Die Methode" ganz real ein großer Bannkreis gezogen. Was innen liegt, ist strengen Hygieneregeln und Kontrollen unterworfen, die Partnerwahl ist reglementiert. Was außerhalb liegt – man muss sich eine Art Stadtstaat vorstellen – ist verboten. Der Staat funktioniert, solange sich seine Bürger dessen Gebote und Denkverbote innerlich zu eigen machen. Huxleys, Orwells und Zehs Staaten versprechen ihren Bürgern ein sorgloses, kindlich glückliches und gesundes Leben wie im Paradies. Wagt aber einer, eigene Wege zu gehen und den sozusagen magischen Zirkel zu durchbrechen wie Moritz Holl und mit ihm dann seine Schwester Mia, wird er zum Staatsfeind, den man eliminieren muss, möglichst bevor er andere ansteckt: Meistens endet der Tabubruch tödlich.

Fazit

Immer wieder lotet Literatur – Kunst überhaupt – Grenzen aus und erweitert den Raum des bisher Sag- und Darstellbaren. Das biblische Urmotiv, das Verbot, vom Baum der Erkenntnis zu essen, bleibt ein starker innerlicher Motor.

MACHTAUSÜBUNG DURCH SPRACHE

Erlaubte Hilfsmittel
- ein Wörterbuch der deutschen Rechtschreibung
- Textausgaben der Pflichtlektüren ohne Kommentarzeichen, ggf. mit Worterläuterungen
- eine Liste der fachspezifischen Operatoren

Dieser Vorschlag bezieht sich auf die Pflichtlektüren Georg Büchner: *Woyzeck* und Johann Wolfgang von Goethe: *Faust I.*

Aufgabenstellung

1 Fassen Sie den vorliegenden Auszug aus Angela Lehners Roman *Vater unser* zusammen und analysieren Sie das Gesprächsverhalten der beiden Figuren. (Material) (40 BE)

2 Erläutern Sie – auch unter Rückbezug auf den vorliegenden Textauszug aus Lehners *Vater unser* (Material) – das jeweilige Arzt-Patienten-Verhältnis in Büchners Drama *Woyzeck* (Szene „Beim Doktor“) und Goethes Drama *Faust I* (Szenen „Vor dem Tor“ V. 981–1055 und „Studierzimmer II“ V. 2001–2036). (35 BE)

3 In Goethes Spruchsammlung *Maximen und Reflexionen*, die nach seinem Tode 1833 erschien, bemerkt Goethe: „Wer klare Begriffe hat, kann befehlen.“

Aus: Goethes Werke. Hamburger Ausgabe in 14 Bänden, hg. v. Erich Trunz, Band XII, München 1981, S. 546

Diskutieren Sie – ausgehend von diesem Zitat und auch unter Berücksichtigung Ihrer Ergebnisse aus Aufgabe 1 und 2 – das Verhältnis von Sprache und Macht. (25 BE)

Material **Angela Lehner: Vater unser (2019)**

Die Protagonistin des Romans, Eva Gruber, ist zwangsweise, aber ohne Angabe von Gründen in eine psychiatrische Klinik eingewiesen worden. Am vierten Tag hat sie das erste Gespräch mit ihrem Psychiater.

Wer nicht mehr neu ist, braucht auch nicht mehr in den grünen Papierhandtuchanzügen herumzulaufen. Stattdessen habe ich ein ansehnliches Repertoire an Jogginganzügen zur Verfügung gestellt bekommen. Ich muss sagen, das ist gar nicht so schlecht: Den ganzen Tag in Gummizug-Hosen flanieren und zu den Fütterungszeiten im Aufenthaltsraum abhängen. Urlaub in Lignano[1] ist auch nicht viel anders.

Meine Schritte hallen durch den Gang. Und es hilft nichts, man muss es sagen: Der Gang ist schon schön. Da herrscht noch der Glanz anderer Zeiten. In den Patientenpavillons hört das ja gleich auf mit dem Schein, sobald man das Stiegenhaus verlässt und durch die Stationstür geht. Da beginnt der Plastikboden, und womit könnte man besser ausdrücken, dass man am Boden der Tatsachen angekommen ist, als mit Plastikboden; ja, Plastikboden ist eigentlich tatsächlich der Boden der Tatsachen. Aber hier auf den Gängen im ambulanten Therapiegebäude gibt es kein Plastik. Die blauen Ornamente begleiten einen vom Erdgeschoss über vier Stockwerke hinweg. Bis ins Dachgeschoss, wo Doktor Korb sein Büro hat. Bevor ich eintrete, bleibe ich stehen und luge[2] in das Zimmer. Doktor Korb nickt mir, eine Hand an der Türklinke, zu.

Ich trete über die Schwelle, mache ein paar Schritte, bleibe mitten im Raum stehen und warte. Er schließt die Tür, geht an mir vorbei zu den Sitzmöbeln, bedeutet mir dann wieder mit einem Nicken, dass ich weitergehen soll. Als führte er mich an einer unsichtbaren Leine. Und genau wie ein braves Hündchen trotte ich seiner Halbglatze hinterher und mache Platz. Auf einem Diwan[3], der mit speckigem Leder bezogen ist. Die eine Seite flach, auf der anderen bäumt sich in elegantem Bogen eine Lehne auf. Als hätte sich ein Ohrensessel mit einem Bett gepaart. Ich rücke ein Stück nach rechts, und einer der Knöpfe, die sich in gleichmäßigen Abständen auf dem Speckbezug verteilen wie Fettaugen auf einer Wurstscheibe, gibt ein Geräusch von sich. Ich rücke noch ein Stück weiter, um Missverständnisse zu vermeiden. Doktor Korb setzt sich mir gegenüber in einen Ohrensessel, der im gleichen Stil gehalten ist wie der Diwan.

Hinter ihm steht ein großer Schreibtisch, Mahagoni, denke ich. Nicht, dass ich wüsste, wie Mahagonimöbel aussehen, aber wenn sie tatsächlich existieren, dann wohl in diesem Büro. Regale aus demselben Holz, Bücher, Zertifikate. An der gegenüberliegenden Wand eine Vitrine. Flaschen voller bernsteinfarbenem Alkohol. Ich schnaube und merke, wie Doktor Korb mich beobachtet. Da entdecke ich auf dem niedrigen Tisch zwischen ihm und mir ein Schälchen mit bunten Holzfrüchten. Ungläubig nehme ich einen rot bemalten Holzapfel und rieche daran. Badezimmer, denke ich und freue mich. Ich schaue zu Doktor Korb hinüber und halte den Apfel in die Höhe.

Er verzieht keine Miene. Er scheint den Apfel nicht lustig zu finden und auch nicht die kleine Holzbanane oder die blaue Himbeere, die genauso groß wie die Banane ist. Die Holzfrüchte, den bernsteinfarbenen Alkohol, sein ganzes klischeedurchtränktes Büro: nichts davon findet dieser Korb lustig. Kurz frage ich mich, ob ich ihm eine Freude machen und mich über den Diwan werfen sollte, wie eine Diva im Schwarz-Weiß-Film. Ein Handgelenk an der Stirn, das andere am Bauch, seufzen. Nur um das Bild eines Psychiater-Büros für ihn zu komplettieren. Vollendung, denke ich mir, ist immer ausreizbar.

Korb bleibt stumm, und ich höre eine Uhr ticken, nach der ich mich nicht mehr umzudrehen brauche. Die Lücken im Kopf haben sich geschlossen, spätestens seit den Holzfrüchten weiß ich alles über diesen Raum.

Nach einer weiteren Minute sagt Korb: „Guten Tag."

Ich wundere mich.

„Guten Tag", sag ich.

Dann nickt Korb und sagt wieder: „Guten Tag."

Ich lächle, vielleicht steckt doch Humor in diesem Menschen. Ich hebe die Hände neben die Ohren und beginne, mit ihnen zu wackeln, während ich auf dem Diwan von links nach rechts schaukle: „Gutentag, Gutentag, ich will mein Leben zurück"[4], sag ich.

Stille. Dann notiert Doktor Korb sich etwas auf dem Klemmbrett.

„Wissen Sie", sag ich, „die richtige Lampe fehlt noch."

„Wie bitte?", Korb hebt den Kopf.

„Na ja, im Zimmer hier: eine Lampe."

„Soll ich das Licht einschalten?", fragt er.

„Nein", sag ich und komme nicht umhin, die Augen zu verdrehen. Schließlich ist es helllichter Tag. Die Sonne knallt durch die Fenster herein, und auch Doktor Korb schwitzt unter seinem weißen Arztkostüm wie die Neueinlieferungen in ihren Papierhandtuchanzügen.

„Für den Schreibtisch", sag ich und deute überflüssigerweise mit dem Kinn zum Tisch, als wüsste er nicht selbst, wo er steht.

„So eine kleine grüne", sag ich und beuge mich nach vorne. Ich lege die Hände auf den Couchtisch und fahre dann in der Luft die Form der Lampe nach. Auch imaginäre Lampen müssen auf echten Tischen stehen.

„So", sag ich, „hier golden und da oben grün." Ich ziehe die Hände auseinander: „Grünes Glas." Ich richte mich wieder auf und rutsche auf dem Diwan nach hinten: „Wie in den Bibliotheken", sag ich, „in den alten. Am Heldenplatz[5] zum Beispiel."

Korb schaut zur Seite, nickt. Einen Moment lang befürchte ich, er könnte gleich wieder „Guten Tag" sagen. Deswegen beschließe ich, die Situation selbst zu retten. Ich starte die Therapie einfach mal alleine, der Arzt kann ja später einsteigen.

„Ich bin Eva Gruber", sag ich. „Mit meiner Familie ist es schwierig."

Doktor Korb nickt. Das ist zumindest ein Anfang.

„Mein Vater", sag ich, „hat sich umgebracht."

Er nickt wieder.

„Und meine Mutter ist ja auch tot."

Der Arzt zieht die Augenbrauen zusammen.

„Meinen Bruder", sag ich, „hab ich alleine großgezogen."

Ich lege den Kopf schief und schwelge in der Erinnerung: „Jaja", sag ich, „das waren noch Zeiten."

Ich lehne mich vor und schaue dem Psychiater in die Augen: „Wir haben wirklich ein inniges Verhältnis, mein Bruder und ich. Ich habe ihn ja gewissermaßen alleine am Leben erhalten. Wissen Sie, an meinen metaphorischen Zitzen hab ich ihn gesäugt, wie bei diesen Wölfen in Rom."

Mit der Hand mache ich eine kreisende Bewegung vor meiner linken Brust: „Wissen Sie, was ich meine?"

Der Arzt hebt den Blick von meiner Brust und schaut mir ins Gesicht: „Was?"

„Wölfe in Rom", sag ich, „sind Sie total ungebildet, oder was? Diese Legende. Die Menschen haben an den Zitzen von dem Wolf getrunken, in Rom; oder die Wölfe an den Zitzen von den Menschen. Umgekehrt würde es aber mehr Sinn machen. So ein Wolf hat ja mehr Zitzen zum Andocken."

Wieder lasse ich meine Hände vor den Brüsten kreisen und denke nach. „In Deutschland", sag ich, „soll es ja auch wieder Wölfe geben."

„Frau Gruber", unterbricht Doktor Korb mich.

„Ja?", sag ich und lasse die Hände sinken.

„Wissen Sie, warum Sie hier sind?", fragt er.

„Ja", sag ich und stecke die Hände in die Hosentaschen.

Es ist beruhigend zu sehen, dass der Arzt jetzt auch an der Therapie teilnimmt.

„Können Sie mir dann bitte in eigenen Worten erzählen, warum Sie hier am OWS aufgenommen wurden?"

„OWS" ist Slang für Otto-Wagner-Spital, die Leute hier nutzen es wie Studierende die Wörter „Bib"[6] oder „Stip"[7]. Das OWS ist die Hood[8] vom Korb. Darum merkt er nicht, dass er Slang redet. Er schaut mich abwartend an.

„Hergekommen bin ich mit der Polizei. Vor drei Tagen."

Ich nicke: „Fast schon vier Tage bin ich da."

Korb stimmt mir zu.

„Richtig", sagt er, „wir sind uns also einig, seit wann Sie da sind und wie Sie hergekommen sind. Das Warum müssten wir noch klären."

Ich nehme das Gummiband, das ich ums Handgelenk trage, und binde mir die Haare zusammen. „Also, die Polizei hat mich geholt. Ich war da sehr kooperativ, muss ich sagen. Ich bin eingestiegen, und dann hat man mich hergebracht. Gut", sag ich, weil mir die Therapie jetzt schon auf die Nerven geht. Ich klatsche mir mit den Händen auf die Schenkel: „War auch ein bisschen viel heute. Wir sehen uns ja morgen wieder."

Ich lächle Korb an, stehe auf und gehe zur Tür. Ich drücke die Klinke nach unten, aber die Tür bewegt sich nicht: abgesperrt. „Korb", sag ich und drehe mich um, „das wäre so ein cooler Abgang gewesen. Sie haben es mir versaut."

„Frau Gruber", sagt er, „das ist keine Show, das ist Ihre Therapie."

„Ja", sag ich und gehe zum Diwan zurück, „wenn das meine Show wäre, würde es auch bessere Snacks geben." Ich deute auf die Schüssel mit den Duftfrüchten.

„Warum sperren Sie überhaupt die Tür ab?", ich fläze mich wieder auf das Möbel. „Das ist ja schon grenzwertig. Ein grenzwertiger Mensch sind Sie."

„So ist das bei mir", sagt Korb und lehnt sich jetzt ebenfalls entspannt zurück. Es ist, als hätte sich gerade was aufgelöst zwischen uns. „Sie können auch gern zum Kollegen wechseln. Bei mir bleibt die Tür zu."

„Schon gut", sag ich und hebe die Hände, „kein Grund, gleich beleidigt zu sein."

Korb hält wieder das Klemmbrett im Anschlag und wartet, dass ich weiterspreche. Na gut, denke ich.

Angela Lehner: Vater unser, Berlin: Hanser 2019, S. 25–31.

Hinweise

Angela Lehner (*1987), österreichische Schriftstellerin, erhielt für ihren Debütroman *Vater unser* mehrere Literaturpreise.

Die Rechtschreibung entspricht der Textvorlage.

Anmerkungen

1 Lignano – italienischer Badeort an der Adria
2 lugen – aufmerksam spähend schauen, nach jemandem/etwas blicken
3 Diwan – Sofa
4 „Gutentag, Gutentag, ich will mein Leben zurück" – Refrain aus dem Song *Guten Tag* der Gruppe „Wir sind Helden"
5 Die österreichische Nationalbibliothek befindet sich am Wiener Heldenplatz.
6 Bib – Bibliothek
7 Stip – Stipendium
8 Hood – engl.: Nachbarschaft, Viertel

TIPP **Bearbeitungshinweise**

Als Material liegt Ihnen dieses Mal ein fast ungekürzter Text vor: das fünfte Kapitel aus Angela Lehners Debütroman von 2019. Ort der Handlung ist das berühmte riesige Jugendstilensemble „Steinhof" am Rand von Wien, erbaut nach den Plänen von Otto Wagner, daher auch Otto-Wagner-Spital (OWS) genannt.

Teilaufgabe 1: Was Sie lesen, wird Sie verblüffen. Trauen Sie Ihrem ersten **Leseeindruck** und bringen Sie ihn zu Papier, bevor Sie, sich auf ihn zurückbeziehend, dann **analytisch-systematisch** und kritisch-begründend arbeiten. Der Auszug will mehrfach gelesen werden, denn einfach ist diese Analyse nicht, weil schon die Figur der Eva Gruber alles andere als einfach gestrickt ist. Achten Sie bei Ihrer **Kommunikationsanalyse** nicht nur auf die konkreten **Äußerungen**, sondern beziehen Sie auch die **nichtsprachlichen Signale** ein. Agieren die beiden Dialogpartner auf Augenhöhe? Welche Gesprächsstrategien verfolgen sie? Was bezweckt Eva Gruber mit ihren Aussagen? Wie reagiert der Arzt? Machen Sie auch deutlich, dass der Leser bzw. die Leserin nur Einblick in die **Sicht der Ich-Erzählerin** gewinnt. Setzen Sie viel Zeit für diese Teilaufgabe an und arbeiten Sie sorgfältig, denn hier liegen 40 BE.

Der Schritt weiter zu **Teilaufgabe 2** und die Darstellung der vom Material sich unterscheidenden **Arzt-Patienten-Verhältnisse** aus Ihnen bekannten Lektüren dürften Ihnen inhaltlich leichtfallen. Achten Sie darauf, dass von Ihnen **kein direkter Vergleich** der drei Werke verlangt wird. Zwar sollen Sie den Auszug aus dem Roman von Angela Lehner in Ihre Ausführungen einbeziehen, doch müssen Sie den Fokus Ihrer Erläuterung auf die entsprechende **Personenkonstellation bei Goethe bzw. Büchner** legen. Auf keinen Fall dürfen Sie nur den jeweiligen Inhalt nacherzählen; vielmehr müssen Sie, von der Handlung ausgehend, **abstrahieren** und das Arzt-Patienten-Verhältnis herausarbeiten. Stützen Sie Ihre Schlussfolgerungen durch geeignete **Zitate** aus den beiden Dramen. Da die entsprechenden Verse im *Faust* angegeben sind, werden Sie auch die Doktor-Szene im *Woyzeck* nachschlagen und insgesamt direkt an den Texten arbeiten wollen, die Sie allerdings vorher nicht mit Markierungen aufbereiten dürfen. Freilich kostet dieses Nachlesen Zeit.

Teilaufgabe 3: Goethes Sentenz oder **These als Impuls für die Diskussion** ist sehr knapp. Überlegen Sie, ob „klare Begriffe" vielleicht auch Wörter, Termini und Sprache überhaupt bedeuten könnten. Es empfiehlt sich, die **zentralen Wörter** der Maxime, also „klar", „Begriffe", „befehlen", zu **definieren**. Notieren Sie sich vorab möglichst das eine oder andere konkrete **Beispiel**. Achten Sie darauf, **differenziert abzuwägen**. Zum Beispiel können Sie sich fragen, ob Goethes Maxime bejahend oder aber kritisch gemeint ist.

Lösungsvorschlag

Einleitung

Autorin, Titel, Jahr, Gattung, Thema

In dem Auszug aus Angela Lehners 2019 erschienenem Roman *Vater unser* erzählt die Protagonistin von ihrer Wahrnehmung der psychiatrischen Klinik, in der sie sich aufhält, sowie von ihren Versuchen, die erste Therapiesitzung selbst zu steuern.

Analyse des Gesprächsverhaltens

Ausgangssituation: Protagonistin in Psychiatrie

Eva Gruber ist Protagonistin und **Ich-Erzählerin**. Vor vier Tagen ist sie von der Polizei ins Wiener psychiatrische Otto-Wagner-Spital eingeliefert worden. Nun, auf dem ersten Weg von ihrem Zimmer in einem der Patientenpavillons hinüber zum Büro ihres Therapeuten Doktor Korb, erkennt und würdigt sie die Schönheit des alten Therapiegebäudes und seines stilvollen hohen „Stiegenhauses". Ihre Unterbringung insgesamt findet sie fast so komfortabel wie in einem Urlaub. Ihre Haltung widerspricht völlig dem, was man von einem Menschen erwartet, der sich auf einem für ihn so prekären Gang befindet. Eva Gruber scheint kein bisschen nervös zu sein vor ihrer ersten Sitzung. Sie scheint auch nicht mit sich selbst und ihrem (zu vermutenden) Delikt beschäftigt zu sein, sondern beurteilt erstaunlich souverän und **spöttisch-ironisch** ihre neue Umgebung.

Zusammenfassung des Therapiegesprächs

Im Hauptteil des kurzen Kapitels, der **Sitzung** an sich, steigert sich noch die Verblüffung des Lesers bzw. der Leserin. Doktor Korb empfängt seine Patientin mit freundlichem Nicken und lässt sie auf einem lederbezogenen Diwan ihm gegenüber Platz nehmen. Bevor sich aber Arzt und Patientin überhaupt „Guten Tag!" gesagt haben, hat sie schon **kritisch** den Arzt und die gesamte Einrichtung seines Büros gecheckt und **abgewertet**. Sie denkt sich **Faxen** und situationsunangemessene Posen und Einlagen aus. Kurz: Sie macht eine Show und schlägt dem Therapeuten ausführlich vor, sich zur Komplettierung seines Schreibtischs noch unbedingt die entsprechende altmodische Leselampe mit grünem Schirm anzuschaffen. Schließlich eröffnet sie von sich aus die Therapie, indem sie sich und ihre Familienverhältnisse – in deren Zentrum ihr Verhältnis zum Bruder steht – skizziert. Erst im letzten Drittel des Auszugs greift der Arzt ein und bittet sie zu begründen, warum sie hier ist. Eva Gruber weicht der Frage aus (ab Z. 111), erklärt die Stunde als für sie zu anstrengend und damit für beendet und will den Raum verlassen; aber die Tür ist abgeschlossen. Sie beklagt sich darüber, lenkt aber ein, als Doktor Korb ihr freistellt, zu einem anderen Therapeuten zu wechseln.

Gesprächsstrategie Eva Grubers

Eva Gruber, von der Polizei in die Psychiatrie gebracht, scheint trotz dieses Sachverhalts schon vor dem eigentlichen Arztgespräch kein bisschen be- oder gedrückt, befangen oder gar verwirrt zu sein.

Sie ist geistig beweglich und **scharf in ihrem Urteil**; sie spricht **elaboriert** und **gescheit-ironisch** („ansehnliches Repertoire an Jogginganzügen", Z. 2; „flanieren […] zu den Fütterungszeiten", Z. 4; „metaphorisch[e] Zitzen", Z. 85; sie sei „sehr kooperativ" gewesen, Z. 112). Sie hat die Fähigkeit, ihre Umgebung rasch zu erfassen, sich z. B. am Baustil zu freuen (vgl. Z. 6 ff.), während sie dagegen in den Plastikfußböden der Patientenzimmer das Hässliche unserer Zeit symbolisiert sieht: Plastikboden sei „eigentlich tatsächlich der Boden der Tatsachen" (Z. 11), auf dem man am Ende ankomme. Das alles hat **Witz** und nimmt zunächst für sie ein.

Für die schwere, dunkle und repräsentative Einrichtung des Arztzimmers mit Ohrensessel, klassischem Diwan („Als hätte sich ein Ohrensessel mit einem Bett gepaart", Z. 21 f.), mit Uhr und dem für sie absurden Frischeduft aus Holzfrüchten hat sie sofort das **vernichtende Fazit:** „klischeedurchtränktes Büro" (Z. 37). Sie lässt sich zwar von Doktor Korb zu ihrem Platz führen „wie ein braves Hündchen", das „Platz" macht (Z. 19 f.), **versagt** aber andererseits dem Arzt den zu erwartenden **Respekt**, indem sie ihn auf seine Halbglatze reduziert (vgl. Z. 19 f.). Sie scheint es gewohnt zu sein, das **Alphatier** zu sein, das **Gespräche dominiert und lenkt** und **die Oberhand behalten** will. Entsprechend **vertauscht sie die Rollen:** Sie fixiert den Therapeuten, statt etwa er sie (vgl. Z. 83); sie stellt ihm die Diagnose (vgl. Z. 123). Was aber sind das alles für Manöver, die sie da unternimmt? Will oder muss sie versuchen, sich innerlich unbedingt mit ihren destruktiven Urteilen und einer demonstrativen Respektlosigkeit zu wappnen, um sich der für sie vermutlich doch schwierigen Situation gewachsen zu fühlen? An und für sich ist ja schon das gewöhnliche **Arzt-Patienten-Gespräch bis heute** (auch ohne möglichen kriminellen Hintergrund wie im Falle Eva Grubers) **asymmetrisch**, da der Patient in der passiven Rolle des Hilfsbedürftigen den Arzt braucht, damit er aus der aktiven Rolle des Fachmanns heraus für ihn Hilfe findet.

Wandel in ihrem Gesprächsverhalten

Eva Grubers Gesprächsverhalten ist schwer zu durchschauen. War sie bis zu dem kritischen **Wendepunkt** des Gesprächs, in dem der lange abwartende Arzt mit der **Frage nach dem Warum** endlich die Initiative ergreift, nur fieberhaft damit beschäftigt, immer neue Gags und Maskeraden zu kreieren als Ablenkungsmanöver, um eben dieser Warum-Frage zu entkommen? Weshalb aber wird sie im Laufe der Sitzung immer ausfallender und provozierend bis hin zur Frechheit (vgl. Z. 90, 123)? Interessant ist ihre Bezeichnung des Gegenübers: Anfangs nennt sie den Arzt, wie üblich, mit seinem Titel bzw. in seiner Funktion „Doktor Korb" (Z. 14, 15, 25, 31). Seit sie glaubt, ihn und sein Büro geistig niedergemacht zu haben, nennt sie ihn „dieser Korb" (Z. 38). Sie macht ihn sich gleichsam klein und handhabbar, ist sich aber noch nicht sicher, schwankt noch zwischen den Alternativen „Korb“ und „Doktor Korb“. Am Ende aber beschimpft sie ihn plump vertraulich, sprachlich grob und darin doch witzig-ironisch, indem sie zugesteht, die ganze Zeit nur Theater gespielt zu haben: „‚Korb‘, sag ich […], ‚das wäre so ein cooler Abgang gewesen. Sie haben es mir versaut.‘“ (Z. 117 f.) Der Arzt, weiter ungerührt sachlich, hat sie offensichtlich längst durchschaut: „Frau Gruber, […] das ist keine Show, das ist Ihre Therapie.“ (Z. 119) Sie weiß **ihre Niederlage und Enttarnung** noch einmal witzig abzufedern (Z. 120 f.), indem sie wie in Selbstverteidigung ihrerseits dem Arzt grenzwertiges Verhalten attestiert (vgl. Z. 123). Gleichzeitig tut sie für ihre Unverschämtheit auf unverschämte Weise Abbitte: „kein Grund, gleich beleidigt zu sein.“ (Z. 127)

Reaktionsweise des Arztes

Zum Berufsbild des **Therapeuten** gehört seit Freud (der auch so einen Diwan, die berühmte Couch, hatte), dass er ruhig beobachtet, sich zurückhält und ein wacher **Zuhörer und Analytiker** ist. Eva Gruber aber legt es darauf an, Emotionen aus ihrem Therapeuten herauszulocken (vgl. Z. 35 ff.). Wahrscheinlich hält sie dessen Schweigsamkeit einfach nicht aus, und es ist die pure Wahrheit dieser chamäleonartigen Protagonistin, was sie gegen Ende der Sitzung sagt, dass ihr nämlich die Therapie „jetzt schon auf die Nerven“ gehe (Z. 114). Hat sie also in Wahrheit große Angst? Der **Facharzt** jedenfalls bleibt **korrekt**, lässt sich an keiner Stelle auf ihr Spiel ein und scheint mit dem widerspenstigen Neuzugang Eva Gruber zurechtzukommen. Er hat sicher schon viel Sonderbares erlebt.

TEILAUFGABE 2

Erläuterung des Arzt-Patienten-Verhältnisses

Überblick über Konstellation in *Faust* und *Woyzeck*

Aus dem Unterricht bekannte literarische Gestaltungen des Arzt-Patienten-Verhältnisses finden sich in Goethes *Faust* und Georg Büchners *Woyzeck*. Aber der **Arztberuf hat Facetten**. Bei Lehner handelt es sich um einen psychiatrischen **Facharzt**, spezialisiert auf die Behandlung seelischer Störungen und Erkrankungen. Goethes **Faust**, der Universalgelehrte mit vielen Doktorhüten, hat **unter anderem** auch **Medizin** studiert. Wir hören, dass er über ein Laboratorium verfügt. Er lehrt, aber es ist schwer vorstellbar, dass er je eine eigene Arztpraxis unterhalten hätte. Da aber **sein Vater** ein **praktischer Arzt** war, hat er ihm in jungen Jahren assistiert und ihn bei Patientenbesuchen begleitet. Diese Arztfigur des Vaters scheint – ohne reguläres Medizinstudium oder einen heutigen Begriff von Wissenschaft – eine Art **Quacksalber** gewesen zu sein. Moderner ist der **Doktor in Büchners *Woyzeck***, den wir am Anfang des wissenschaftlichen 19. Jahrhunderts als vor allem an der **Forschung** und seinen Experimenten Interessierten erleben. Büchner, selbst

Mediziner, wird für diese Gestalt an seinen akademischen Lehrern Maß genommen haben.

Machtstellung des Arztes

Wie seriös oder fragwürdig auch immer die Arztfiguren bei Goethe und Büchner angelegt sein mögen, stets sind sie **selbstverständliche Autoritäten** und genießen die höchste Achtung in der Gesellschaft. Schon allein der weiße Kittel scheint **Macht** zu suggerieren („Götter in Weiß") und **Respekt** einzuflößen. Doktor Korb wird von Patientin Gruber vielleicht unterschätzt und er wird, in seiner Sparte, auch keinen Arztkittel tragen. Aber Macht hat auch er: Von seinem psychiatrischen Gutachten hängt am Ende eventuell Lebensentscheidendes ab.

Detailuntersuchungen: *Faust*, „Vor dem Tor"

Verehrung für Pfuscher

Im Detail: Auf dem Osterspaziergang mit Wagner begrüßt ein alter Bauer Faust, den „so Hochgelahrte[n]" (V. 984), mit einem Trunk und wünscht ihm ein langes Leben. Volk drängt hinzu. Der Alte erinnert an die „bösen Tag[e]" (V. 996) der Pest, in denen der junge Faust und sein Vater viel Gutes getan und in Krankenhäusern ihr Leben riskiert hätten, um der Seuche mit Gottes Hilfe Herr zu werden. Wagner sieht **die fast abgöttische Verehrung**, die Faust entgegengebracht wird, vor allem unter dem Gesichtspunkt des Vorteils, den er aus dieser Prominenz ziehen könnte. Da fühlt sich Faust veranlasst, einmal Licht ins Dunkel zu bringen, und beleuchtet äußerst kritisch die zweifelhaften ärztlichen Künste seines Vaters. Paradox nennt er ihn einen „dunkle[n] Ehrenmann" (V. 1034), der sicherlich helfen wollte, aber halb alchemistisch und magisch und ohne hinreichende Fachkenntnis seine „Arzenei" (V. 1048) zusammengebraut habe. Medikamente unterlagen noch keiner unabhängigen übergeordneten Aufsicht und Überprüfung. Rückblickend nennt Faust die den Patienten verabreichten Mittel krass „Gift": „So haben wir mit höllischen Latwergen / In diesen Tälern, diesen Bergen / Weit schlimmer als die Pest getobt." (V. 1050 ff.) Die Wahrheit sei, dass sie als „frech[e] Mörder" (V. 1055) gewirkt hätten, das Landvolk aber, unfähig, ihren Pfusch zu erkennen, lobe und verehre den Vater und ihn dennoch bis heute. **Faust** leidet unter diesem **ungerechtfertigten Vertrauen** der Menschen. Sein Resümee: „Der Menge Beifall tönt mir nun wie Hohn." (V. 1030)

Faust, „Studierzimmer II"

ärztliche Autorität als Mittel zum Machtmissbrauch

Mephisto dagegen, sein sich ihm bald als Komplize andienender Gegenpart, **setzt** geradezu **auf Scharlatanerie**, Betrug, Verführung und Skrupellosigkeit im Arztberuf. In einem Intermezzo, in dem er Faust in seinem Haus vertritt, belehrt er den fahrenden Schüler, der Rat und Orientierung – Studienberatung – erbittet. Er empfiehlt ihm die Medizin als Disziplin, in der man viel studieren könne, um dann letztlich doch nach eigener Façon zu werkeln. Er **argumentiert psychologisch**. Nicht auf Expertentum komme es an, sondern auf die

Ausstrahlung der Persönlichkeit. Freilich müsse **ein Titel** her, um den Patienten, zumal den Patientinnen, vertrauenswürdig zu sein. Das andere aber sei ein halbwegs ehrbares, gewinnendes, sicheres Auftreten und **Selbstvertrauen**, denn „wenn Ihr Euch nur selbst vertraut,/Vertrauen Euch die andren Seelen“ (V. 2021 f.). Mit etwas Kühnheit käme er damit bei den „Weiber[n]“ (V. 2023) entschieden weiter als andere. Der Student dankt entzückt, Mephisto freut sich seines teuflisch-ironischen Kabinettstückchens.

Woyzeck, „Beim Doktor“

der Arzt als menschenverachtender Fachidiot

Während die Mephisto-Schüler-Szene im Faust Vergnügen macht, erschüttert die **Doktor-Szene in Büchners *Woyzeck*** trotz ihrer deutlich satirischen Züge. Doktor Korb (M) scheint ein kompetenter, erfahrener Therapeut zu sein, der zunächst, fachlich korrekt, seine neue Patientin „kommen lässt“, um sich ein erstes Bild von ihr machen zu können. Seine tatsächliche Autorität und Kapazität bleibt der Patientin Gruber, da sie unentwegt selber redet, dabei verborgen. Für das Volk im *Faust* und im *Woyzeck* dagegen ist die Autorität des Arztes, zumal des Professors (Szene „Der Hof des Professors“) ein generell unumstößlich dem Titel anhaftendes Faktum, ganz gleich, wie menschlich fragwürdig sein Träger handelt. **Woyzecks Doktor** ist ein **narzisstischer**, eitler und glühend ehrgeiziger Mann („Es gibt eine Revolution in der Wissenschaft, ich sprenge sie in die Luft“), dem es in erster Linie um sein Renommee in der Fachwelt geht und nicht um das Wohl des Kranken. Büchner zeichnet ihn als typischen (daher namenlosen) **Fachidioten**, dem ausgerechnet der hilflose und um Zuwendung fast bettelnde Woyzeck in die Hände gefallen ist. Aber **Woyzeck** ist im eigentlichen Sinne auch **gar kein Patient, sondern** hat sich diesem Doktor als **Proband** zur Verfügung gestellt. Seit einem Vierteljahr isst er nichts als Erbsen, verliert die Haare, verfällt gesundheitlich, aber er bekommt für diese Diät zwei Groschen täglich, die er Marie bringen kann. Je schlechter es ihm geht, desto mehr frohlockt der Doktor, der seine Hypothesen sich bewahrheiten sieht. Er misst Woyzecks bedenklichen Puls („klein, hart, hüpfend, ungleich“), er bestimmt Woyzecks Harnwerte, er diagnostiziert „die schönste Aberratio mentalis partialis, der zweiten Species, sehr schön ausgeprägt“, ist von all den Befunden beglückt und verspricht dem „interessante[n] Casus“, dem „Subjekt Woyzeck“, deswegen Zulage, übersieht aber, wie sehr Woyzeck leidet und tatsächlich am Ende ist. Dennoch steht dieser Doktor, der Fürsorgepflicht und Empathie nicht kennt, **im sozialen Gefüge ganz oben**. Arrogant maßregelt er Woyzeck, belehrt ihn, wie ein Mensch sich zu benehmen habe, redet im Fachjargon über seinen Kopf hinweg und eigentlich nicht mit ihm, sondern zu sich selbst. Seinem Freund, dem Hauptmann, gestattet er, aufs anzüglichste mit Woyzeck zu spielen, und registriert dabei kalt und fachlich-sachlich:

„Gesichtsmuskeln, starr, gespannt, zuweilen hüpfend". Es ist der Punkt im Dialog, in dem Woyzeck ausdrückt, dass ihm sein Sinn nach Selbstmord steht. Woyzeck selbst befindet sich im sozialen Gefüge ganz unten, ist verachtet und derart gedemütigt, dass ihm Zweifel am Handeln dieses Doktors nicht einmal in den Sinn kommen. Er unterwirft sich der akademischen Autorität – wie auf dem Kasernenhof der militärischen – mit untertänigstem „Ja wohl".

Fazit:
das Arzt-Patienten-Verhältnis in den drei Texten

Die wenigen Seiten des Romanauszugs (M) lassen **Lehners** Zielrichtung oder Intention beim Schreiben ihres Romans insgesamt noch im Unbestimmten. **Goethes** in den „Osterspaziergang" eingeblendeter (aufklärerischer) Rückblick auf die zwielichtigen Praktiken frühneuzeitlicher Medizin bei gleichzeitig höchster Verehrung des Arztes durch das Volk ist historisch glaubwürdig. Sein Mephisto aber, der Spötter, macht sich lustig über diesen Nimbus, der den Arzt umgibt, und zeigt dem noch unerfahrenen Schüler, wie leicht sich im Arztberuf eigennützig-erotische Träume verwirklichen ließen. **Büchner** schließlich übt mit den Mitteln des sozialen Dramas ernsthaft und eindringlich Gesellschaftskritik.

TEILAUFGABE 3

Diskussion von Goethes Sentenz

„befehlen" als Form der Machtausübung

Goethes Maxime „Wer klare Begriffe hat, kann befehlen" lässt sich auf verschiedene Weise verstehen. Sie kann wegen des **Verbs „befehlen"** als Warnung aufgefasst werden. **Befehlsgewalt** haben Personen an der Spitze einer **Hierarchie:** Autokraten, Behördenchefs, Kapitäne, Lehrkräfte, Chefärzte und militärische Ränge („Oberbefehlshaber"). Aus dem militärischen Bereich stammt denn auch dieses Verb. Natürlich müssen beim Militär Befehle eindeutig, unmissverständlich **klar** und kurz sein und mit einer Gehorsamsbezeugung beantwortet werden. „Ja wohl, Herr Hauptmann!", sagt Woyzeck, reagiert mit dieser ihm eingedrillten Unterwürfigkeit aber auch auf den Doktor. Generell ist in Hierarchien die Kommunikationsstruktur steil asymmetrisch, was am gefährlichsten in Diktaturen ausgeprägt ist, die mit ihrem **Machtapparat** (u. a. Geheimpolizei, gleichgeschaltetem Gerichtswesen, Propaganda-Apparat – also Zentralisierung statt Gewaltenteilung) ganze **Völker** dazu **zwingen**, zu Jasagern zu werden. Wer es wagt, der jeweiligen Ideologie, „Parteilinie" oder Doktrin nicht beizupflichten, wird mit sehr **klaren Abwertungen** als „Dissident", „Abweichler", „Vaterlandsverräter", „subversives Element" etc. gleichsam zum Abschuss freigegeben. Im orthodoxen religiösen Kontext wurde oder wird er oder sie zum „Ketzer", zur „Hexe", zum „Ungläubigen" erklärt und ein „Bann" oder eine „Fatwa" machen ihn vogelfrei. Die offizielle **Sprachrege-**

lung ist unmissverständlich **klar und** für alle **verbindlich**. Sie gerinnt oft zu **Slogans**, die dem Volk permanent eingehämmert werden wie „Volk und Führer“, „Volk ohne Raum“, „Tausendjähriges Reich“, „jüdisch-asiatischer Bolschewismus“ oder „Schicksalsgemeinschaft“. **Sie prägt** aufwertende wie entsprechend vernichtende **Begriffe**, die an Klarheit nichts zu wünschen übrig lassen, wie „Herrenrasse“ versus „Untermenschen“, „Parasiten“, „Ungeziefer“, nennt einen Angriffskrieg „Spezialoperation“ (oder verkauft eine verlorene Wahl als „stolen election“). Eindeutig wird in allen diesen Fällen durch Sprache manipuliert, Gehirnwäsche angestrebt und Macht ausgeübt.

„klare Begriffe“ als Ausdruck intellektueller Stärke

Da aber Goethe die höchste Meinung von dem hat, was er „**klare Begriffe**“ nennt, verstand er – vor zweihundert Jahren – „kann befehlen“ wahrscheinlich eher als Kompliment und begrüßenswerte **Fähigkeit** und synonym mit ‚der hat etwas zu sagen‘, ‚auf den hört man‘, ‚der kann lehren‘, ‚anderen die Richtung vorgeben‘ und ‚regieren‘. Wer zu klaren Begriffen in der Lage ist, kann sein Denken, Fühlen, Wahrnehmen sprachlich bündeln und **den geistigen Gehalt** dieser abstrakten inneren Vorgänge präzise (klar) zum Ausdruck bringen bzw. einen überzeugenden Ausdruck dafür finden. Er prägt Sprache. Wer dazu nicht in der Lage ist, der faselt, redet diffus und für sein Gegenüber ermüdend herum, behilft sich mit abgedroschenen Phrasen und muss laufend zitieren, weil er es nicht selbst auf den Punkt zu bringen vermag. Dies ironisiert die Schüler-Szene im *Faust*: Als der Schüler nachhakt: „**Doch ein Begriff muss bei dem Worte sein**.“, entgegnet Mephisto spöttisch: „Nur muss man sich nicht allzu ängstlich quälen;/Denn eben wo Begriffe fehlen,/Da stellt ein Wort zur rechten Zeit sich ein.“ (V. 1993 ff.) Den klaren Begriff für etwas zu finden zeugt, für Goethe, wohl vor allem davon, dass jemand **selbstständig nachgedacht** und sich geistig angestrengt hat. Klare Begriffe also findet nur, wer auch klare geistige Vorstellungen von etwas hat. Den Inhalt oder die Bedeutung eines Marschbefehls hätte er wohl eher nicht als „klaren Begriff“ eingeordnet.

„klare Begriffe“ vs. wissenschaftliche Termini

Von klaren Begriffen zu unterscheiden sind **wissenschaftliche Fachbegriffe: Termini**. Sie sind definiert, also in ihrer Bedeutung genau bestimmt und streng ein- und abgegrenzt, wie ja der Name sagt. Sie sind **exakt**. Gleich ob in Biologie, Physik oder Medizin sind sie in wissenschaftlicher Forschung und Kommunikation unentbehrlich. Sie sind gleichsam sprachlich sterile Präzisionswerkzeuge jenseits der Welt der muttersprachlichen Wörter und Begriffe, in denen oft emotionale Nebenbedeutungen mitschwingen und die missverständlich und vieldeutig sein können. – **Doktor Korb**, zumal er lange schweigt, konfrontiert seine Patientin nicht mit Fachbegriffen.

Nur am Schluss stellt er, für Eva Gruber gut verstehbar, klar, dass dies keine Show sei, sondern ihre Therapie. – **Faust** gibt keinerlei Hinweis darauf, dass sein Vater mit Sprache Macht über seine Patienten ausgeübt hätte. Fraglich ist sogar der Grad seiner Wissenschaftlichkeit. „Latwergen" (V. 1050) nennt Faust das, was der Vater seinen Patienten verabreicht, also ein reichlich undurchschaubar zusammengerührter Sud oder Brei. – Auch **Mephisto** rät dem Schüler nicht, sich hübsche Patientinnen mit Sprache „vertraulich" (V. 2029) zu machen, sondern primär mit dem Titel und viriler Verwegenheit. – Zweifelhaft ist auch, ob der **Doktor im *Woyzeck*** mit Fachsprache Macht über Woyzeck ausübt oder auch nur ausüben möchte. Vielmehr doziert er an Woyzeck vorbei und registriert selbstverliebt zu jedem Symptom die lateinische Bezeichnung. Er scheint Woyzeck damit auch weder zu imponieren noch ihn ängstlich zu machen, sondern der lässt es über sich ergehen wie so vieles andere. Macht aber übt dieser Doktor durch seine gesellschaftliche Position und sein gesamtes Gehabe über Woyzeck aus, indem er sich erlaubt, ihn zu demütigen, wie es ihm passt.

Hessen Deutsch ▪ Abiturprüfung 2022
Leistungskurs ▪ Vorschlag D

STÄDTE

Erlaubte Hilfsmittel
- ein Wörterbuch der deutschen Rechtschreibung
- Textausgaben der Pflichtlektüren ohne Kommentarzeichen, ggf. mit Worterläuterungen
- eine Liste der fachspezifischen Operatoren

Aufgabenstellung

1 Interpretieren Sie das Gedicht *Vorstadt im Föhn* von Georg Trakl. Beziehen Sie dabei Ihr literaturgeschichtliches Wissen ein. (Material 1) (60 BE)

2 Vergleichen Sie die Gestaltung des Stadtmotivs in den Gedichten *Vorstadt im Föhn* von Georg Trakl (Material 1) und *Siehst du die Stadt?* von Hugo von Hofmannsthal (Material 2). Berücksichtigen Sie dabei inhaltliche sowie sprachliche und formale Aspekte. (40 BE)

Material 1 **Georg Trakl (1887–1914): Vorstadt[1] im Föhn[2] (Erstdruck 1912, Fassung von 1913)**

Am Abend liegt die Stätte öd und braun,
Die Luft von gräulichem Gestank durchzogen.
Das Donnern eines Zugs vom Brückenbogen –
Und Spatzen flattern über Busch und Zaun.

Geduckte Hütten, Pfade wirr verstreut,
In Gärten Durcheinander und Bewegung,
Bisweilen schwillt Geheul aus dumpfer Regung,
In einer Kinderschar fliegt rot ein Kleid.

Am Kehricht[3] pfeift verliebt ein Rattenchor.
In Körben tragen Frauen Eingeweide,
Ein ekelhafter Zug voll Schmutz und Räude[4],
Kommen sie aus der Dämmerung hervor.

Und ein Kanal speit plötzlich feistes Blut
Vom Schlachthaus in den stillen Fluß hinunter.
Die Föhne färben karge Stauden bunter
Und langsam kriecht die Röte durch die Flut.

Ein Flüstern, das in trübem Schlaf ertrinkt.
Gebilde gaukeln auf aus Wassergräben,
Vielleicht Erinnerung an ein früheres Leben,
Die mit den warmen Winden steigt und sinkt.

Aus Wolken tauchen schimmernde Alleen,
Erfüllt von schönen Wägen, kühnen Reitern.
Dann sieht man auch ein Schiff auf Klippen scheitern
Und manchmal rosenfarbene Moscheen.

Georg Trakl: Sämtliche Werke und Briefwechsel. Innsbrucker Ausgabe, hg. v. Eberhard Sauermann und Hermann Zwerschina, Bd. I, Frankfurt am Main/Basel 2007, S. 573.

Anmerkungen

1 Vorstadt – städtischer Bezirk außerhalb des Stadtzentrums
2 Föhn – warmer Fallwind, der die Wahrnehmung des Menschen verändern (z. B. in Form einer guten Fernsicht), aber auch Beeinträchtigungen bewirken kann (z. B. Kopfschmerzen, Gereiztheit)
3 Kehricht – Schmutz, Abfall, Unrat
4 Räude – durch Milben verursachter, stark juckender Hautausschlag

Material 2 Hugo von Hofmannsthal (1874–1929): Siehst du die Stadt? (1890)

Siehst du die Stadt, wie sie da drüben ruht,
Sich flüsternd schmieget in das Kleid der Nacht?
Es gießt der Mond der Silberseide Flut
Auf sie herab in zauberischer Pracht.

Der laue Nachtwind weht ihr Athmen her,
So geisterhaft, verlöschend leisen Klang:
Sie weint im Traum, sie athmet tief und schwer,
Sie lispelt, rätselvoll, verlockend, bang …

Die dunkle Stadt, sie schläft im Herzen mein
Mit Glanz und Glut, mit qualvoll bunter Pracht:
Doch schmeichelnd schwebt um dich ihr Wiederschein,
Gedämpft zum Flüstern, gleitend durch die Nacht.

Hugo von Hofmannsthal: Sämtliche Werke, hg. v. Rudolf Hirsch u. a., Band II, Frankfurt am Main 1988, S. 27.

Hinweis
Die Rechtschreibung in beiden Gedichten entspricht den jeweiligen Textvorlagen.

TIPP **Bearbeitungshinweise**

Der in **Teilaufgabe 1** gesetzte Operator „**interpretieren Sie**" verlangt von Ihnen, dass Sie den **Inhalt** und den **gedanklichen Aufbau**, die **Form** des Gedichts, seine **rhythmisch-klangliche und sprachlich-stilistische Gestaltung** gründlich untersuchen. Aus dieser Textarbeit heraus entwickeln Sie dann schlüssige Deutungsansätze. Außerdem fordert die Aufgabenstellung noch ausdrücklich, dass Sie Ihr **literaturgeschichtliches Wissen** mit einbeziehen, dass Sie also auf die für den vorliegenden Text relevanten epochenspezifischen Merkmale eingehen und diese für die Interpretation fruchtbar machen.

Lesen und arbeiten Sie die Texte gründlich durch, markieren Sie alle Auffälligkeiten und planen Sie Ihren Aufsatz, indem Sie einen **strukturierten Schreibplan** anlegen, um den roten Faden nicht zu verlieren und nichts zu vergessen.

In der **Einleitung** bietet es sich an, auf das alltägliche Wetterphänomen des Föhns und dessen Auswirkungen auf das menschliche Befinden einzugehen, um so das Gedicht lebensweltlich zu verankern. Genauso denkbar wäre es, sich dem Gedicht im Rahmen seines literaturgeschichtlichen Kontextes zu nähern, etwa indem man kurz die aus dem Unterricht bekannte expressionistische Großstadtthematik anspricht. Auf jeden Fall müssen Sie in der Einleitung die **Rahmeninformationen** zum Text (Autor, Titel, Gattung, Erscheinungsjahr) nennen und einen groben Überblick darüber geben, worum es in dem Gedicht geht.

Im **Hauptteil** untersuchen Sie zunächst die **äußere Form** (also Strophengestaltung, Reim, Metrum und Kadenzen) sowie den **inhaltlich-gedanklichen Aufbau** des Gedichts und fassen den **Inhalt** zusammen. Zeigen Sie, inwiefern die formalen Aspekte (in diesem Fall beispielsweise die Kadenzen und die unreinen Reime) zur inhaltlichen Strukturierung beitragen. Bestimmen Sie die Sprechsituation: Gibt es ein lyrisches Ich oder ein angesprochenes Du?

Bei der Betrachtung der **sprachlich-stilistischen Gestaltung** empfiehlt es sich, nach den zuvor erarbeiteten Sinnabschnitten vorzugehen, da sich der Text ja in einzelnen Stufen entwickelt. Dabei ist es sinnvoll, bestimmte Erschließungskriterien festzulegen und die Sprache nach Leitaspekten zu untersuchen, da es auf diese Weise leichter fällt, zielgerichtet zu schreiben. Ihre **literaturgeschichtlichen Überlegungen** können Sie entweder gleich an den entsprechenden Stellen im Verlauf der Untersuchung oder aber, wie im vorliegenden Lösungsvorschlag, in einem gesonderten Absatz anbringen. Lassen Sie sich, wenn es um literaturgeschichtliches Wissen geht, nicht ausschließlich von Autorennamen und Erscheinungsjahr leiten. Überlegen Sie, ob der Text über die von Ihnen identifizierte Entstehungsepoche (hier: Expressionismus) hinaus nicht auch Themen und Motive anderer literarischer Strömungen in sich aufgenommen hat.

Teilaufgabe 2: Die **Vergleichsaufgabe** schließt sich im Aufsatz nahtlos an. Wichtig ist es, auch an dieser Stelle die **Basisinformationen** zum Vergleichstext (Autor, Titel, Gattung, Erscheinungsjahr) anzuführen und dessen Inhalt in aller Kürze auf den Punkt zu bringen. Die Aufgabenstellung gibt vor, sich auf die

„Gestaltung des Stadtmotivs“ zu konzentrieren und dabei auch sprachliche und formale Aspekte in die Darstellung miteinzubeziehen. Dabei ist es ratsam, nach **Vergleichsaspekten** vorzugehen und diese auch zu nennen. Grundsätzlich sind Sie in der Anordnung der Aspekte hier freier. Gerade weil es in der ersten Teilaufgabe explizit verlangt war, ist es auch hier sinnvoll, die vergleichende Deutung auf literaturgeschichtliche Überlegungen zu stützen. Möglicherweise ergibt sich aus dem Vergleich eine gedankliche Abrundung, mit der Sie den Aufsatz abschließen können. Bringen Sie beim Schluss keine neuen und relevanten Aspekte ins Spiel. Machen Sie auf rhetorische Weise klar, dass der Aufsatz zu Ende ist.

Lösungsvorschlag

TEILAUFGABE 1

Das macht der Föhn! So lässt sich das drückende Kopfweh erklären. Das macht der Föhn! – wenn weit entfernte Gegenden plötzlich zum Greifen nah erscheinen und die gewohnte Sehweise stören.

Einleitung: Alltagsphänomen Föhn

In eine solche Atmosphäre hinein versetzt Georg Trakl sein Gedicht *Vorstadt im Föhn*, das in der vorliegenden Fassung im Jahr 1913 erschienen ist. Es entwirft eine **abendliche Szenerie in der tristen, bedrückenden Umgebung der Vorstadt, die sich auf einmal verändert**, als die Föhnwinde ihre irritierende Wirkung entfalten.

Gedichtinterpretation: Georg Trakl *Vorstadt im Föhn*

Thema: triste Vorstadt und irritierender Föhn

Die sechs jeweils vier Verse umfassenden Strophen des Gedichtes durchzieht ein fünfhebiger Jambus; erster und vierter Vers des umarmenden Reims enden in männlichen, die beiden Mittelverse in weiblichen Kadenzen. Eine Ausnahme von diesem Schema bildet die letzte Strophe, die sich in vielerlei Hinsicht vom restlichen Text unterscheidet.

Strophengestaltung, Metrum, Reim und Kadenzen

Gedanklich-inhaltlich gliedert sich das Gedicht in drei Teile: In den **ersten drei Strophen** bietet sich dem wahrnehmenden Subjekt – ein lyrisches Ich zeigt sich im Text nicht – das Bild einer typischen **Vorstadtszenerie:** Zwischen ungepflegten, unmittelbar an der Eisenbahnbrücke gelegenen Gärten und dröhnendem Zuglärm ist Kindergeschrei vernehmbar. In der Abenddämmerung sind einige Frauen zu erkennen. Sie haben aus einem Schlachthof Innereien geholt (damals ein billiges Essen für arme Leute). Lärm, Schmutz und Gestank prägen diesen Abschnitt und finden ihre Entsprechung im Reim, der bisweilen unrein klingt (V. 5/8; 10/11; 18/19). Am Ende der dritten Strophe kommt Unruhe in die Monotonie der Umgebung, in die

Aufbau und Inhaltszusammenfassung: drei Sinnabschnitte

Vorstadtszenerie (Strophe 1–3)

Monotonie des Rhythmus, als nämlich der unrhythmisch sich bewegende „Zug“ (V. 11) der Frauen das jambische Metrum stört (vgl. V. 12). Und tatsächlich: In der **vierten und fünften Strophe** geschieht „plötzlich“ (V. 13) etwas: Vom Schlachthof aus wird über einen Kanal ein Schwall Blut in den Fluss abgeleitet und breitet sich dort langsam aus. Fließend wird auch der Rhythmus im Enjambement (V. 13/14). Zugleich **entfalten die Föhnwinde**, die hier zum ersten Mal genannt sind (vgl. V. 15), ihre irritierende **Wirkung**. Die unreine Färbung des Reims zeigt Unsicherheit, auch was die Herkunft der „Gebilde“ (V. 18) betrifft, die nun auftauchen und die „[v]ielleicht“ (V. 19) aus der Erinnerung kommen. Die **letzte Strophe** schließlich zeigt diese Bilder, zeitenthobene **Fantasielandschaften**, die in ihrer Gegensätzlichkeit von der schmutzigen Vorstadt des ersten Teils gar nicht weiter entfernt sein könnten. Die vom bisherigen Schema abweichenden rein weiblichen Kadenzen entrücken die Strophe auch klanglich in eine leichte, schwebende Atmosphäre. So sind es also in diesem formal sehr regelmäßig aufgebauten Gedicht gerade die wenigen, zurückhaltenden Modulationen in Reim, Klang und Rhythmus, die in ihrer Leichtigkeit den Föhnwinden entsprechen und die die Auswirkungen dieses Wetterphänomens auf das wahrnehmende Subjekt spürbar machen.

irritierende Wirkung der Föhnwinde (Strophe 4 – 5)

Phantasmagorie in den Wolken (Strophe 6)

Die Veränderungen der Wahrnehmung, des Befindens und des Bewusstseinszustandes unter der Einwirkung des Föhns, die Entwicklung von der reinen Beobachtung der hässlichen Realität hin zur Imagination fantastischer Bilder lässt sich auch an verschiedenen Aspekten der **sprachlich-stilistischen Gestaltung** des Gedichts nachvollziehen:

Sprachlich-stilistische Gestaltung: von der Tristesse zur Poesie

Im ersten Teil (Str. 1 – 3) ist es zunächst der **Raumeindruck**, der die **Befindlichkeit des Subjekts widerspiegelt:** Die „Stätte“ „liegt“ (V. 1), die (auch sozial den Eindruck von Armut und Elend vermittelnden) „Hütten“ sind „[g]educk[t]“ (V. 5) und sogar der **Klang** des Gedichtes bleibt in der Alliteration der Eingangswendung („Am Abend“, V. 1) und der Assonanz der flatternden Spatzen (vgl. V. 4) auf den A-Laut niedergedrückt. Die Umgebung wirkt verstellt durch „Busch und Zaun“ (V. 4), die „Pfade [sind] wirr verstreut“ (V. 5) und führen nirgends hin. Zwar ist von „Gärten“ die Rede, jedoch herrscht in ihnen „Durcheinander“ (V. 6), ihnen fehlen Pflanzen, Leben und Farbe: Sie sind „öd und braun“ (V. 1), eine **Farbgebung**, in die sich auch die Spatzen einfügen. Die „Luft“ von oben her ist drückend und „von gräulichem Gestank durchzogen“ (V. 2). Dabei zeigt die synästhetische Qualität des Adjektivs „gräulich“, das sich optisch wie olfaktorisch verstehen lässt, dass **alle Sinne von der Umgebung beeinträchtigt** werden. Auch der Hörsinn ist ja durch den donnernden Zuglärm (vgl. V. 3) in Mitleidenschaft gezogen.

Vorstadtszenerie

Raumeindruck und Befindlichkeit des Subjekts

Das Einzige, was sowohl farblich als auch räumlich aus der Szenerie heraussticht, ist ein rotes Kleid, das „fliegt“ (V. 8), so als wolle es aus jener dumpfen Gedrücktheit ausbrechen. Doch wirkt das Kleid **entmenschlicht**, ebenso wie der Kollektivbegriff der „Kinderschar“ (V. 8), deren unartikuliertes, anschwellendes „Geheul aus dumpfer Regung“ (V. 7) sie dem Bereich des Animalischen zuordnet. Geradezu kultiviert **wirkt** im Vergleich dazu der „verliebt“ pfeifende „Rattenchor“ am „Kehricht“ (V. 9): Die menschlich-kokette Verliebtheit der Ratten kontrastiert mit der dumpf-aggressiven Triebhaftigkeit der Kinder; das Pfeifen im „Chor“ repräsentiert in ironischer Brechung eine gewisse Ordnung und Kunstfertigkeit. Ganz im Gegensatz dazu schwankt der „Zug“ der Frauen schwerfällig und unrhythmisch daher. Noch einmal also wird **das Menschliche sprachlich ins Tierhafte verkehrt**: Wie Tiere, „voll Schmutz und Räude, [k]ommen sie aus der Dämmerung hervor“ (V. 11 f.) und tragen „Eingeweide“ (V. 10). Damit hat die Darstellung der Vorstadt am Ende dieses Abschnitts den Gipfelpunkt der „[E]kelhaft[igkeit]“ (V. 11) erreicht.

der Mensch: ins Tierhafte verkehrt

Nun (Str. 4) ändert sich die Szenerie: Zwar „speit“ der personifizierte Kanal, Krankheit und Ekel symbolisierend, „feistes Blut […] in den stillen Fluß hinunter“ (V. 13 f.) – Verse, in denen der Wortschatz barocker Lyrik, aber auch biblisch-apokalyptische Visionen anklingen. Doch die **Farbe** des Blutes **verselbstständigt sich** im Substantiv, „Röte“ (V. 16) breitet sich aus. Die F-Alliteration macht den Windhauch synästhetisch hörbar: Die „Föhne färben“ die „karge“ Umgebung „bunter“ (V. 15) und beginnen allmählich, die graubraune Hässlichkeit der Vorstadt zu überdecken, ja zu ästhetisieren. Die Stille (vgl. V. 14) des „langsam“ (V. 16) dahinfließenden Flusses lässt Lärm und Unordnung der ersten Strophen hinter sich.

Ästhetik trotz Ekel

In der fünften Strophe **bewegt sich der Text** von dieser ruhigen, ebenen (Wasser-)Fläche nach unten: „Ein Flüstern, das in trübem Schlaf ertrinkt“ (V. 17). Im Gegensatz zu dem dumpfen Geheul der Vorstadt (vgl. V. 7) ist dieses „Flüstern“ artikuliert und geht von dem im Fluss sich ausbreitenden Blut aus. Es taucht in die Tiefe des Unterbewusstseins (hier in der Metapher des „trübe[n] Schlaf[s]“, V. 17) und kommt vielleicht als „Erinnerung an ein früheres Leben“ (V. 19), vielleicht als „Gebilde“ (V. 18) der Fantasie, der Einbildung, wieder an die Oberfläche. Die Au-Assonanz der aus der Tiefe aufgaukelnden (vgl. V. 18) Vorstellungen und die W-Alliteration versetzen den Text in wiegende Schwingungen – eine Bewegung, die im Einklang „mit den warmen Winden steigt und sinkt“ (V. 20) und mit der zugleich das Bewusstsein ins Schwanken gerät.

Textbewegung: in die Tiefe des Unbewussten und der Erinnerung

Aus dieser Amplitude heraus **schwingt sich der Text** in der letzten Strophe auf, vom Niveau der „Wassergräben“ (V. 18) **hinauf** zu den „Wolken“ (V. 21). Mit einem zu dem „Ertrinken“ jenes Flüsterns (vgl. V. 17) gegenläufigen Prädikat „tauchen“ „[a]us Wolken“ die Bilder einer **märchenhaften Gegenwelt:** „[S]chimmernde Alleen“ (V. 21), gesäumt von gradlinigen Baumreihen, lösen die öden, braunen (vgl. V. 1), „wirr verstreut[en]“ Pfade (V. 5), das triste „Durcheinander“ in den Gärten (V. 6) der Vorstadt ab. Die prächtigen breiten Straßen sind „[e]rfüllt von schönen Wägen“ (V. 22), die lärmende Eisenbahn des ersten Teils wird also durch Kutschen ersetzt, in denen womöglich edle Damen sitzen, begleitet von „kühnen Reitern“ (V. 22). Mühelos wechselt in dem utopischen Wolkenreich die Landschaft, denn „[d]ann sieht man auch ein Schiff auf Klippen scheitern“ (V. 23). Die hier angedeuteten Lebensentwürfe und Ideale entsprechen eben jenen „Erinnerungen an ein früheres Leben“ (V. 19). Damit stehen märchenhaft-feudale Prachtentfaltung und vornehme Haltung dem tierhaft-entmenschlichten Dasein in der Vorstadt gegenüber, Abenteuer und heldenhaftes Scheitern bilden den Kontrast zum erbärmlich abstoßenden Überlebenskampf des städtischen Proletariats. Schließlich sieht man „manchmal“ – gänzlich in die Ferne eines imaginierten Orients gerückt – „rosenfarbene Moscheen“ (V. 24). Die Vorstellung der Kuppeln wiederholt (oder spiegelt?) dabei die architektonische Form des „Brückenbogen[s]“ (V. 3) der tristen Stadtlandschaft.

Phantasmagorie in den Wolken

Textbewegung: in die Höhe der Wolken

märchenhafte Fantasiewelt als Gegenentwurf zur tristen Vorstadt

So ergeben sich bei aller Gegensätzlichkeit und Ferne doch gewisse **Korrespondenzen** zwischen den beiden Bereichen. Gerade das **Wortfeld des Wassers** verbindet den mittleren Teil des Gedichtes mit der letzten Strophe. Denn in der Textpassage des Übergangs ist von „Kanal“ (V. 13) und „Fluß“ (V. 14), von „Flut“ (V. 16), Ertrinken (vgl. V. 17) und „Wassergräben“ (V. 18) die Rede, im Schlussbild dann von Auftauchen, „Schiff“ und „Klippen“ (V. 23). Damit betont der Text das Motiv des Wassers, und zwar als mögliche **Spiegelfläche**, aber auch als Sinnbild für das Verschwimmen des Bewusstseins. Darüber hinaus wiederholen sich in den Abschnitten des Gedichts auch die Farben.

Korrespondenzen und Spiegelungen

Die „rosenfarbene[n]“ (V. 24) „Wolken“ (V. 21) der letzten Strophe nehmen in ihrer zarten Farbigkeit die „Röte“ (V. 16) des im Fluss sich ausbreitenden Blutes auf und verwandeln in synästhetischer Weise den ekelhaft stinkenden Auswurf des Schlachthauses in duftende Schönheit. Entsteht also das Fantasiegebilde aus der Spiegelung der Abendwolken im Wasser, durch das die Blutwolken ziehen? Ist die märchenhafte Landschaft nichts anderes als eine **ästhetisierte Spiegelung** der hässlichen Vorstadt, eine Sinnestäuschung, oben und unten verwirrend, hervorgerufen durch den Föhn?

Dieser Frage lässt sich auch aus dem Blickwinkel des **literaturgeschichtlichen Kontexts** nachgehen. Ganz abgesehen von Autor (Georg Trakl) und Erscheinungsjahr (1913) zeigt das Gedicht viele deutliche Merkmale des **Expressionismus** – zumindest, was die ersten Strophen anbelangt. Es variiert das für diese Zeit so typische Thema der Großstadt mit all seinen Facetten: Unordnung und Chaos, Technisierung und Reizüberflutung, Massengesellschaft und Entmenschlichung. Dabei ist hier der Fokus etwas verschoben, weg vom Zentrum. Er richtet sich auf die Randexistenzen, hebt **Verwahrlosung und soziales Elend, Krankheit und Verwesung** umso deutlicher hervor und mündet schließlich in apokalyptischen Untergangsvisionen. Dann aber gewinnt der Text an Leichtigkeit, hebt sich zusehends aus der abstoßenden Hässlichkeit, aus der konkreten Umgebung der Vorstadt und damit auch aus dem festen Raum-Zeit-Gefüge heraus. Er lässt sich ins Unterbewusste fallen, Erinnerungen steigen auf. Diese Bewegungen, die Wahrnehmung und das instabil werdende Bewusstsein verschmelzen im Bild der titelgebenden Fallwinde. (Die Betonung solcher psychischen Prozesse lässt auch an die Lehren Sigmund Freuds denken, die in der Entstehungszeit des Gedichtes ihre Wirkung entfalteten.)

literaturgeschichtlicher Kontext

Expressionismus: Motiv der Groß(Vor-) Stadt

Die letzte Strophe des Gedichts schließlich fügt, frei von Grenzen und Gesetzmäßigkeiten der Realität, **Elemente romantischer Dichtung** zusammen: märchenhafte, mittelalterlich beziehungsweise exotisch anmutende Landschaften, in die Ferne führende Alleen und die Weite des Meeres, die jedoch allesamt als ästhetisch überhöhte Spiegelungen des tristen Vorstadtlebens gelesen werden können. So betrachtet ließe sich die Phantasmagorie des Schlussteils als moderne, **neuromantische Umsetzung des romantischen Konzepts der unendlichen Spiegelung** verstehen.

moderne Umsetzung der „unendlichen Spiegelung“

TEILAUFGABE 2

In seiner letzten Strophe zeigt Georg Trakls expressionistischer Text somit Züge der **Neuromantik**. In Gänze von dieser Strömung getragen ist hingegen das gut 20 Jahre früher, im Jahr 1890 entstandene Gedicht *Siehst du die Stadt?* von Hugo von Hofmannsthal. Vergleicht man die Gestaltung des Stadtmotivs in diesem Gedicht der Jahrhundertwende mit jener in Trakls modernerem Text, so lassen sich einige Parallelen und Gemeinsamkeiten, aber auch Unterschiede erkennen.

Vergleich: Gestaltung des Stadtmotivs in *Vorstadt im Föhn* und *Siehst du die Stadt?*

In ihrer **äußeren Form und im Aufbau der Strophen** sind die beiden Texte ähnlich konventionell: Die drei Strophen des Vergleichsgedichts umfassen je vier Verse und sind mit Kreuzreimen verknüpft.

konventionelle äußere Form

In beiden Gedichten geht es um das wechselseitige **Verhältnis zwischen dem wahrnehmenden Subjekt und der Stadt**. Dabei bleibt das Subjekt der *Vorstadt*, obwohl der Text das Verschwimmen des Bewusstseins unter dem Einfluss des Föhns nachzeichnet, in gewisser Weise **abstrakt und anonym**, wie auch die Verwendung der Pronomen und Artikel zeigt: So steigen „Erinnerungen an ein [unbestimmtes] früheres Leben“ (A, V. 19) auf, und „man“ (A, V. 23) erkennt die Gebilde in den Wolken. In *Siehst du die Stadt?* hingegen tritt, wie bereits der Titel zeigt, ein **lyrisches Ich** deutlich in Erscheinung (vgl. „im Herzen mein“, B, V. 9) und wendet sich in der Anrede an ein allgemeines Du. Dementsprechend ist auch das Verhältnis zur Stadt ein ganz anderes. Blieb das Textsubjekt des ersten Textes in der Rolle des distanzierten Beobachters, so entwickelt sich die **Beziehung zur Stadt** im zweiten Gedicht zu einem nachgerade erotisch aufgeladenen **Liebesverhältnis**.

das Verhältnis zwischen dem wahrnehmenden Subjekt und der Stadt

Dazu passt auch die jeweilige **Tageszeit** in den beiden Gedichten: Die triste, unschöne „Vorstadt“ zeigt sich am Ende des Tages; „**Dämmerung**“ (A, V. 12) und rötlich gefärbte Abendwolken verbreiten eine teils trostlos-morbide, teils apokalyptische Atmosphäre, in der die Umgebung nichtsdestotrotz deutlich zu erkennen ist. Hofmannsthals Gedicht hingegen öffnet die **Nacht als Raum der Annäherung und Vereinigung** von Ich und Stadt. Dabei ist der nächtliche Zeit-Raum, den Vorstellungen der Romantik entsprechend, ambivalent, der „Glanz“ (B, V. 10) des „Mond[es]“ (B, V. 3) und der sommerlich „laue Nachtwind“ (B, V. 5) erschaffen eine Atmosphäre von Schönheit und „zauberischer Pracht“ (B, V. 4), in der dennoch etwas „[R]ätselvoll[es]“ (B, V. 8), „[G]eisterhaft[es]“ (B, V. 6), Unheimliches zu spüren ist.

Tageszeit

Gänzlich verschieden ist nun die **Darstellung der Stadt** selbst: Trakls Text zeichnet, sieht man von der Schlussstrophe ab, ein typisch expressionistisches Bild, bestimmt von **Durcheinander und Lärm, Ekel und Schmutz**. Die Gestalten darin bewegen sich tierhaft-animalisch und sind ihres Menschseins beraubt. Ganz anders bei Hofmannsthal: Hier ist die **Stadt als Frau**, ja als Geliebte personifiziert. Sinnlich „schmieget [sie sich] in das Kleid der Nacht“ (B, V. 2). „Es gießt der Mond der Silberseide Flut/Auf sie herab“ (B, V. 3 f.). Der kostbarere, feine Stoff besteht aus fließender Bewegung und Licht, er materialisiert sich ausschließlich in dem leisen Rauschen, das der Klang der dichterischen Sprache in der auffälligen Häufung der S-Laute hervorbringt. Größer könnte der Gegensatz zu den armeseligen, schmutzigen Frauen der „Vorstadt“ kaum sein. Bemerkenswert ist unter diesem Aspekt auch die Mittelstrophe des Hofmannsthal-Gedichts. Sie zeigt die „Frau“ im intimen Moment des Schlafs. Die entfernten Geräusche der nächtlichen Stadt werden

Darstellung der Stadt

auf der Bildebene zu „tiefe[en] und schwer[en]“ Atemzügen. Ja, sie „weint“ sogar „im Traum“ (B, V. 7), gewissermaßen stellvertretend für all den in der Stadt durchlebten Kummer, und vereint in sich die ganze Bandbreite menschlicher Schicksale, „verlockend, bang“ (B, V. 8) und „qualvoll bun[t]“ (B, V. 10). Kamen in der *Vorstadt im Föhn* **Elend und Verwahrlosung** der Proletarierfrauen immerhin zur Sprache, so vermittelt der zweite Text tiefes **Mitgefühl mit den Menschen** der Stadt, wenn auch in einer sprachlich stilisierten, ästhetisch gänzlich verschiedenen Art der Ausformung.

Sinneswahrnehmungen

Auch die in den beiden Gedichten vorkommenden **Sinneswahrnehmungen** lassen sich vergleichen. So ist in Trakls Text die Vorstadt im ersten Abschnitt beherrscht von Hektik und Bewegung, die **Sinneseindrücke überlagern sich** in einer fast unangenehmen Weise, bis sich das Bewusstsein unter dem Einfluss des Föhns eintrübt. In einer Übergangsphase des Schlafes beruhigt sich die Szenerie (vgl. A, V. 17). Die Schlussstrophe ist allein dem Schauen vorbehalten, hier „sieht man“ (A, V. 23) die Fantasiegebilde oben in den Wolken.

Was das zweite Gedicht angeht, so betont die Eingangsfrage „Siehst du die Stadt?“ zunächst den **Sehsinn** – eine Frage, die der Text unbeantwortet lässt. Strenggenommen ist in der Dunkelheit ja auch nichts zu erkennen, zu sehen sind nur das Mondlicht und der „Glanz“ (B, V. 10), der „Wiederschein“ (B, V. 11) der nächtlich erleuchteten Stadt – indirekte, schimmernde Lichtverhältnisse, in die beispielsweise auch Eichendorff seine poetischen Landschaften hineinversetzt. Die Eindrücke der zweiten Strophe sind ausschließlich **akustischer** Art, die Nacht wird zum **Klangraum:** Der „laue [W]ind“ (auch bei Trakl taten die Föhnwinde das Ihre) „weht“ die Geräusche der Stadt zum Sprecher „her“ (B, V. 5). Diese sind „verlöschend leis[e]“ (B, V. 6), also ganz anders als in der lärmenden „Vorstadt“. In der letzten Strophe schließlich nimmt das lyrische Ich die „dunkle Stadt“ (B, V. 9) in sich auf, sie „schläft“ in seinem „Herzen“ (B, V. 9). Diese Vereinigung führt dazu, dass alle **Sinneswahrnehmungen synästhetisch verschmelzen**, denn „schmeichelnd“ und „[g]edämpft zum Flüstern“ „schwebt“ nun der „Wiederschein“ (B, V. 11 f.) der Stadt um den Sprecher. Damit greifen die letzten Verse noch einmal das Eingangsbild der Stadt auf, die sich ins Mondlicht wie in ein Seidenkleid schmiegt, und übertragen es auf den Sprecher, den nun seinerseits der Lichtglanz der Stadt gleichsam liebkosend umschmeichelt, den nun seinerseits das Licht wie eine Aura umgibt. Während also das – ohnehin wenig konturierte – Textsubjekt am Ende des Trakl-Gedichts in den Fantasiebildern und Erinnerungen verschwindet, rückt der Sprecher bei Hofmannsthal gänzlich ins Zentrum.

Damit im Zusammenhang ist schließlich die **räumliche Situierung** der Stadt, sind die **räumlichen Strukturen** in den beiden Gedichten von Bedeutung. Trakls Gedicht wird von der Aufteilung der Bereiche in **Oben und Unten** bestimmt, wobei sich die hässliche Vorstadt (unten) in den Wolkengebilden (oben) in ästhetisch überhöhter Form widerspiegelt. Bei Hofmannsthal hingegen entsteht der Raum durch die Kategorien von **Ferne und Nähe, Außen und Innen** sowie durch die Bewegung innerhalb dieses Raums. So „ruht" die Stadt zunächst „da drüben" (B, V. 1), in einiger Entfernung zum Sprecher. In der zweiten Strophe nähert sie sich an, sie bewegt sich akustisch „her" (B, V. 5). In der dritten Strophe schließlich hat sich das Verhältnis von Außen und Innen umgekehrt, denn nun liegt die Stadt im Inneren des Sprechers. Damit führt der Weg durch die Weite der Nacht zugleich ins Innere des Subjekts – eine Bewegung, die an romantische Vorstellungen von Wandern und **Unendlichkeit** erinnert. Die Seele wird, gleich der Nacht, zum Resonanzraum, in dem der Klang der Stadt widerhallt, ihr Glanz sich widerspiegelt.

räumliche Strukturen und Situierung

Beide Texte, sowohl Hofmannsthals Jahrhundertwende-Gedicht als auch Trakls expressionistisches, münden also in **Denkfiguren der Romantik** und zeichnen damit ein jeweils eigenes, letztlich jedoch ähnliches Bild. „Die Welt muss poetisiert werden!", so wussten die Romantiker. „Die Stadt muss poetisiert werden!", so überführen die beiden Dichter den Gedanken in die Moderne.

Schluss: Romantik in der Moderne

Hessen Deutsch ▪ Abiturprüfung 2023
Leistungskurs

Um Ihnen die Prüfung 2023 schnellstmöglich zur Verfügung stellen zu können, bringen wir sie in digitaler Form heraus.

Sobald die Original-Prüfungsaufgaben 2023 freigegeben sind, können sie als PDF auf der Plattform **MyStark** heruntergeladen werden (Zugangscode vgl. Innenseite des Umschlags).

Aktuelle Prüfung

www.stark-verlag.de/mystark